為替リスク管理の教科書

基本方針の設定から
具体的な実践方法まで

金森 亨 著

中央経済社

はじめに

　主要通貨が変動相場制に移行してから40年余りが経過しました。この間，為替相場は大きく変わり，米ドルと円の相場では1ドル300円から100円前後の水準にまで円高が進んでいます。1ドルを手元に持ったまま40年間何も対策を講じてこなければ，その価値は3分の1に減価してしまったということです。円だけではなく，英ポンドやスイスフランも大きく変化してきましたし，ドイツマルクやフランスフランに至ってはその通貨さえ消滅して，新たな人工通貨ユーロに引き継がれています。

　経済の営みを媒介する通貨がこのように変質していては，経済活動や企業経営は諸所に難題を抱えることになってしまいます。そのため，通貨価値の安定を目的としたさまざまな策が過去に講じられてきました。金本位制やブレトンウッズ体制もそうした策の1つであったわけですが，いずれも破綻して，現在の変動相場制となりました。通貨が変質してしまう問題を人工的な制度の中に封印しようとしてもうまくいかず，結局，これを断念して，変動相場制移行というかたちで問題を放り出してしまったのです。放り出された問題は，企業など個々の海外取引従事者が自分の手で受け止め，自らを守っていかなければなりません。

　こうして，為替リスク管理は個別企業の手に委ねられることになりました。

　経済のグローバル化が話題にのぼるようになってからずいぶんと年月が流れ，新たな市場開拓や調達の多様化を目的として，大企業だけでなく中小企業を含めた多くの企業が海外に進出しました。いったん進出したら撤退することは難しく，その数は年とともに増えています。日本の場合は，円高もこのような動きに拍車をかけることとなりました。海外取引従事者がこのように増えてくると，海外取引に無関係な者にも彼らの営みが影響を及ぼすようになります。

　その結果，多くの企業が，本来ならば本業に投入できる経営資源の相当量を為替リスク管理に割くようになりました。しかし，せっかく割いてもその方法

が適切でなければ投入した経営資源が無駄になってしまいます。また逆にリスクの重大さを認識せずに手当ても怠るなら，その代償は小さくありません。この厄介な為替リスクに振り回されてなかなか本業に専念できていない企業の姿を見ると本当に心が痛みます。

　そこで，自らの経験をもとに，企業経営に従事する人達が，為替リスクの悩みから解放されて本業に専念できるようお役に立ちたいと考えて筆をとることにしました。

　筆者は大手銀行のディーリング・ルームで各種通貨のスポット・ディーリングに従事したほか，海外拠点で多くの取引先の海外事業に関わってきました。また，国内営業店では多くの法人取引先の経営の様子を目の当たりにし，事業全体とのバランスを考慮しながら為替リスクについて一緒に悩んでもきました。

　市場関係者の視点，企業経営を銀行の立場から見る視点，それに企業経営からの視点を融合させて各章を展開いたしました。本書が為替リスクに関する読者の悩みを少しでも解消し，管理体制作りに役立てていただけるなら幸いです。

　2015年2月

金　森　亨

も く じ

第0章　為替リスク管理の必要性 ……………………………… 1

第1節　為替リスクと企業経営の関わり ………………………… 3

1 為替リスクへの関わりの広がり ………………………………… 3

　⑴　外貨建てから円建てに変えても残るリスク　3

　⑵　海外取引がなくても関わる為替リスク　4

2 管理スパンの長さと為替相場の見方 ………………………… 5

　⑴　管理スパンによって変わる為替相場の見方　5

　⑵　管理スパンは事業内容に従う　7

3 為替リスクへの関わり方 ………………………………………… 7

第2節　本書の構成と展開の方法 ………………………………… 10

第1章　為替リスク管理の基本方針 ……………………… 15

第1節　為替リスクとその管理 …………………………………… 17

1 為替リスクとは …………………………………………………… 17

　⑴　取引リスク　17

　⑵　会計リスク　20

　⑶　潜在リスク　22

　⑷　経済リスク　24

|2| 為替リスク管理とは ………………………………………26

　⑴　為替リスク管理の定義　27

　⑵　エクスポージャーとボラティリティ　28

第2節　ボラティリティとは ………………………………………29

|1| ボラティリティ観察の対象期間 ………………………………29

　⑴　企業活動A　30

　⑵　企業活動B　31

　⑶　企業活動C　32

|2| 観察上の留意点 ……………………………………………34

　⑴　為替投機　34

　⑵　経済活動以外の要因　39

　⑶　為替相場予想の可能性　40

第3節　エクスポージャーとは ………………………………42

|1| 外国為替取引とその構成要素 ………………………………43

　⑴　外国為替取引の分類　43

　⑵　送金と取立て　44

　⑶　銀行間決済の仕組み　45

|2| 外国為替持高でエクスポージャーを測る ……………………47

　⑴　外国為替持高　48

　⑵　外国為替持高と為替差損益　50

|3| 外国為替取引の流れと外国為替持高の変化 ………………51

　⑴　信用状付輸出取引　51

　⑵　信用状付輸出取引の外国為替持高変化　53

　⑶　送金ベースの輸出取引　55

　⑷　海外子会社への貸付け　57

第4節　為替リスク管理の基本方針 ………………………………60

もくじ　3

1 管理範囲絞り込みとリスク別特質分析 …………………… 61

　⑴　実体的な損益か否か　61

　⑵　直接影響か間接影響か　62

　⑶　管理スパンの長さ　63

2 為替リスク管理の基本方針設定 …………………………… 65

　⑴　基本方針設定の意義　65

　⑵　種類別・期間別為替リスク管理方針の設定　67

第2章　ボラティリティ観察と為替相場予想方法 ……… 69

第1節　為替相場 ………………………………………………… 71

1 為替相場の種類 ……………………………………………… 71

　⑴　実質為替相場　71

　⑵　実効為替相場　73

2 相場変動の仕組みと市場取引 ……………………………… 73

　⑴　外国為替市場の様子　73

　⑵　為替相場変動の仕組み　75

　⑶　外国為替市場での取引パターンと種類　76

3 スワップ取引価格と先物為替相場 ………………………… 81

　⑴　直先スプレッド発生の仕組み　81

　⑵　金利平価式　82

　⑶　先物為替相場の計算　84

第2節　為替相場決定理論とその実用性 ………………………… 86

1 購買力平価説 ………………………………………………… 86

2 国際収支説 …………………………………………………… 88

$\boxed{3}$ アセット・アプローチ ……………………………………… 90

  (1) ポートフォリオ・バランス・アプローチ　91

  (2) 通用利回りに関わるリスクの測定困難性　92

$\boxed{4}$ 相場決定理論の実用性 ……………………………………… 93

  (1) 購買力平価説の実用性　93

  (2) 国際収支説の実用性　94

  (3) アセット・アプローチの実用性　96

第3節　その他通貨への対応と理論の補強 ……………………… 98

$\boxed{1}$ その他通貨の基本的な見方 ……………………………… 98

$\boxed{2}$ 国際収支発展段階説 ……………………………………… 99

  (1) 未成熟債務国　100

  (2) 成熟債務国　100

  (3) 債務返済国　100

  (4) 未成熟債権国　101

  (5) 成熟債権国　101

  (6) 債権取崩国　101

$\boxed{3}$ 国際金融のトリレンマ …………………………………… 101

  (1) 資本の自由な移動が犠牲になるケース　102

  (2) 金融政策の自立性が犠牲になるケース　103

  (3) 為替相場の固定が犠牲になるケース　103

$\boxed{4}$ 為替管理制度によるバイアス …………………………… 105

  (1) 厳格な固定相場制　105

  (2) 柔軟な固定相場制　107

  (3) 変動相場制　109

第4節　為替相場予想の方法 ……………………………………… 110

$\boxed{1}$ 相場変動予想の体系 ……………………………………… 110

  (1) 為替相場理論と補強策の相互関係性　111

もくじ　**5**

　　　(2)　為替相場予想のマナー　114

　　　(3)　為替相場予想の体系　116

　2　購買力平価の予想（相対価格要素からのアプローチ）⋯⋯⋯⋯ 118

　　　(1)　貨幣的視点　119

　　　(2)　財・サービスの視点　120

　　　(3)　物価連動国債の流通利回り　121

　3　貿易需要の予想（マクロ的景気要素からのアプローチ）⋯⋯ 123

　　　(1)　貿易サービス収支決定理論とその意味　123

　　　(2)　景気循環の仕組み　125

　　　(3)　為替相場予想への利用　128

　4　長期投資の予想⋯⋯⋯⋯⋯⋯⋯⋯⋯⋯⋯⋯⋯⋯⋯⋯⋯⋯⋯⋯ 129

　　　(1)　長期投資に着目する意義　129

　　　(2)　国際収支発展段階説の応用　130

　　　(3)　アセット・アプローチの応用　131

　　　(4)　為替相場予想への利用　131

　5　その他通貨の予想⋯⋯⋯⋯⋯⋯⋯⋯⋯⋯⋯⋯⋯⋯⋯⋯⋯⋯⋯ 132

　　　(1)　制限的為替管理制度採用通貨　132

　　　(2)　外国為替市場の需給の吸収力がない通貨　134

　6　為替相場予想方法のまとめ ⋯⋯⋯⋯⋯⋯⋯⋯⋯⋯⋯⋯⋯⋯⋯ 135

第3章　エクスポージャーの調整と操作の方法⋯⋯⋯ 137

第1節　リスク対応方法とエクスポージャーの調整 ⋯⋯⋯⋯ 139

　1　リスク対応方法の為替リスクへの応用 ⋯⋯⋯⋯⋯⋯⋯⋯⋯ 139

　2　リスク対応方法別のエクスポージャー調整方法 ⋯⋯⋯⋯⋯ 141

　　　(1)　リスクの回避　141

(2)　リスクの共有　143

　　(3)　リスク源の除去　145

　　(4)　起こりやすさの変更，結果の変更　146

　　(5)　リスクの保有，リスクの増加　151

第2節　為替リスクのヘッジ方法（外部ヘッジ）……………154

1 先物為替予約……………………………………………154

　　(1)　先物為替相場の乖離部分で陥る罠　155

　　(2)　先物為替予約利用上の留意点　157

　　(3)　包括ヘッジ予約　159

　　(4)　先物為替予約利用上の心得　161

2 通貨オプション…………………………………………162

　　(1)　通貨オプションの仕組み　162

　　(2)　オプションの活用　164

　　(3)　ゼロコスト・オプション　165

　　(4)　通貨オプション利用上の心得　167

3 通貨スワップ……………………………………………167

　　(1)　ベーシス・スワップ　168

　　(2)　クロス・カレンシー・金利スワップ　169

　　(3)　クーポン・スワップ　169

　　(4)　通貨スワップ利用上の心得　170

4 通貨先物取引……………………………………………170

　　(1)　通貨先物取引の活用方法　171

　　(2)　通貨先物取引利用上の心得　172

第3節　為替リスクのヘッジ方法（内部ヘッジ）……………173

1 外貨建債権・債務………………………………………173

　　(1)　資金受払いの発生と資金需要とのマッチング　174

　　(2)　金利負担と直先スプレッド　175

| 2 | 自然ヘッジ……………………………………………………………… 176

    ⑴　ネッティングと持高傾き圧縮のための調整　177

    ⑵　リーズ&ラグズによる持高傾き調整　178

    ⑶　自然ヘッジ利用上の心得　180

第4節　ヘッジ対応の留意点……………………………………………… 181

| 1 | ヘッジ手法のまとめと留意点 ………………………………………… 181

    ⑴　管理の方針：積極的為替操作の許容度　181

    ⑵　事業の性格：短期・長期，大口・小口，頻度　183

    ⑶　管理の負担：管理能力，組織の大きさ，実需取引の
       利益率　183

| 2 | その他通貨への対応 ……………………………………………………… 183

    ⑴　NDFによるヘッジ方法　184

    ⑵　相関の高い国際通貨でヘッジする方法　184

    ⑶　リスクの除去による方法　185

    ⑷　当該通貨建債権・債務による内部ヘッジ　186

第4章　為替リスク管理体制の構築 …………………… 189

第1節　基本ルールの制定………………………………………………… 191

| 1 | 考え方 ………………………………………………………………………… 191

    ⑴　基本ルールの位置づけ　191

    ⑵　定型処理手順と意思決定手順　192

| 2 | 管理対象リスクの特定 …………………………………………………… 194

    ⑴　会計リスクと潜在リスク　194

    ⑵　経済リスク　194

| 3 | リスクテイク限度の設定 ………………………………………………… 196

(1) ヘッジ基準の作成　196

(2) ロスカット・ルールの作成　198

(3) 決裁権限の設定　199

4　社内レート ……………………………………………………… 200

(1) 経理上の平均レート　200

(2) 利益計画上の想定レート　201

(3) 部門間仕切レート　202

(4) 固定値決めレート　204

(5) 社内レート設定の心得　205

5　自社に合ったルール水準 ……………………………………… 206

第2節　管理組織の構築 ……………………………………………… 209

1　組織機能 ………………………………………………………… 209

2　現場情報伝達機能 ……………………………………………… 211

(1) 為替リスク発生部署の役割　211

(2) 情報集中部署の役割と情報の仕分け　212

3　ヘッジ実行機能 ………………………………………………… 213

(1) ヘッジ実行の業務フロー　213

(2) 部署間の牽制機能　215

4　意思決定機能 …………………………………………………… 215

(1) 個別案件リスク対応方法決定　216

(2) 現行の体制や基本方針などの見直し　216

5　調査分析機能 …………………………………………………… 217

(1) 情報の価値化　217

(2) 2種類の調査分析　219

6　報告機能 ………………………………………………………… 220

7　自社に合った組織 ……………………………………………… 221

第3節　管理ツールの制定 ……………………………………… 224

1　連絡ツール …………………………………………………… 224

 (1)　為替リスク発生連絡票と記載項目　224

 (2)　為替リスク発生連絡票の使用例　225

2　外国為替持高の把握 ………………………………………… 227

 (1)　外国為替持高表と記載内容　227

 (2)　差損益表示タイプの外国為替持高表　229

 (3)　持値の取扱いに関する注意　230

3　ヘッジ管理 …………………………………………………… 231

 (1)　ヘッジ管理表の利用　232

 (2)　未実現損益の計算ロジック　233

4　為替リスク対応検討・管理票 ……………………………… 234

5　為替相場予想材料記録整理表 ……………………………… 235

6　未来年表 ……………………………………………………… 237

7　自社に合ったツール選択 …………………………………… 239

第5章　期間別為替リスク管理の実務と事例 ……………… 241

第1節　短期リスク管理の要点と事例 ……………………………… 243

1　短期為替リスク管理の要点 ………………………………… 243

2　事例：小規模企業の為替リスク管理体制構築

（短期取引リスク）……………………………………………… 244

 (1)　管理の基本方針　244

 (2)　実行の方法選択　246

 (3)　組織立て　246

|3| 事例：社内レートと為替差損益（短期取引リスク）………… 248

(1) 実態調査の開始　248

(2) 実勢相場から乖離した社内レート　251

(3) 対応策　253

|4| 事例：材料輸出，委託加工輸入による自然ヘッジ

（短期取引リスク）…………………………………………… 253

(1) 外国為替持高表による点検　254

(2) コスト比較による点検　255

(3) 対応策と今後の方針　256

第2節　中期リスク管理の要点と事例 ……………………… 257

|1| 中期為替リスク管理の要点 ………………………………… 257

|2| 事例：円安予想下の原材料確保

（長期も視野に入れた中期経済リスク）………………… 259

(1) 中期の為替相場予想　260

(2) 為替リスク対応方針と対応選択肢　264

(3) クーポン・スワップの検討　264

(4) 対応策と評価　266

|3| 事例：円高で国内仕入を輸入に切替え（中期経済リスク）‥ 267

(1) 円高対策の立案　268

(2) 対策効果の試算　269

|4| 事例：当事者間で独自の取引価格換算レート設定

（中期取引リスク）………………………………………… 270

(1) ヘッジ困難な固定換算レート　270

(2) 対応策　272

第3節　長期リスク管理の要点と事例 ……………………… 274

|1| 長期為替リスク管理の要点 ………………………………… 274

(1) 広い視野と意思決定の重要性　274

もくじ　11

　　⑵　管理の要点　275

　2　事例：新興国への生産拠点移転を検討

　　（長期取引・経済リスク）……………………………………… 276

　　⑴　移転先選定の手順　276

　　⑵　調査結果　278

　　⑶　戦略立案　280

　3　事例：将来の為替安を見込んだ戦略的配当支払い

　　（長期潜在リスク）……………………………………………… 282

　　⑴　購買力平価　284

　　⑵　為替自由化の行方　284

　　⑶　配当方針への反映　286

索　引　289

―第0章―

為替リスク管理の必要性

為替リスクと企業経営の関わり
- 為替リスクへの関わりの広がり
- 管理スパンの長さと為替相場の見方
- 為替リスクへの関わり方

本書の構成と展開の方法

企業が存続するためには，事業の継続を不安にするさまざまなリスクに対処していかなければなりません。外国為替相場が変動することによって引き起こされる為替リスクもその1つですが，為替相場変動に向き合う姿勢や方針は企業のあり様によってさまざまです。なかには外国為替相場の変動を排除すべきリスクとしてではなく，むしろ収益機会と捉えている企業もあります。また，企業ではありませんが，外国為替の短期売買で得る差益を目的としたデイトレーダーも増えてきました。

　姿勢が異なれば対処の仕方も異なるはずですから，為替リスク管理と大上段に振りかぶるなら，そういった為替に向き合うさまざまな姿勢を広く網羅すべきであるとの議論もあると思われます。しかし，為替リスクは企業が専念すべき本来事業の行方を不安にするものとして捉えるのが本書のスタンスです。したがって，為替リスク管理の方針や対応の方法もこの切り口に絞って展開していきます。

　ただ，為替リスク管理の方法を考えるなら，まずその原因となっている為替相場変動の仕組みを解いていかなければなりません。したがって，本書もその部分に相当の紙面を割いています。相場変動を収益機会と捉える対処も，為替リスクを排除しようとする対処もそこまでは一緒ですから，本書のスタンスと異なる対処を前提にする読者も参考にしていただけるものと考えています。

　さて，第0章では本論に入る準備をします。そのために，まず企業が為替リスクをどういう場面で負っているかを見ながら，それを管理することの必要性を確認しましょう。本章の最後に，本書全体の構成と筋書きを説明します。

第1節 為替リスクと企業経営の関わり

> **この節のポイント**
> - 外貨取引を行っていない企業も為替リスクにさらされている。
> - 為替リスクを引き起す為替相場変動は，管理スパンで見方が変わる。
> - 企業経営では本来事業への専念を優先して為替リスクを管理する。

1 為替リスクへの関わりの広がり

　近時，大手企業はもちろん，中小企業も海外取引や海外事業に関わっていく機会が増えています。その結果，多くの企業で事業が為替リスクにさらされるようになりました。その範囲は直接外貨を扱う事業にとどまりません。一見しただけでは外国為替との関係を持っていないと思われる企業活動も，見えないところで間接的に為替相場の変動の影響を受ける場合があります。

（1）外貨建てから円建てに変えても残るリスク

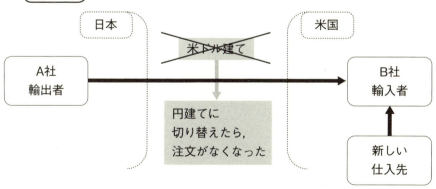

図表0-1　A社の例～円建てへ切り替えたが為替リスクはなくならなかった

　例えば，日本国内で製品を作って米国に輸出している企業A社があるとしま

す。このA社は為替相場の恐ろしさを十分に認識しているので，このリスクを回避するため，米国の輸入企業B社とタフな交渉をして米ドル建ての取引ではなく円建ての取引に切り替えることに成功しました。その後，為替相場が大きく円高に振れましたが，A社は，すでに米ドル建取引を円建てに切り替えていたので，為替差損を被ることはありません。仮に，米ドル建取引のままであったなら，受け取る米ドル代金を円に変換した時の円換算額が大きく目減りすることになっていたところ，円建取引に切り替えておいたことで，輸出代金を目減りの心配が不要な円で受け取ることができたからです。しかし，数ヶ月後，米国のB社から注文が来なくなりました。このB社は，輸入代金を円で支払うため，その都度米ドルを円に換えていましたが，円高で仕入コストが嵩んだため米国内からの仕入に切り替えたのです。A社は，外貨を取り扱っていなかったにもかかわらず，結局為替リスクの影響を被ったことになります（**図表0-1参照**）。

（2）海外取引がなくても関わる為替リスク

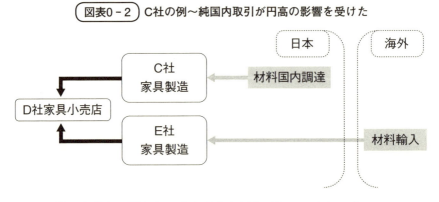

さらに外国為替との関わりが少なそうな例を示してみましょう。

例えば，近隣の山地からとれる木材を使って伝統家具を製造販売している日本の企業C社があるとします。海外取引など考えたこともありませんし，外国為替など，ときおり個人金融資産を目当てに訪ねてくる銀行員から外貨預金を

勧められる以外，まったく関わりはありません。長年の得意先は固定し，業況
も安定していました。ところが，最近になって取引先である家具小売店D社か
らの注文が減少するようになりました。D社に事情を尋ねると，県内の他の家
具メーカーE社が大幅に卸価格を下げたため，そちらから仕入れることにした
とのこと。C社は身を削るような経費削減策を断行しましたが，とても追いつ
きません。E社は，昨今の円高を利用して，海外から品質がほとんど変わらな
い材料を安価で調達したために，製造費用を大幅に削減することができ，その
削減分の一部を卸価格に還元していたのです。

　C社はまったく外国為替とは関わりがなかったにもかかわらず，為替相場の
変化によって間接的に影響を受けたわけです。このC社，外国為替の知識があ
れば，県内の同業他社に先んじて，海外の良質木材を安く輸入する算段をして
いたはずです（**図表0-2参照**）。

　このように，今日では海外取引や海外事業に直接従事しているいないにかか
わらず，多くの企業が為替リスクに関わっており，事業存続のためにはこの適
切な管理が欠かせなくなっているのです。

2 管理スパンの長さと為替相場の見方

　為替リスクは外国為替相場が変動することによって引き起こされます。それ
では，為替相場はどれほど変動するのでしょうか。

（1）管理スパンによって変わる為替相場の見方

　図表0-3は1973年から2013年まで約40年間の米ドル/円の為替相場の推移を
表したものです。横軸の表示はスペースの関係で毎年1月の表示しかありませ
んが，毎月の月中平均をプロットしました。これでみると，1米ドル当たり
360円であった，固定相場制の時代からスミソニアン協定を経て1970年代初頭
に変動相場制に移行した後，1973年頃の300円から最近では100円前後に大きく
変わっています。

このグラフから，2つのことが感じ取れませんか。第1に，為替相場の変化が大きいこと。そして第2に，期間の捉え方によって見方を変えなければいけないことです。

図表0-3 米ドル／円為替相場の推移

＊日本銀行時系列統計データを使用して筆者が作成。

後者についてもう少し具体的に考えてみましょう。

1973年から40年という超長期の期間について捉えるなら，一本調子で円高となり，その変動幅は200円ほどもあります。例えば，米国で資産を蓄え，孫子の代までそれを米ドル建てのまま保蔵しようとしていたら，円換算価値は3分の1にまで目減りしてしまったということになります。しかし，この間一本調子で右下がりとなっているグラフも，よく見るといくつかの山谷で構成されており，谷から山に向かう局面では上記とは違った結果になるはずです。例えば，米国で蓄えた資産を1995年に米ドルのまま3年間銀行に預けていたら，円換算価値は預け入れ時の1.5倍になっていたはずです。さらに，グラフに近づいて

見ると，この山谷ももっと細かいぎざぎざでできていることがわかります。世間では，このぎざぎざだけに賭けて生きている人も多いでしょう。そのような人にとっては40年先の為替相場水準など関わりありません。

このように，対象とする期間の長さによって，為替相場変動の波との関わり方も変わってきます。米ドル資産保有者の管理スパンが40年で，40年後の為替相場水準が見えるなら，その間の山谷は無視できるし，数年の期間で見るなら山谷の中にあるぎざぎざを気にする必要はありません。相場の見通しによって，自分の都合のよい管理スパンを選択することも場合によっては可能です。例えば，もっぱら為替の売買差益を第1に考えるトレーダーがそれに当たります。

（2）管理スパンは事業内容に従う

企業経営ではどうでしょうか。

企業経営ではそのような自由はありません。従事している事業の性質やライフサイクル，取引の手仕舞い期間などによって管理スパンが決まり，多くの場合，それが為替相場見通しの確実さに優先するからです。為替相場変動の方向が不利であることを理由に，収益の柱になっている中心事業から簡単に撤退するわけにはいきません。しかし，だからといって為替差損が発生する状況に手をこまねいているわけにもいきません。為替リスク顕現化への対処手段を駆使してこれを回避する必要があります。

そのためには，自らの事業内容を振り返り，どの管理スパンで為替リスクを管理すべきなのかをしっかりと見極める必要があるのです。

なお，本書では，期間の区別を短期，中期，長期といい分ける場合，互いに重なり合う部分もありますが，それぞれ1〜12ヶ月，6ヶ月〜5年，3年超を指しています。

3 　為替リスクへの関わり方

このように，ここまで経済のグローバル化が進行した現在では，為替リスク

を無視して企業経営に携わることが不可能になっています。ただし，無視できないという事実から，為替相場への積極的関与という方針転換にはただちには結びつきません。無視できないから，なんらかの方法で意を用いていく必要があるのは相違ありませんが，その関与の仕方はさまざまです。本来の企業活動をよく考え，あくまでも本業の中で関与の仕方を考えていかなければなりません。

　企業には「会社の目的」があり，企業経営はその本業を中心に据えているはずです。その本業に打ち込んで「会社の目的」を全うしようとする健全な精神を持った企業経営者なら，為替相場の変化なんかに惑わされたくないと思うのが自然です。逆に，為替相場でひと儲けしようと，本業とは無関係の外国為替の売買に憂き身をやつしていると，いつか本業も手に着かなくなり，経営が不安定になります。

　ですから，本業の中で関与の仕方を考えるなら，まずは原則として為替相場に振り回されない経営を目指すべきです。しかし，どんな場合でも振り回されないための手立てを無理なく講じることができるかというと，必ずしもそうではありません。その場合は，為替相場の変化をしっかり見据えて対処する必要があります。

　そのためには，為替相場の将来の変化をあらかじめ予想するのは困難であるということを承知したうえで，その困難な中でも，何か方法はないかと追求していく必要があります。米ドル/円の為替相場が来年には120円になるとか，10年後には50円になるというようにピンポイントで予測するのは無理だとしても，さまざまな状況証拠から「長期では円高になる」というように，その方向に確証を持つことができれば，経営方針立案に少なからず寄与することは間違いありません。

　特に，リスク対応の手法が充実している短期とは異なり，中長期においては，なんの予想も行わないまま海外取引を進めることは極めてリスクが高いといわざるを得ません。

　以上の諸点を具体化していこうというのが本書の目的です。したがって，次

章以降で展開する内容は，為替相場変動の影響を受けない企業経営を目指し，その方法に限界がある場合にはその変化を読んで経営に活かす方法を研究するものです（**図表0－4**参照）。

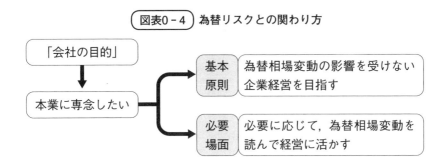

図表0－4 為替リスクとの関わり方

| 第2節 | 本書の構成と展開の方法 |

この節のポイント

- 本書は為替リスク管理の基本方針を立ててこれを具体化する流れで進める。
- 各論は実務への活用を念頭に置いて説明する。
- 理解困難な理論も実用化できるよう工夫する。

次章以降で，本論を展開するにあたっては，外国為替について知識がなくても理解が進むように，できるだけ平易な言葉を使った説明を心がけました。また，概念的に得心がいくよう，イメージ図を多用することにしています。

さらに，説明にあたっては，為替に関して実際の企業経営で直面すると思われる場面を架空の例としていくつも登場させています。企業経営の実務の中で為替リスク管理を考えるためです。本書を手に取る読者が，外国為替については知識不足を感じているが，企業経営についてはその一端を担っていたり経営企画業務に従事していたりする人，あるいは実際に経営者であるなら幸いです。このような皆さんには，想定できる企業経営の場面から入っていくほうがわかりやすいし，また即実践にも応用できると考えました。

全体の構成は，まず為替リスク管理の基本方針を打ち立て，それを実現する方法を具体化していく流れです。各論においては企業経営の視点で諸論を整理しながら話を進めていきますので，理屈と実務の関係に注意しながら読み進めてください。具体的には，第1章から第5章を次のような内容に割り当てています。

第1章では，為替リスクとは何かを理解し，為替リスク管理の定義づけから基本方針を打ち立てます。基本方針は，本章でも触れたように，為替相場変動の影響を受けない企業経営を目指す立場から考えていきましょう。基本方針設定を終えたら，次にそれを全うするための方法論に進みますが，それは為替リスク管理の定義に含まれる2つのキーワードに分けて展開していきます。キー

第0章　為替リスク管理の必要性　11

図表0-5　本書の構成

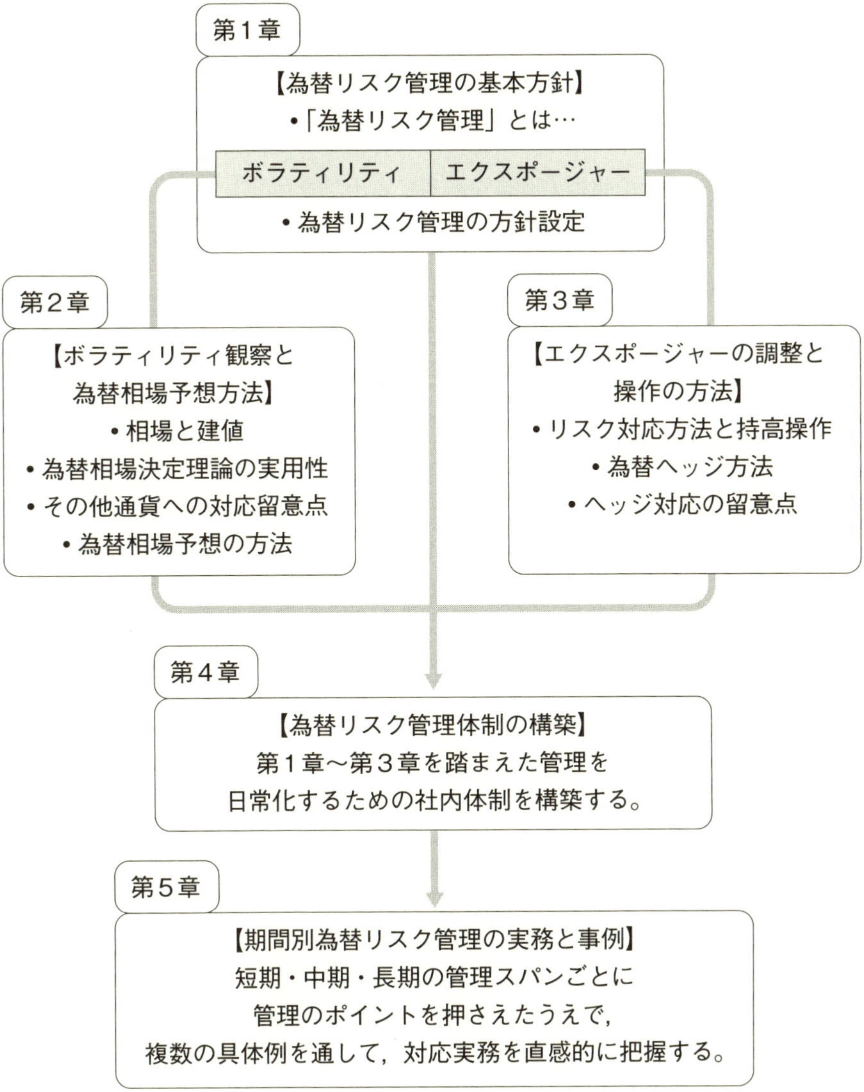

第1章

【為替リスク管理の基本方針】
・「為替リスク管理」とは…

| ボラティリティ | エクスポージャー |

・為替リスク管理の方針設定

第2章

【ボラティリティ観察と
為替相場予想方法】
・相場と建値
・為替相場決定理論の実用性
・その他通貨への対応留意点
・為替相場予想の方法

第3章

【エクスポージャーの調整と
操作の方法】
・リスク対応方法と持高操作
・為替ヘッジ方法
・ヘッジ対応の留意点

第4章

【為替リスク管理体制の構築】
第1章～第3章を踏まえた管理を
日常化するための社内体制を構築する。

第5章

【期間別為替リスク管理の実務と事例】
短期・中期・長期の管理スパンごとに
管理のポイントを押さえたうえで,
複数の具体例を通して, 対応実務を直感的に把握する。

ワードとはボラティリティとエクスポージャーです。

第2章は，2つのキーワードのうちボラティリティに関する議論です。ボラティリティとは，相場の変わりやすさのことですが，企業経営においては短期的な相場変動の大きさを追求するだけでは十分ではありません。事業の管理スパンに応じた中長期の見通しも必要です。そのため，ここではボラティリティを広義に捉え，将来の相場の行方を予想する方法を研究します。

古来より多くの研究者が為替相場決定理論を提唱してきました。多くは一定の前提の上に構築されており，為替相場変動のすべてのケースを説明する普遍妥当理論はなかなか見出すことができません。数式が並ぶ経済理論はとっつきにくいため，「机上の空論」と称してこのような理論を軽んじる経営者は多いと感じます。しかし，先人の偉業は価値あるものです。実用化する工夫が足りないから実務に利用できないだけなのです。

為替相場の予想は結局これらの理論を拠り所にすることになりますので，本書でも第2章で理論をいくつか紹介します。しかし，単に紹介するのではなく，実用化するための工夫を施しましたから，為替リスク管理実務上必要な為替相場予想作業を適切に導く必須項目として読み進めてください。

第3章では，エクスポージャーを調整したり，場合によっては操作したりする方法を述べます。エクスポージャーの大小が為替リスクの大小につながることに着目し，一般に普及しつつある「リスク対応方法」に照らして為替リスクへの対処方法を導出します。ヘッジやカバー手法の説明においては，複雑なスキーム図が登場しますが，実務に必要な要点と作戦を項目ごとに整理しますので活用してください。

第4章は実行編です。第1章で打ち立てた方針を具体化するルールや，方針を全うするために必要なボラティリティ（第2章）とエクスポージャー（第3章）にかかる技術を実行するための組織機能と組織立て，日常的に使用するツールを紹介します。

最終章では，前章までの理論や提言について，その要点をまとめたうえで具体的な例を紹介し，理論や提言が実務上のどういった場面で利用されるのかに

ついて述べていきます。

　既述のように，管理スパンの長さによって為替リスクの捉え方が異なり，第1章で打ち立てる為替リスク管理の基本方針においても，管理対象期間の長短によってその方法が異なります。このため，最終章は期間を短期，中期，長期の3つに分けて展開します。

―第1章―

為替リスク管理の基本方針

為替リスクとその管理
- 為替リスクとは
- 為替リスク管理とは

ボラティリティとは
- ボラティリティ観察の対象期間
- 観察上の留意点

エクスポージャーとは
- 外国為替取引とその構成要素
- 外国為替持高でエクスポージャーを測る
- 外国為替取引の流れと外国為替持高の変化

為替リスク管理の基本方針
- 管理範囲絞り込みとリスク別特質分析
- 為替リスク管理の基本方針設定

本章では，為替リスク管理の基本方針を打ち出します。次章以降でこの基本方針を全うするための方法を展開していくための大前提となるものですから，慎重に進めなければなりません。第1節では，為替リスク管理の定義づけから議論していきましょう。そのためには，そもそも為替リスクとは何かを把握することから始め，その認識視点や発生経路を理解する必要があります。その点が整理できていないと為替リスク管理の定義はもちろん，管理方針も見えてこないからです。

続く第2節と第3節では，為替リスク管理の定義を構成する2つのキーワードについて少し詳しく説明します。これで，定義がさらに具体的にイメージできるようになるはずなので，これをもとに，最終節では，本章のテーマである為替リスク管理の基本方針を導き出します。

本章の構成を**図表1-1**に示しましたので，必要に応じてここに立ち返り，議論の流れを確認してください。

図表1-1 為替リスク管理の定義と構成要素の性質から基本方針を導出する

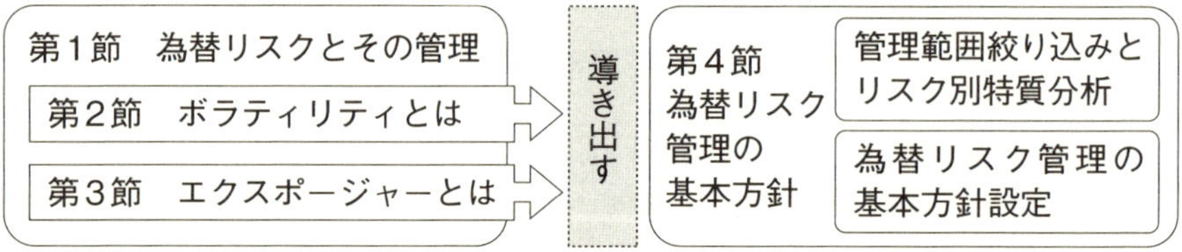

第1節　為替リスクとその管理	導き出す	第4節 為替リスク管理の 基本方針	管理範囲絞り込みと リスク別特質分析
第2節　ボラティリティとは			為替リスク管理の 基本方針設定
第3節　エクスポージャーとは			

第1章 為替リスク管理の基本方針　17

第1節　為替リスクとその管理

この節のポイント

● リスクとは不確実性のこと。
● 外国為替では為替差損益となって顕れ，4種類の為替リスクがある。
● 為替リスク管理とは，ボラティリティを見てエクスポージャーを調整すること。

1　為替リスクとは

　一般にリスクとは，どんな結果をもたらすか不透明である段階における不確実性として定義づけることができます。これを外国為替に置き換えるなら，為替相場の変動によって外貨建資産価値が減価または増価する可能性があるが，現段階ではそれが確定しない不確実さとして捉えることができます。

　為替リスクが発生する経路や背景，それを認識する視点は一様ではありません。それらが異なれば管理の方法もそれに対応させて変える必要があります。為替リスク管理はその変化するさまざまな対応をすべて網羅していなければなりませんから，為替リスク管理とは一体何をどうすることなのかを明らかにしていくためには，それら為替リスクの発生経路や背景，認識視点を整理しておく必要があります。

　そこでまず，為替リスク管理の定義づけの準備として，同リスクを4つに分類し，事例を交えながらその特質を調べていくことにします。

（1）取引リスク

　取引リスクは，外貨が関係する個々の取引に着目し，取引発生時からその取引を手仕舞うまでの期間に為替相場が変動することによって発生するリスクです。ここで大切なことは，リスクが発生している期間の始期と終期をどう押さ

えるかです。図表1-2で説明しましょう。

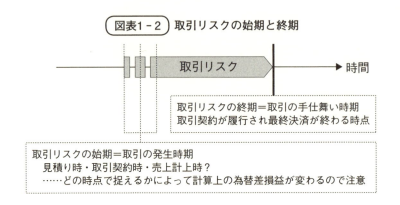

① 取引リスクの終期の捉え方

　終期，つまり手仕舞う時期の押さえ方は簡単です。当該取引の契約が履行されて最終決済が終わる時点で捉えるのです。リスクとは，どんな結果をもたらすか未だ不透明である段階における不確実性のことですから，すべてが確定するこの時点ではリスクは解消しているはずです。つまり，利益か損失かどちらに転ぶかわからなかった為替リスクは，この時点では現実の為替差損益となって確定するということです。したがって，これ以降はもうリスク管理する必要はありません。後の祭りです。

　では，手仕舞うまで為替差損益は確定しないかというと，そうでもありません。現実の差損益として実現しなくても，つまり未実現でも確定する場合があります。この点については第4章で説明します。

② 取引リスクの始期の捉え方

　難しいのは始期，つまり取引発生時をどこで認識するかです。例えば取引を実行して売掛金等の勘定が計上された時期とするか，それとも契約時とするか，あるいは取引の引き合いが持ち込まれて見積りを提出する時期とするかは慎重に判断する必要があります。それによって為替差損益計算の様子が異なるから

です。時期の捉え方は，取引規模や取引発生頻度・性質，管理コストなどさまざまな事情から判断することになりますが，重要なことは，経理のうえでは勘定が計上された日からしかリスクが認識されないということです。実際には計上前からリスクは発生しているわけですから，これらは勘定外で管理しなければなりません。

③　時期の捉え方による為替差損益の変化

　時期の捉え方によって為替差損益が変わる点を具体例で見てみましょう。日本企業が，米国企業から製品の見積りを依頼されたとします。日本企業は，その時の為替相場が$1.00＝¥120だったので，円建てなら利益20万円を含めて120万円で販売する製品を米ドル建売値1万ドル（＝¥1,200,000÷¥120）として見積もりました。その後，米国企業が見積りを検討している間に為替相場が110円に変わりましたが，両者それに頓着せず，見積り時の価格のままで売買契約を締結しました。契約に従い，日本企業は製品を輸出して1万ドルの外貨建売掛金を計上しました。このとき為替相場が$1.00＝¥100に変わっていたので，円換算額は100万円となっています。そして決済日には，予定どおり米国企業から機械の輸出代金1万ドルを受け取り，さっそく円に転換しましたが，その時の為替相場が$1.00＝¥90とさらに円高になっていたので，手元に残ったのは90万円でした。

図表1-3　外貨建送金ベース輸出の為替リスク

取引の流れ	為替相場	粗利益	うち為替差損益
見積り	$1.00＝¥120	¥200,000	－
売買契約締結	$1.00＝¥110	¥100,000	損¥100,000
船積み，売掛金計上	$1.00＝¥100	¥0	損¥200,000
外貨入金，円転換	$1.00＝¥ 90	▲¥100,000	確定損¥300,000

図表1-3はこの取引を流れに沿って整理したものです。はじめは粗利益20万円を想定していましたが、為替変動によって受けた影響が為替差損となって粗利益を食いつぶし、最終的には損失が発生してしまいました。取引発生時に120円だった為替相場が手仕舞い時には90円に変動したことによって引き起こされた災難です。

この図表で、取引発生時を見積り時にするか、それとも契約時、売掛金計上時にするかで、差損益の計算が変わることがわかります。もちろん、実態上の差損益が変わるわけではありません。計算が変わるだけです。しかし計算が変わるということはリスクの認識も変わるということで、見積り時点で認識するなら差損を防ぐ手立てを講じる機会もあったかもしれないのです。

(2) 会計リスク

会計リスクは、ある一時点の外貨建勘定を会計基準に基づき、円換算額で評価することによって得る評価損益（為替評価損益という）で把握する為替リスクです。図表1-4にそのイメージを示したように、取引リスクでは、個々の取引を手仕舞う時に発生する可能性のある為替差損益を当該取引の為替リスクとして把握するため、把握時点が取引によって異なるのに対し、会計リスクは

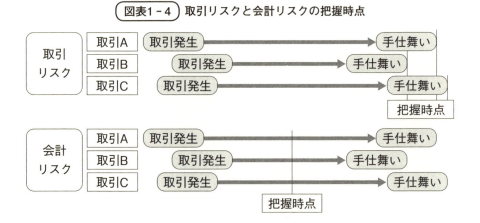

図表1-4　取引リスクと会計リスクの把握時点

個々の取引の手仕舞い時期とは無関係に，全部を横断的に把握するため把握時点は同じです。

　会計リスク把握時点は必要に応じて毎月月末などというように任意に設定可能ですが，決算では必ず把握して財務諸表に反映させなければなりません。

①　２つの切り口による理解

　ところで，会計リスクは２つの場合に分けて理解する必要があります。

　まず，期中に計上した外貨勘定を決算時に評価する場合です。期中に計上した外貨建売掛金や外貨建借入金などが，回収前または返済前に決算を迎えたときは，決算時の為替相場で評価し直す必要があります。例えば，為替相場が$1.00＝¥120の時に外貨建売掛金100ドルを計上し，決算時の為替相場が$1.00＝¥100になっていた場合は，2,000円の評価損を損失勘定として計上しなければなりません。

　第２は，海外子会社の財務諸表を連結して決算する場合です。海外子会社を有し，その子会社と連結財務諸表を作成する場合は，当該子会社の決算通貨を円に換算する必要があります。子会社の決算通貨が米ドルで，当該子会社の取引のすべてが米ドルで行われている場合は，子会社単独では為替リスクは発生しません。しかし，円に換算して連結する場合，仮に米ドル建てでは前期末と今期末で金額が変わらなかったとしても，この間に円安になっていれば子会社財務諸表の円換算額は前期末に比べて増価するわけです。

②　他のリスクとの相違点

　さて，ここで重要なことは，決算時の為替評価損益はあくまでも決算の時点ですべての取引を手仕舞ったと仮定したときに顕現化するであろう影響額，いわば仮の姿であるということです。つまり，その時点で取引を手仕舞った場合にはここで計算した為替評価損益がそのまま実現するものの，多くの場合，個々の取引の手仕舞うタイミングは翌期かそれ以降であるから，それまでは不確実なままなのです。

例えば，$1.00＝¥120で計上した売掛金100ドルの円換算額が，決算時為替相場で1万円と評価され，為替差損2,000円を計上したとしても，その後実際に100ドルを回収して円資金に転換（以下，「円転」という）する時に為替相場が再び$1.00＝¥120に戻っているなら，差損益は発生しなかったことになるわけです。

このことは取引リスクなど，他のリスクとの大きな相違点であり，これによって管理の方針も異なってきます。この点は，本節の最終で管理上の他のポイントと合わせて改めて説明することとします。

(3) 潜在リスク

潜在リスクは，外貨建融資，外貨預金，外貨建証券投資などの資金運用や外貨建借入金などの資金調達で発生する運用益や利息が，為替相場変動の危険にさらされる為替リスクです。利息が入金されたり支払ったりするときにはじめて勘定が異動するため，普段は気づきにくいことから「潜在」と呼びます。

図表1－5は，外貨預金を例にとって潜在リスクのイメージを示したものです。

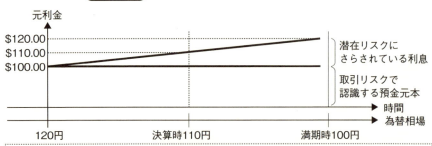

図表1－5　外貨預金の利息にかかる潜在為替リスク

・元本の円換算額は，設定時¥12,000，決算時¥11,000，満期時¥10,000と目減り。
・利息の円換算額は，決算時¥1,100，満期時¥2,000⇒一見増えているが目減り。潜在為替リスクにさらされるドル価利息額は時間とともに増加する。

① 他のリスクとの区別

この耳慣れない言葉は，先に述べた取引リスクや会計リスクとどのように区別して理解すればいいのでしょうか。利息ならば決算時に未収または未払利息

として計上するし，資金運用や資金調達は契約を伴う取引の1つであるから，前者は会計リスク，後者は取引で認識可能であるとの理解が成り立つかに見えます。しかし，これらのリスクとは別途区別して認識すべき理由があるのです。

まず会計リスクとの区別です。例えば外貨預金が利息計算期間の途中で決算が行われる場合，未実現の利息は，未収利息として資産勘定に，預金利息として損益勘定に計上されることで，会計リスクとして認識できそうに見えます。しかし，これは決算時の評価勘定として一時登場するだけで，普段から計上されている資産負債のように普段の円換算額と決算時の円換算額を比較して差損益を計上するわけではありません。未収利息は外貨利息額のほかに円換算の為替差損益を区別なく含んでいます。このため，為替相場の変動によって利息がいくら増減したのかは把握できないのです。

では，取引リスクに関してはどうでしょう。対象となる取引は，融資や預金，証券投資などですが，これらの取引から発生する運用益や利息，つまり果実は実現して損益勘定を経理するまで目にすることがありません。また，その時点では経理する時の実勢為替相場（市場での実際の為替相場，以下，「実勢相場」という）で一気に換算された円換算額で計上されます。しかし，現実の利息は計算期間中に毎日その時々の実勢相場を背負いながら徐々に積み上がっていくもので，決して最後の日にいきなり発生するものではありません。毎日背負う為替相場と最後の日の為替相場との間に乖離があれば，為替差損益が発生しますし，なによりも，当初契約時の為替相場を前提に期待していた果実の円換算額もくるってきます。したがって，これらの取引を抽出してその果実を個別に管理するのが合理的なのです。

② 潜在リスク認識の意義

過去，潜在リスクの影響金額は取引元本全体からみればごく少額であり，企業経営に与えるインパクトも大きくありませんでした。しかし今日，これらは無視できないものになりつつあります。

それは，対外直接投資から得る利益がさらされる為替リスクです。円高によ

る価格競争力低下の回避や，海外の消費市場に近接するメリットを求めて，多くの日本企業が海外に拠点を移してきました。なかには売上の大半が海外の出先によるものだという企業も少なくありません。そんな企業が親会社本体のキャッシュフローを確保するのは，直接投資から得る果実，つまり配当です。折から税制も配当による投下資本回収を促すよう改正されました。その結果，国際収支の内訳推移をみても貿易収支の悪化を補うように所得収支が増加しています。日本企業にとって，これら対外直接投資から得る利益や配当の国内還流が収益を支える重要な柱の1つになりつつあり，その果実を襲う潜在リスクの管理が欠かせなくなってきているのです。

(4) 経済リスク

　経済リスクは，為替相場の変動が，事業環境や市場環境の変化を通じて，個々の取引にではなく，事業の全体やその一分野に影響を及ぼすリスクです。その影響の顕れ方は，「最近は原材料費がさしたる努力もなくどんどん削減できている。どうやらこれは，昨今の急激な円高によって安く海外から調達できるようになったことが影響しているようだ」といった具合で，極めて曖昧です。
　図表1-6に示すように，個別取引への影響を捉えるものではないというのがその特徴であり，そのため，経理で把握することができないということでも他の取引リスクや会計リスクと異なります。

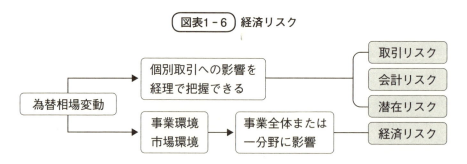

図表1-6　経済リスク

経済リスクの具体例を挙げてみましょう。

- 海外から外貨で商品を輸入し，日本国内で販売している輸入業者にとって，円高は歓迎すべき事業環境変化です。特に商品が日用品などの消費財である場合は，消費者が受け入れている価格水準が上方下方に硬直的であるため，円高になっていく過程で差益を享受できます。
- 日本国内で製造した製品を外貨で海外へ輸出している企業は，円高では海外同業者に比べて価格競争力が低下し，円安では改善するという影響を受けます。
- 海外から外貨で輸入した原材料を使って製品を作り，それをまた海外へ外貨で輸出する企業の場合は，影響は限定的ですが，それでも労務費などは円で支払うため，円高では価格競争力が低下，円安では上昇するはずです。

これらは，みな外貨で取引を行う事業ですが，仮に外貨取引には一切関わらない場合でも，経済リスクにさらされることがあります。例えば以下のようなケースです。

- 円高では，対外的な価格競争力低下で，輸出産業の生産が低迷するため，国内取引しかしていない企業でも輸出産業に部品を販売していれば輸出不振に伴って売上が減少します。円安ではこの逆の現象が起こるはずです。
- 日本国内で原材料を仕入れて製品を製造し，日本国内の最終消費者に販売している企業でも，その同等な製品が海外でも生産されているなら，円高は脅威となります。円に換算した海外同等品のほうが安くなるからです。
- 貿易業者が，為替リスク削減目的で，それまでの外貨建取引を円建てに切り替えたのに，今度は相手方が為替差損を被ることになり，損失の一部を補填するよう迫られるケースがあります。

上記の第1の例は，販売先が輸出企業であるため自分では直接海外取引と関わっていなくても，間接的には関わっていることがある程度予測できます。それに対し，第2の例では，最終消費者が国内であるため，こんな企業が為替リスクにさらされているとは夢にも思わないでしょう。また，第3の例は，ビジネスの世界では自分だけがリスクを回避したと思っても取引相手に不利益が及

ぶなら取引が成立しないことを示しています。

このように経済リスクは広範囲にわたって影響を及ぼす可能性があり，影響を受ける企業と受けない企業を明確に区別することはできません。どんな立場の企業も考えておかなければならないことなのです。

2　為替リスク管理とは

為替リスクを種類別にみてきましたが，そこでわかることが2点あります。1つは，いずれの種類の為替リスクも，為替相場の変動が原因になって発生するということです。また，変動幅が大きいほどリスクも大きいといえます。

他の1つは，いずれの場合も，そこに為替相場変動のリスクにさらされている部分，つまり為替相場変動の影響に対して露出している部分があるということです。逆に，為替相場がいくら変動してもその影響を受ける露出部がなければ，為替リスクは発生しないのです（**図表1-7参照**）。

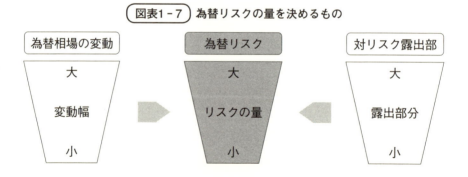

図表1-7　為替リスクの量を決めるもの

例えば，取引リスクでは外国為替取引そのものがなければ為替リスクは発生しません。図表1-2「取引リスクの始期と終期」では，取引発生時期を取引リスクの始期，最終決済を終えて取引を手仕舞う時期を取引リスクの終期と捉えました。この間に，為替相場変動の影響を受ける露出部が顕れているのです。具体的には，外貨建売掛金や外貨建販売契約残高といったものです。

経済リスクの場合は、取引リスクなどのように明確にどこからどこまでという数字で表すことはできません。事業の全体が露出部であり、そこに広く浅く広がっているといイメージで捉えます。

（1）為替リスク管理の定義

実は、為替リスクは、この為替相場変動の大きさと為替相場変動の影響を受ける露出部から構成されています。外国為替では前者をボラティリティ、後者をエクスポージャーと呼んでいます。したがって、為替リスクの量は、リスクにさらされている露出量であるエクスポージャーと為替相場変動の大きさであるボラティリティの積で表すことができます。

このことから、為替リスク管理とは、上記2つの構成要素を管理することであるといえます。ただ、ボラティリティは外国為替市場で決まり、一企業としてはなかなかこれに関与できません。管理が可能なのはエクスポージャーだけです。したがって、企業経営における為替リスク管理とは、ボラティリティを見ながら適切なエクスポージャーを決めて調整することと定義づけることができます。この行為を2つの構成要素に分けて関係をイメージするなら、**図表1-8**のようになります。

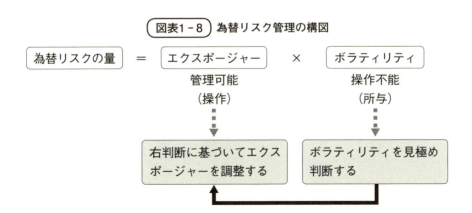

図表1-8　為替リスク管理の構図

（2）エクスポージャーとボラティリティ

　構成要素のうち，エクスポージャー（英語で「さらす」という意味）とは，保有している資産のうち，その価値が価格変動の影響を受けて変化してしまう部分を指します。部分を量で表す場合と構成比で表す場合がありますが，本書では金額という量で表すことにします。エクスポージャーは企業の活動によって決まりますから，企業が自分で操作できる管理可能な数値です。為替リスクの種類によっては経理上の金額として把握できるものと曖昧な形で捉えなければならないものがあり，注意する必要があります。この点については次節以降で明らかにしていきましょう。

　他方のボラティリティ（英語で「変わりやすさ」）とは，価格変動の大きさを指し，「ボラティリティが高い」というときは価格が大きく変わりやすいことを意味します。標準偏差で表すのが一般的ですが，ここでは具体的な数値ではなく概念で捉えています。ボラティリティは外国為替市場の動きに依存しますから，企業にとっては操作不能の所与のものとして取り扱うしかありません。

　具体例を示しましょう。相場が100円から大きく10円も変化してしまいそうな場合は，1円しか変化しそうにない場合に比べてボラティリティが高いといいます。このとき，100ドルのエクスポージャーを保有していれば，前者では円換算額が±1,000円も変化してしまうのに対し，後者では±100円しか変化しません。この状況下で，企業としては±1,000円は無視できないと判断するなら，外国為替取引を控えめにしてエクスポージャーを圧縮する操作を実施します。また，±100円は許容範囲であると判断して，エクスポージャーを維持する操作に出る場合もあるでしょう。

第1章　為替リスク管理の基本方針　**29**

第2節　ボラティリティとは

この節のポイント

- 為替相場の変動は見る期間の長さによって関わり方が異なる。
- 企業経営では為替相場の変わりやすさのほか，中長期の動向を見極めることが大切。
- 為替相場は，工夫すればある程度予想が可能。

1 ┃ ボラティリティ観察の対象期間

　ボラティリティとは，為替相場変動の大きさや変わりやすさであると述べました。変わりやすさは不安定さでもあります。しかし，企業経営で為替リスクを管理する場合はもう少し解釈を広げる必要があります。短期売買では明日1円変わるとか昨日から5円変わったということが大切ですが，企業活動は長い目で見る必要もあるからです。その場合，為替相場が安定的に少しずつ変化しても，変化の方向が一方向であれば数年先には相場水準は大きく変わってしまいます。企業経営でボラティリティという場合は，短期の変動しやすさや不安定さだけでなく，中長期にわたる為替相場の動向も含む意味で捉えなければなりません。

　このことは前章で，為替相場は管理スパンによって見方が異なると述べたことと深く関係しています。管理スパンは事業の性質によって決まりますから，企業経営の視点からみたボラティリティは，事業の性質から考えて必要とみられる対象期間で起こる，為替相場の変動として，広義に解釈すべきです。

　管理対象とすべき期間は事業の性質によって短期から中長期，あるいは超長期とさまざまです。どんな企業活動がどんなスパンでどのように関わるのでしょうか。

　以下に3つの企業活動例を紹介します。これにより，為替相場の変化が大き

いことによるインパクトの大きさと，企業活動の性質によってどんなスパンで為替相場と関わっているのかを確認してみます。

（1）企業活動A

日本企業A社が，1973年に円資金を3億円投じて米ドルに換え，米国の企業に出資したとします。このときの為替相場は300円ですから，入手できる米ドル資金は1百万ドルになります。この出資を40年間ずっと寝かせて2013年に引き揚げ，再び円転するとどうなるでしょう。首尾よく投資損を被らずに引き揚げることができたとしても，この時の為替相場は97円ですから，手元に残る円資金は97百万円となり，当初に投じた円資金額と比べ203百万円損したことになります（**図表1-9**参照）。

出資先の在米企業の業況を注意深く監視して損しないように運用してきたつもりで，実際に米ドルで測った株価はまったく変化しなかったとしても，為替

相場でこれほどの損失が発生してしまうと，企業経営に与える影響は深刻です。

この間，どんなに為替相場が想定を越えて乱高下しても発生する損失は変わりません。為替取引は1973年と2013年の2回しか行いませんので，この2回の取引以外で為替相場の変化は直線的な推移であろうが，山谷の紆余曲折を経ようが，そんなことは一切関係ないのです。

(2) 企業活動B

取引の内容が変わると状況も異なります。

日本企業B社が，米国で一大石油精製プラントを受注しました。受注したのは1995年春，受注金額は米ドル建てで1百万ドル，工期は3年です。受注時の為替相場は100円ですので，この為替相場が変化しないとの前提では，完工時の1998年には1億円のプラント代金を得ることができると期待します。ところが，実際には為替相場が円安方向に変化して135円となったため，結果として35百万円の利益を上げることができました（**図表1-10**参照）。

図表1-10　B社のプラント輸出で発生した為替差益

この取引では，契約時（受注時）に米ドル建ての価格を決定した時点で，3年後には米ドル建代金を1百万ドル受け取ることが決まります。実際に資金が動くわけではありませんが，外国為替取引が発生しているわけです。そして3年後には，受け取った1百万ドルを円転しますので，ここでも為替取引が発生します。

上記でみた企業活動Aでは，40年の期間で円高に大きく振れたものが，このプラント工事取引では3年の期間で逆に円安に振れたのです。ここでは3年の期間の始めと終わりの2つの為替取引以外に，その20年前は300円だったことであるとか，15年後には97円になることなどは本件とはまったく無関係です。

上記2件の取引事例で見たように，グラフでは一見なだらかな曲線を描いて米ドル安円高に変わっていくように見えても，対象とする期間が変わると，目を離して遠くから見ていた視点を，今度は近づけて1995年から1998年の3年の期間としてより細かく見る必要があるということがわかります。そして仮に40年では一定の変化法則を見出したとしても，その法則を3年の短い期間には適用困難であるということもわかります。

（3）企業活動C

さて，今一度取引パターンを変えてみましょう。日本企業C社は米国から毎月自動車を輸入して日本国内で販売しているとします。取引は1990年から2012年まで行われ，輸入価格は米国出荷時為替相場を参考に米ドル建てで決めて出荷3ヶ月後の決済，輸入金額は平均して年120万ドルとします。この場合，取引全期間（22年）では，下記の計算から約19百万円の為替差益が発生します。

- 1990年の為替相場＝¥143
- 2012年の為替相場＝¥80
- 取引全期間の平均買掛金残高＝$300,000.00（年120万ドルの輸入取引を行うため，平均すると毎月10万ドルの買掛金が発生し，それが3ヶ月滞留する）
- $300,000.00×（¥143－¥80）＝¥18,900.000

しかし，これは全取引期間で見た場合です。1995年から1998年では，逆に9百万円の損失（$300,000.00×(¥100−¥130)）が発生し，1998年から2000年にかけてはほぼ同額の利益が発生してこれを取り返しています（**図表1－11**参照）。

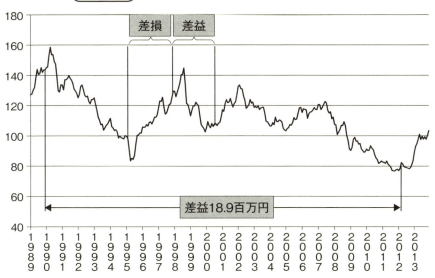

このように，全体では相当額の為替差益が発生しても，それは後になってわかること。22年という取引期間の途中では，数年にわたって差益が発生し続けたり，逆に差損が発生したりと波乱万丈です。しかし，こんな山坂を繰り返していると，本当の収益力がわかりませんし，毎年の利益計画も立てようがありません。

企業活動の例を3つみてきましたが，それでは日本企業B社は常に3年程度を管理スパンとして為替相場の動向を観察すればいいかというと，そうではありません。日本企業C社の例では，1つひとつの輸入取引は取引開始から決済まで3ヶ月ですから，取引リスクへの対応としては3ヶ月を管理スパンとすれ

ばいいのですが，自動車輸入販売事業は22年間継続して行うため，この間の為替相場の変動が経済リスクとなって影響を及ぼす可能性があります。B社も同様にプラント建設事業を継続して行うなら，プラント工事の期間だけを対象とした管理では不十分なのです。ボラティリティをみる管理スパンは，取引や事業の性質，企業が置かれている状況をよく考えて設定しなければなりません。

2 観察上の留意点

　既述のように，企業経営において，ボラティリティをみるということは，為替相場の短期的な変わりやすさのみならず，中長期にわたる為替相場の動向を予想することを含みます。

　為替相場動向の予想に関しては，購買力平価説や国際収支説など多くの理論が提唱されてきました。しかし残念なことに，実務ではなかなか利用されていません。理論が前提としている条件が現実の世界にそぐわないとか，変数を絞った部分均衡でしかないなどがその理由です。そのため，理論は単に「机上のもの」としてこれらを軽んじる企業関係者が多いのが現状です。

　しかし，もとよりあらゆる場面に適用できる普遍妥当性を備えた理論などあろうはずがありません。その場面に相応しいものを組み合わせたり，その部分均衡が説明できる現実の場面を探してきたりするなどの工夫が必要なのです。そういう労を厭わない姿勢があれば，既存の理論は十分実務に活用できると筆者は考えています。

　その根拠と方法については第2章で詳しく説明することとし，ここでは観察上の留意点として，既存理論による相場予想を撹乱する要因を2つ取り上げて内容を調べ，為替相場予想作業でそれらをどう位置づけるかを検討していきます。

（1）為替投機

　予想撹乱要因の第1は為替投機です。為替投機は，2時点間の為替相場差異

から得る差益の獲得を目的として行う為替売買取引行為です。安値で買って高値で売るなど相場差や価格差を利用する売買取引ですから，買ったら（売ったら）必ず売り（買い）戻さなければ差益は利益として実現できません。したがって，為替投機は，現象面においては原則として短期間に行われる売りと買いのセット取引として顕れます。「原則として」と断ったのは，少々説明がいる場合があるからで，それは後述します。また，超短期あるいは比較的短期で売買取引を繰り返し，その売買金額が大きいのも為替投機の特徴です。決算年度内に手仕舞って利益計上したいとの動機や，多額の売買注文で差益の源となる相場変動を活発化させようという動機が働くからです。

① **為替投機の種類**

為替投機で注目したいのは，どのタイミングでどんな量の買い（売り）が発生するかを予測することの困難さです。狙いが価格差であれ果実であれ，これら短期で手仕舞う売買取引の動機となる根拠と背景があまりにも多様で複雑であるのがその原因です。

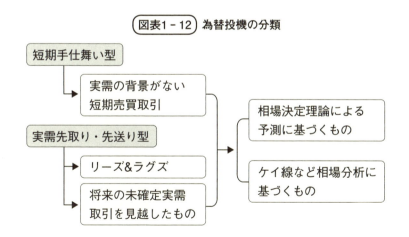

図表1-12　為替投機の分類

そこで，為替投機をさらに調べるため，そのやり方からいくつかに分類しました。**図表1-12**は，筆者が分類したイメージ図です。これによると，為替投

機はまず「短期手仕舞い型」と「実需先取り・先送り型」に分けられます。実需とは，実体的商取引から直接発生する需要のことです。

　「短期手仕舞い型」とは，実需の背景がまったくなく，もっぱら為替売買益の追求を唯一の目的として行う投機行為です。上記で説明したように，必ず手仕舞うための反対取引（はじめに買った（売った）ら，売る（買う）取引）を伴います。

　「実需先取り・先送り型」は，貿易などの実需を背景に，その決済を早めたり遅らせたりすることで，為替差益が出そうな都合のいい相場になるタイミングを捉える方法です。例えば，「輸入代金を米ドルで払う予定だけど，ちょうど円高だから今のうちに米ドルを買って外貨預金に入れて支払期限まで置いておこう」というものです。実需を先取りして外貨を買いますが，実際に輸入決済する時には外貨のまま支払うので，手仕舞うための独立した反対取引は伴わず，実需の決済が反対取引を兼ねているのです。先に，投機では原則として売りと買いのセット取引として顕れるが，少々説明がいる場合があると述べました。まさにこのケースがそれに当たります。

　差益を目的として反対取引を行うわけではないため，この型を狭義の為替投機には含めない考え方もありますが，タイミングをずらしたことで差損を被る場合もあることを考慮するなら投機として扱うのが適切です。

② 実需背景の違いによる投機性の違い

　この型は，背景となる実需がすでに確定したものか，そうでないかによって，いわゆる「リーズ&ラグズ」（リーズは先行，ラグズは遅行の意味）と「未確定の将来の事業や取引を見越したもの」に分けることができます（**図表1-13**参照）。前者は，実需が確定している場合ですから，貿易などの取引契約が締結されて決済方法も決まっており，為替取引の3要素ともいうべき交換通貨の種類，交換時期，交換金額が明確になっているものです。したがって，投機的性格は比較的おとなしいといえます。

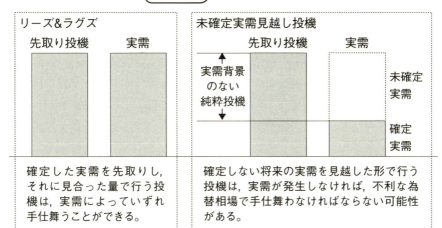

図表1-13　実需先取り型投機

　後者は企業経営の観点からは少し注意しておかなければなりません。ともすると耐力を超える，行き過ぎた投機になりがちだからです。具体的には，背景となる実需取引がまだ確定していないのに，それを見越して事前に為替だけ売買しておくものです。未確定部分を見越すわけですから，実需の先取りはあっても先送りはありません。先取りが将来発生する実需と見合っていればよいのですが，為替相場が有利な方向へ大きく動くと，「この機を逃すと2度とチャンスは戻ってこない」と思い込んで実需を大きく超えてしまいがちです。その場合は超過分について反対取引が必要となり，それが多額の差損につながります。

③　為替相場の投機的予想

　上記いずれの場合も，売りから入るのか買いから入るのかを決めるため，この先相場がどう変動するか予想を立てなければなりません。米ドル円の取引で，この先米ドル高と予想するなら米ドル買いから入るのです。

　予想では，為替相場決定理論に基づいて変化の方向にあたりをつける方法があります。これは，国際収支説や運用金利選好などの理論により相場変化の方向にあたりをつけ，実際に理論どおりに相場が変化していく前に仕掛けておい

て，変化してから手仕舞う方法です。例えば国際収支説に則し，貿易赤字が続く通貨は減価すると予測してその通貨を売ります。一定期間のタイムラグを伴って実際に減価したところで買い戻せば，差益が得られるというわけです。

　しかし，既存の為替相場決定理論はあまりにもよく知られ過ぎています。そのような知られ過ぎた理論による予測を待っていたのでは他に先を越されてしまうと心配する投機専門家は，もっと前の段階で仕掛けようと考えるでしょう。その結果，理論の変数に影響を及ぼす変化の兆候をなんとかして他より早く探してこようとするわけです。場合によっては「こじつけ」に近い解釈のものもあります。

　解釈は人によって随分と異なるでしょうから，このような初期段階で精度の高い予想ができるとは思えません。より根拠希薄な予想を立てるほど変動要因解釈のバラツキも大きくなります。また，このような傾向は為替投機が行われやすい短期ほど強くなります（図表1－14参照）。しかも，予想に動員される知識や知恵の水準も人によって異なりますから，高い水準の知識で合理的に割り出した予想が必ずしも当たるとは限りません。市場は多数決で決まるからです。その結果，精度の高い合理的な予測よりも，より多くの市場参加者がどのような予想をしがちであるかを予想するほうがよほど現実的です。それが，有名な「ケインズの美人投票」です。

　投機とは，最も得票が多かった女性に投票した人に褒美を与えるという条件で行う美人投票と同じだと，ケインズは指摘しました。この条件では，投票者は自分が美人だと思う女性ではなく，他の投票者がどの女性に投票するかを予想してそれに追随するような投票をするようになります。多数に追随できれば褒美がもらえるからです。

　こういった背景から，理論に頼らない方法として「相場は市場に聞け」という思想が生まれます。具体的には，実際の相場をグラフの上にプロットしていき，その延長線上に傾向値を見出す方法で，ケイ線分析や移動平均法などがその例です。

　理論に基づく場合も，美人投票する場合も，あるいは市場に聞く方法を使う

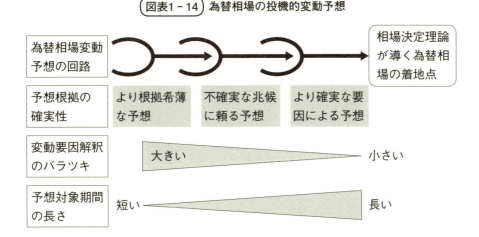

図表1-14 為替相場の投機的変動予想

場合でも，売り買いどちらの行動に出るかは相当のばらつきがあります。結論として，投機は為替相場予想を撹乱させるものであり，特に短期においてその傾向が強いといえます。

(2) 経済活動以外の要因

撹乱要因の第2は，政治や外交活動など経済活動以外の事情による環境の変化です。例えば，政権が交代して極端な経済改革を実施し，それまで市場に委ねていた財・サービス価格の決定が政治的に管理されるようになるなら，もはや理論に沿った予想は意味をなさなくなります。

また，金融緩和を公約にあげる政党が政権をとってそれまでの金融政策をひっくり返したら，金利が下がります。金利が下がって投資環境が整ったら，経済活動も変化して実需が発生します。この実需は長期にわたって為替相場に影響するでしょう。

これらは情報が流れた瞬間に為替投機も発生しますが，変化した実需は投機が手仕舞われた後も市場に残り，長い期間にわたって為替相場に影響し続けます。為替投機が短期の為替相場予想を困難なものにしているのに対し，経済活動以外の要因による環境変化は長期において為替相場予想の撹乱要因となって

いる背景がここにあります。

　ただ，両者は不透明さにおいて違いがあります。為替投機ではいつ誰がどんな材料をどう解釈して行動に出るか予想が極めて困難であるのに対し，環境変化は，突然の自然災害や天変地異を除けば一定程度の予想が可能なのです。なぜなら，政治や外交，社会運動など社会の環境変化は，背景にある動機や目的の方向に向かって徐々に変化し，変化の仕方には一定の合理性があるからです。一定の合理的な推測ができるから，これらを研究する各分野の社会科学が成り立っているともいえます。

　また，短期に乱高下を繰り返す為替投機とは異なり，社会の環境変化は一定の時間をかけて進行するため，一時の不規則な動きが淘汰された後に長期にわたって妥当なものが残る特徴があります。革命のように，一見すると突発的に見える変化も，それを起こす世論や社会的地殻変動は徐々に進行し，それを観察することが可能です。この点も短期の為替投機に比べて相対的に長期の環境変化の予想をしやすくしているのです。

（3）為替相場予想の可能性

　ところで，さきに為替相場決定の既存の理論は，工夫すれば十分実用化できると述べました。そこで，理論には為替相場決定に関して短期・中期・長期の期間にかかわらず一定の説明力があるとするなら，期間別にみた，2つの撹乱要因と理論の為替相場決定説明力の関係は**図表1‐15**のようになります。横軸には期間の長さ，縦軸には理論の説明力または撹乱要因の影響力の大きさをとっています。

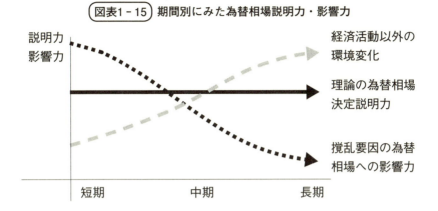

図表1-15　期間別にみた為替相場説明力・影響力

　このグラフから，為替相場予想の可能性について以下の仮説を立てることができます。
- 既存の為替相場決定理論は一定の説明力を持ち，これを利用して為替相場の動向を予想することができる。
- しかし，短期においては為替投機が予想の撹乱要因として影響し，その売買取引の動機となる根拠と背景があまりにも多様で複雑であるため，この期間における為替相場の予想はほぼ不可能に近い。
- また，長期においても経済活動以外の要因という為替相場予想の撹乱要因がある。
- しかし，経済活動以外の環境変化は一定の秩序や合理性を伴い，時間をかけて進行するため，短期の為替投機より撹乱する力は弱い。

　結局，為替相場の予想は短期においてより中長期において，より可能性が高いといえます。この点は，第4節において，本章のテーマである為替リスク管理の基本方針を導き出す重要な要素となります。なお，仮説は第2章で検証します。

第3節　エクスポージャーとは

> **この節のポイント**
> - 経済リスクや一部の潜在リスクを除く為替リスクのエクスポージャーは，外国為替持高で把握するのが都合がよい。
> - 外国為替持高は外貨建資産と負債の差額として発生し，外貨建資産・負債は外国為替取引によって変化する。
> - 取引の流れで変わる外国為替持高の形を押さえておくことは大事である。

　エクスポージャーは，外国為替取引が始まるときに発生し，手仕舞いまでの流れに沿って変化します。したがって，エクスポージャーを知るためには，まず外国為替取引について理解しておかなければなりません。

　そこで，本節では，はじめに外国為替取引とのその構成要素を理解し，そのうえで，エクスポージャーを測る外国為替持高を紹介します。そして，これをもとに，外国為替持高が実際の外国為替取引の流れに沿って変化していく様子をみていくことにします（**図表１－16**参照）。

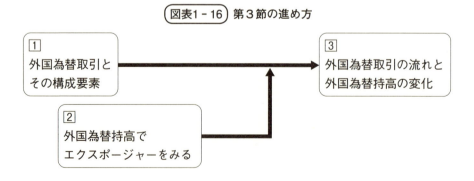

図表１－16　第３節の進め方

第1章　為替リスク管理の基本方針　　43

1　外国為替取引とその構成要素

　外国為替取引を目的と決済方法の2つの軸で整理しましょう。実務で行われる外国為替取引は取引条件などによって千差万別です。このような多様な取引を単に対症療法的に現象面だけの例として取り上げても，別の案件が出てきた時にたちまち判断に迷ってしまいます。そうならないためには，取引を構成する要素を知って，それを応用できるようにしておく必要があるのです。

（1）外国為替取引の分類

　外国為替取引は大きく損益取引と資本取引に分けることができます。これは国内取引でも変わりません。損益取引とは，商品販売やサービス提供の対価を受け取るなど，損益発生が原因となる取引で，海外取引では輸出輸入取引がその代表です。これに対して，資本取引とは，証券投資や資金借入れなど，損益発生以外の原因によって資産や負債が増減する取引のことです。海外取引では，海外に設立する現地法人への出資や海外法人子会社向けの融資，在外銀行への預金などです。

　直感的には，損益取引は儲けに関わる取引で損益計算に顕れるもの，資本取引はそのままでは儲けや稼ぎに関わらない取引で貸借対照表の科目が同じ貸借対照表の別の科目に振り替わるものと理解して差し支えありません。例えば証券投資はそのままでは儲けにならず，そこから生ずる利息や配当などの果実を取得してはじめて儲けになります。

　さて，取引は必ず代金や資金の決済を必要とし，その方法も2つに分けられます。取立てと送金です。**図表1-17**は，2つの取引種類と2つの決済方法種類とを交差させてイメージしたものですが，現実の取引習慣はともかく，理屈のうえからは，これら2軸が交差する点で4つの取引形態に整理することができます。

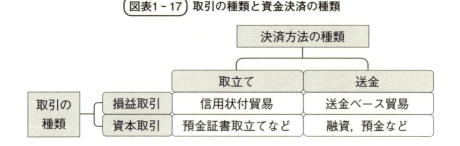

図表1-17 取引の種類と資金決済の種類

（2）送金と取立て

　送金と取立てについて，身近な国内取引を例にみていきましょう。

　送金とは，商品の代金やサービスの対価などを支払う義務を負っている者から行動を起こして，資金を受取人に送ることをいいます。送る方法にはいくつかありますが，日常的によく使われるのは銀行振込みでしょうか。ほかに，現金を専用の封筒にそのまま封入して受取人に郵便で送る，現金書留の方法などがあります。

　なかには，小切手を受取人に送る方法なども送金であるとする解釈があります。しかし，これは資金を送るのではなく資金を受け取る権利を送るものですから，小切手を送ったからといって決済が完了するわけではありません。この方法で実際に受取人が資金を手にするためには，もう「ひと手間」かける必要があります。実はその「ひと手間」というのが，次に示す「取立て」なのです。その取立てと区別するため，本書で使う「送金」は小切手を送ったり手形を送ったりする方法を除き，資金を送る方法と限定して使うことにします。

　取立てとは，商品の代金やサービスの対価などを受け取る権利を持っている者から行動を起こして，資金を取りに行くことをいいます。自分で取りに行くと，「借金の取立て」とか「集金」などといいますが，銀行に取り立ててもらう方法もあります。例えば，上記で触れた小切手を銀行に持ち込んで自分の口座に入金するという場合がそれに当たります。この場合，取立て者の目には，小切手を自分の口座に入金することしか見えないため，どこが「取立て」なの

かわかりません。しかし，その裏では取り立てる手配がなされているのです。その仕組みは，**図表1-18**のとおりです。

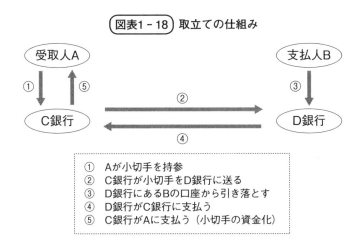

図表1-18 取立ての仕組み

① Aが小切手を持参
② C銀行が小切手をD銀行に送る
③ D銀行にあるBの口座から引き落とす
④ D銀行がC銀行に支払う
⑤ C銀行がAに支払う（小切手の資金化）

（3）銀行間決済の仕組み

送金と取立てを国内の決済を例に説明しましたが，海外との取引においては，銀行間の決済方法が若干異なります。国内では，各金融機関が日本銀行に保有している日本銀行当座預金を使って決済していますが，海外取引の場合は，国内における日本銀行の役割を，例えば世界銀行やIMF（International Monetary Fund）が担っているわけではありません。そのため，支払銀行は決済する通貨の口座を開設してある開設先金融機関に指示を出して，受取銀行が希望する口座への入金を依頼するのです（**図表1-19**参照）。

図表1-19 国をまたがる銀行間決済の仕組み

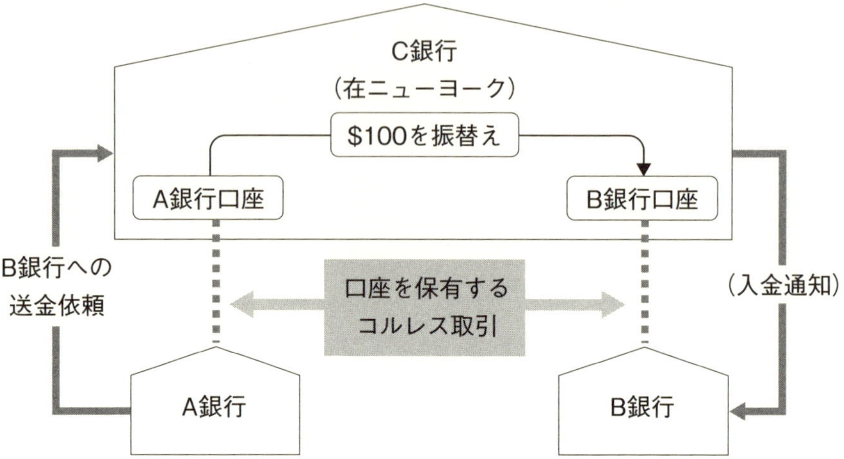

```
                    C銀行
                  （在ニューヨーク）
              ┌─────$100を振替え────→┐
         ┌────┴────┐            ┌────┴────┐
         │ A銀行口座 │            │ B銀行口座 │
         └─────────┘            └─────────┘

  B銀行への          口座を保有する           （入金通知）
  送金依頼        ←  コルレス取引  →

      ┌─────┐                    ┌─────┐
      │ A銀行 │                    │ B銀行 │
      └─────┘                    └─────┘
```

　この時，受取銀行の口座がたまたま支払銀行の口座開設先金融機関にある場合は，支払指示を受けた金融機関内で資金を振り替える勘定処理だけで決済ができますが，ない場合は別の金融機関に間に入ってもらわなければなりません。このままでは銀行間の決済だけで複雑な送金手続を何度も手配しなければならなくなりますので，そうならなうように，各金融機関は，想定される通貨ごとにいくつもの金融機関に多数の口座を開設しておくということになります。その結果，例えば米ドルの決済を担う，ニューヨークの大手金融機関には世界中の銀行の米ドル決済用の口座が開かれているのです。同じように，日本円の決済のためには，日本のメガバンクに世界中の銀行の日本円決済用口座が開かれています。

　このような口座開設先金融機関を，業界内では「デポ・コルレス」または「Depositary Correspondent Bank」と呼んでいます。コルレスは通信者や連絡先という意味の「correspondent」の略ですが，銀行では上記のような外貨決済などの銀行間取引を円滑に行うために基本契約を締結して協力関係にある相手金融機関を指します。デポは「Depositary」の略で預金の意味です。ちなみに口座開設のないコルレスを「ノン・デポ・コルレス」または「Non-depositary

Correspondent Bank」と呼んでいます。

2 外国為替持高でエクスポージャーを測る

　為替リスクは為替差損益として顕現化します。例えば海外旅行から帰ってきて使い切れなかった米ドルが手元に100ドルある場合，当初両替したときの換算レートが100円で今も変わらなければ損も得も発生しませんが，120円に変わっていたら2,000円の差益が発生します。このときレートの変化を広い意味でボラティリティとして扱うことを前節で決めたわけですが，エクスポージャーとは手元に保有している100ドルの外貨のことを指します。この米ドルキャッシュは，為替相場変動の影響を受ける状態の中に放置され，リスクにさらされている部分です。

　このとき，手元の外貨が100ドルではなく200ドルであったら，差益も4,000円と倍額になっていたはずです。為替差損益は為替相場の変動次第ですが，エクスポージャーの大きさ次第でもあるのです。

　では，海旅旅行出発前に友人から米ドル現金を30ドルだけ借りていて，いずれ米ドル建てで返さなければならないことになっている場合はどうでしょうか。手元の100ドルのうち30ドルは米ドルで返せばいいので，為替相場がどんなに変化しても影響ありません。この場合のエクスポージャーは70ドルです。経理上は，手元外貨キャッシュ100ドルは資産勘定，友人からの外貨借入30ドルは負債勘定です。

　このように，エクスポージャーは外貨建資産勘定と外貨建負債勘定の差額で把握できます。この差額を「外国為替持高」（以下，単に「持高」という場合もある）といい，差額がゼロでないとき，持高が発生しているといいます。

　ただし，これはあくまで基本形です。多くの場合に当てはまりますが，そうでない場合があるからです。具体的には4種類の為替リスクのうち，会計リスクと取引リスクの全部および，潜在リスクの一部には当てはまるが，潜在リスクの一部と経済リスクの全部には当てはまりません。

潜在リスクは，預金や借入金，投資などの果実です。あらかじめ金利条件などが約定で決まっているものは未収利息などの経過勘定で金額を把握することができますから，これを持高として認識すればよいのです。しかし，海外事業への投資で配当金を期待するような場合など経理では管理できないものもあるのです。これが当てはまらない一部です。

他方の経済リスクは，為替相場の変動が経済環境の変化をもたらし，それが事業全体を成長させたり，停滞させたりする影響として顕現化するものでした。このため，リスクに露出している部分は事業の全体であると考えられ，個別経理的に計測することはできません。

持高で測ることができないこれらのケースについては，個別に対応する必要がありますので，第3章で説明することとし，本節では基本形を中心に進めていきます。

（1）外国為替持高

外国為替持高は外貨建資産と外貨建負債の差で表し，外貨建資産が外貨建負債を上回っている状態を「買い持ち」または「ロング・ポジション」，逆に外貨建負債が外貨建資産を上回った状態を「売り持ち（ショート・ポジション）」といいます。

買い持ちにせよ売り持ちにせよ，傾きが大きくなればエクスポージャーも大きくなるわけですから，これを圧縮したり，維持したりすることはこの傾きの大きさを操作することにほかなりません。そこで，傾きの大きさを見るために，貸借対照表のように外貨建資産と外貨建負債を左右に並べて，両者の差額を買い持ちの場合は負債側に，売り持ちの場合は資産側に表示する「外国為替持高表」が一般に用いられます。**図表1－20**はそのイメージです。

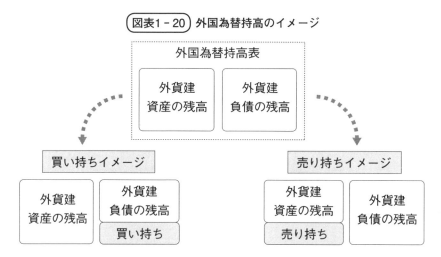

図表1-20 外国為替持高のイメージ

為替リスクにさらされているのはこの，買い持ちあるいは売り持ち部分のみですから，外貨建資産・負債の残高がいくらあっても，両者が同額（「スクエア」という）で買い持ちも売り持ちも発生しないなら為替リスクはありません。

ところで，外国為替持高表は一見すると財務諸表の貸借対照表に見えますが，同じではありません。資産（買い）側に傾いたり負債（売り）側に傾いたりしてバランスしていないことが多いというのも相違点の1つですが，経理上計上されるもの以外にも記載する項目がある点においても貸借対照表と異なります。例えば契約高などです。

前節の取引リスクの説明で，始期の認識に注意が必要であると述べました。外貨建販売取引で，売上計上時を始期と捉えるなら，売上高に計上すると同時に貸借対照表には売掛金が計上される（現金取引の場合は「現預金」）ため，この場合は貸借対照表と同じですが，もっと実態に合わせ，売買契約が成立したときにすでに外貨を受け取ることが決まっていると考えるなら，この時点で持高が発生していると認識すべきなのです。この場合は「受注残高」ともいうべき項目を外国為替持高表に用意しておく必要があります。ほかにも，購買契約有高など財務諸表の貸借対照表では使用しない項目が採用されます。エクスポージャー把握を実態に近づけるために必要なのです。

(2) 外国為替持高と為替差損益

さて、為替リスクが現実の被害となって顕れると、為替差損という損益勘定に計上されます。為替差益となって顕れる場合もあります。計上される差損または差益金額は、外貨建資産または外貨建負債のうち、外国為替持高となって傾いている部分の円換算額の変化額として、下式で計算されます。

> 為替差損益＝外国為替持高×為替相場変動額

図表1-21は、外国為替持高と為替差損益の関係を表したものです。

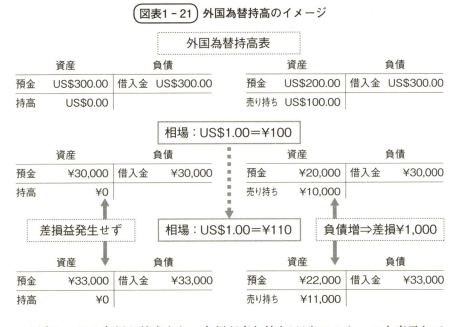

図表1-21の左側が持高なし、右側が売り持ち100ドルのケースを表示しています。持高なしのケースでは、為替相場がUS$1.00＝¥100から¥110に変動しても何の影響もありませんが、右のケースでは円に換算した負債が増えて1,000円の差損が発生しています。これを前述の数式に当てはめると、以下の

第1章　為替リスク管理の基本方針　　51

ようになります。

　　為替差損 = 持高（US$100.00）× 為替相場変動額（¥100 − ¥110）

　　　　　　 = （US$100.00 × ¥100）−（US$100.00 × ¥110）

　　　　　　 = ¥10,000 − ¥11,000

　　　　　　 = ▲¥1,000

仮に買い持ちになっていれば，円に換算した資産が増加して差益が発生するところです。

3　外国為替取引の流れと外国為替持高の変化

　持高がどんなときに変化するのかを理解しておくことは，エクスポージャー調整・操作業務では欠かせません。為替リスクが確定した結果として顕れる為替差損益の金額が為替相場の変化次第であると同時にエクスポージャーの大きさ次第でもあるからです。

　取引の流れに応じて持高がどのように変化していくかをみていきましょう。

（1）信用状付輸出取引

　はじめに，取立決済で行う損益取引の代表として信用状付輸出取引を例にとってみていきます。**図表1 − 22**は取引の流れを示したものですので，これに沿って説明しましょう。

①　取引の流れ

　まず，輸出者Aと輸入者Bが貿易取引の契約を交わします。次に輸入者Bは，この契約条件に基づいてD銀行に信用状の発行を依頼します。

　信用状とは，そこに記載されているとおりに輸出者が輸出手配を行ったという書類が呈示される場合は，信用状を発行した銀行が輸入代金の支払を保証するという一種の保証書です。この事例では，D銀行がその支払を輸出者Aに対して保証しています。これにより，輸出者は代金後受取りでも安心して貨物を

輸出することができるのです。D銀行が発行した信用状は、輸出者Aが所在する地域の銀行（通知銀行という）を通じて輸出者Aに届けられます。

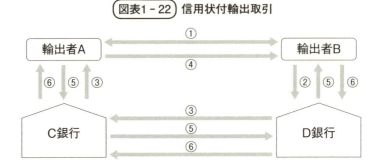

図表1-22　信用状付輸出取引

① 輸出者Aと、輸入者Bが輸出入取引を契約
② 輸入者はD銀行に信用状発行依頼
③ D銀行は信用状を発行し、C銀行（等）を通じて輸出者Aに通知
④ 輸出者Aは、輸入者Bに貨物を配送
⑤ 輸出者Aは、輸出手形・船荷証券等を、C銀行、D銀行を経由して輸入者Bに呈示
⑥ 輸入者Bは、輸入代金を支払い、代金はD銀行、C銀行を経由して輸出者Aに届く

　輸出者は、貨物の輸出手配を済ませると、輸出為替手形を発行して信用状条件が指示する書類と一緒に取引銀行Cに持ち込みます。為替手形と書類はC銀行からD銀行に送付され、輸入者Bに呈示されます。輸入者Bは為替手形を決済、つまり輸入代金を支払って、船積書類を受け取り、その書類を船会社に呈示して貨物を受け取るという仕組みです。

② **資金の動き**

　ここで、資金の動きに注目してみましょう。輸出者は、輸出を手配後、為替手形を振り出して一緒にC銀行に持ち込みました。このことが、受取人から行動を起こして代金を取りに行こうとする行為に当たりますので、決済方法は取立てであるということになります。ただし、輸出取引で取立てというと、別の意味になることがあります

第1章　為替リスク管理の基本方針　　53

実は，輸出者が輸出代金を受け取る方法には，輸入者が手形を決済してから受け取る形と，輸出者が持ち込んだ為替手形をC銀行が買い取る形の2つがあり，前者も後者も受取人から行動を起こす取立てには違いありませんが，実務では前者をより狭い意味での「取立て」ということがあるのです。輸出取引で取立てというと別の意味になるというのは，こういうことです。一般的な広義の取立てというと，受取人から行動を起こして，代金を受け取る権利を現した有価証券を支払人に呈示することによって有価証券を現金に換える方法を指しますが，輸出取引で狭義の取立てというと，有価証券を支払人が決済後に受け取る場合のことを指すというわけです。

（2）信用状付輸出取引の外国為替持高変化

この取引の流れに応じ，外国為替持高はどのように変化するのでしょうか。**図表1-23**は信用状付輸出取引で銀行が輸出手形を買い取るケースについて持高変化の様子を表わしたものです。

図表1-23 信用状付輸出取引（買取り）と外国為替持高

取引の流れ	持高範囲	持高方向：持高形式
輸出価格見積り提出		
輸出契約締結		買い持高：受注残高
信用状発行，先方通知		換算レート決定時期を別途定める場合はその時期に発生
製品発送（船積み）		
輸出手形発行，銀行買取り		買い持高：外貨建売掛金
輸出手形（船積書類）送付		買い持高：外貨預金
輸入決済，貨物引取り		輸出手形買取代金を外貨のまま受け取って外貨預金に入金しておく場合
輸出手形買取代金（外貨）の円転		

① 契約内容によって変わる外国為替持高

始期は契約締結時とし，価格見積り段階では持高として認識しないことにしました。見積りが成約する確率が低く，金額も日常的なものだからです。成約確率が高い場合や金額が非日常的に大きい場合は，よりきめ細かな管理が必要となるため，いったん，見積り段階で持高を計上しておくのがいいでしょう。

さて，契約締結時でも，契約条件によっては為替リスクと認識しなくてよい場合があります。例えば，換算レートを締結時に決定するのではなく，製品船積み時の実勢相場とするなどというように，別途決定時期を定める場合です。為替リスクはエクスポージャーとともに為替相場の変動で測るわけですから，換算レートが決まらなければ測定不能かつ認識不要であるというのが理由です。逆に，契約時に計上する場合は，受注残高として認識します。

取引の流れが船積み段階にくると，輸出手形を発行して銀行に持ち込みます。銀行は信用状条件と船積書類を点検して問題がなければ手形を買い取ってくれます。買取代金が円資金で輸出者の口座に入金されるなら，ここで持高は解消し，契約時と買取時の為替相場の変動幅と輸出手形の外貨金額で為替差損益が確定しリスクもなくなります。この後に残っている取引の流れは持高とは関係ありません。もちろん，外貨のまま外貨預金に入金される場合は，それを円転するまで外貨預金という形式で持高が残ります。

② 買取りと取立ての使い分け

ところで，同じ輸出取引で銀行が買い取る方法と狭義の取立てに回す方法は，どのように使い分けているのでしょう。それは，輸出者側と銀行側の両方の事情があります。輸出者側の事情とは，多少の利息を支払っても早く手元に現金が欲しい場合です。一方の銀行としては，輸出者が買い取ってほしいと望むときの状況によって事情が変わります。つまり，信用状どおりの書類がそろっている場合は，信用状条件により信用状発行銀行（D銀行）が支払ってくれるわけですから安心して買い取ることができますが，書類がそろわなかったり，条件どおりの輸出手配ができていなかったりする場合（「ディスクレがある」と

第1章　為替リスク管理の基本方針　**55**

いう）は，輸入者はもとより，信用状発行銀行も支払う義務はありませんので，不渡りになる可能が高く，この場合は輸出者の買取依頼を拒否して狭義の取立てに回すということになります。狭義の取立てによる信用状付輸出取引の持高変化の様子は**図表1-24**のとおりです。

図表1-24 信用状付輸出取引（取立て）と外国為替持高

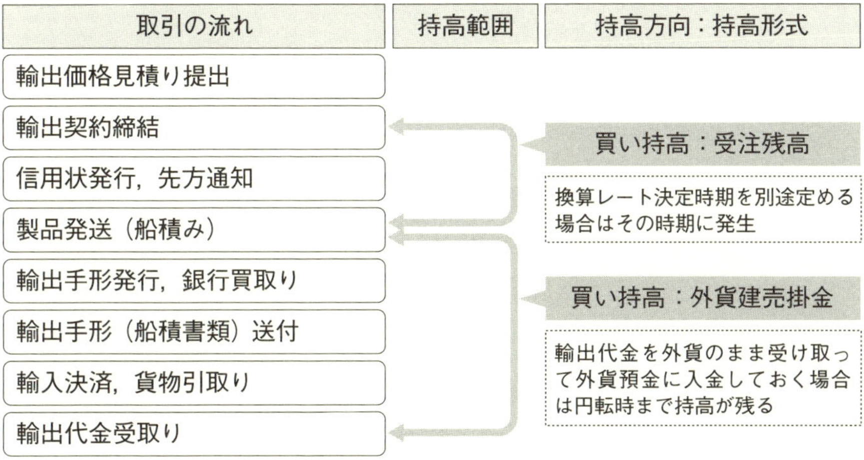

取引の流れ	持高範囲	持高方向：持高形式
輸出価格見積り提出		
輸出契約締結		**買い持高：受注残高**
信用状発行，先方通知		換算レート決定時期を別途定める場合はその時期に発生
製品発送（船積み）		
輸出手形発行，銀行買取り		**買い持高：外貨建売掛金**
輸出手形（船積書類）送付		輸出代金を外貨のまま受け取って外貨預金に入金しておく場合は円転時まで持高が残る
輸入決済，貨物引取り		
輸出代金受取り		

（3）送金ベースの輸出取引

　以上の2例は取立てで決済する損益取引でした。次に送金で決済する損益取引として，送金ベースの輸出取引をみてみましょう。

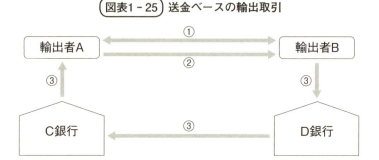

取引の流れ	持高範囲	持高方向：持高形式
輸出価格見積り提出		換算レート決定時期を別途定める場合はその時期に発生
輸出契約締結		
製品発送（船積み）		買い持高：受注残高
輸出手形（船積書類）送付		買い持高：外貨建売掛金
輸入者貨物引取り		輸出代金を外貨のまま受け取って外貨預金に入金しておく場合は円転時まで持高が残る
輸入代金送金		
輸出代金着金，輸出者口座入金		

　この場合は，輸入者から行動を起こして資金を送るだけですから，輸出者が為替手形を振り出す必要がありませんし，資金の動きにモノやサービスの流れが関わることなく，両者が独立して行われるので，信用状を発行する必要もありません。したがって，取引の流れ図は，**図表1-25**の上半分のようになります。図表1-23と比べるとわかるように，この方法はすっきりしていて費用も節約するこができます。しかしその反面，どちらか一方にリスク負担が片寄ってしまうというデメリットがあります。具体的には，モノが輸入者の手元に届いてから送金するパターンと輸出者が資金を受け取ってからモノを発送するパ

ターンがあり、前者は輸出者がリスクを負い、後者は輸入者がリスクを負うという具合に、一方だけリスク負担が発生するわけです。送金による輸出は、費用が節約できる方法には違いありませんが、利用できるのは互いに信頼関係ができ上がっている場合に限定すべきです。

図表1-25の下半分は、送金ベースの輸出取引の流れに応じた持高の様子です。輸出代金を外貨のまま受け取って外貨預金に入金しておく場合は、円転時まで持高が残ります。

(4) 海外子会社への貸付け

最後に、海外子会社への貸付取引を例にとって資本取引を1つだけ紹介します。取引の流れは、**図表1-26**のようにイメージできます。

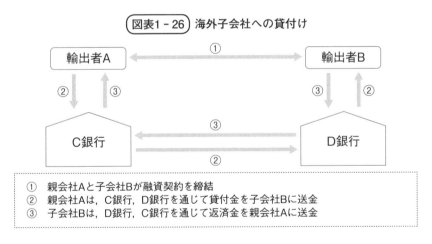

図表1-26 海外子会社への貸付け

① 親会社Aと子会社Bが融資契約を締結
② 親会社Aは、C銀行、D銀行を通じて貸付金を子会社Bに送金
③ 子会社Bは、D銀行、C銀行を通じて返済金を親会社Aに送金

まず、親会社Aと海外子会社Bは、融資の契約を締結します。契約の内容として取り決めなくてはならない項目は、金額、通貨、融資期間（融資実行時期と最終返済期限）、返済条件（分割して返済するか、最終返済期限に一括して返済するかなど）、金利などです。これらが親会社子会社間で合意のうえ調印できたら、親会社は融資実行時期に貸付金を子会社宛に送金します。

子会社は融資契約時に申し合わせた返済条件に従って返済しなければなりま

58

せん。返済金は，子会社から親会社宛に送金されます。

　さて，資本取引は，損益発生以外の原因によって資産や負債が増減する取引のことだと述べました。取引の流れに沿って，親会社と子会社の貸借対照表がどのように変わっていくかを確認してみましょう。**図表1－27**の上半分は，融資実行時の両者の貸借対照表の変化を，間に勘定仕訳をはさんで説明したものです。親会社では，現預金が減少して同額だけ貸付金が増加しているのがわかります。一方の子会社では，現預金，借入金ともにゼロであったものが，融資実行後は，両者ともに100ドルだけ増加しています。子会社は借入金という負債を抱えることによって，現預金に余裕ができたのです。

　この一連の変化は，図表1－26の「②親会社Aは，C銀行，D銀行を通じて子会社Bに送金」するに伴って発生する資産・負債の増減に当たります。図表1－26の③の行為ではこれとちょうど逆になります。

　図表1－27の下半分は持高の発生・消滅の様子を表わしています。親会社が子会社の決算通貨で貸し付ける場合は，親会社に買い持高が，親会社の決算通貨で貸し付ける場合は，子会社に売り持高が発生します。

図表1-27 海外子会社への貸付けに見る資産・負債の増減と為替持高

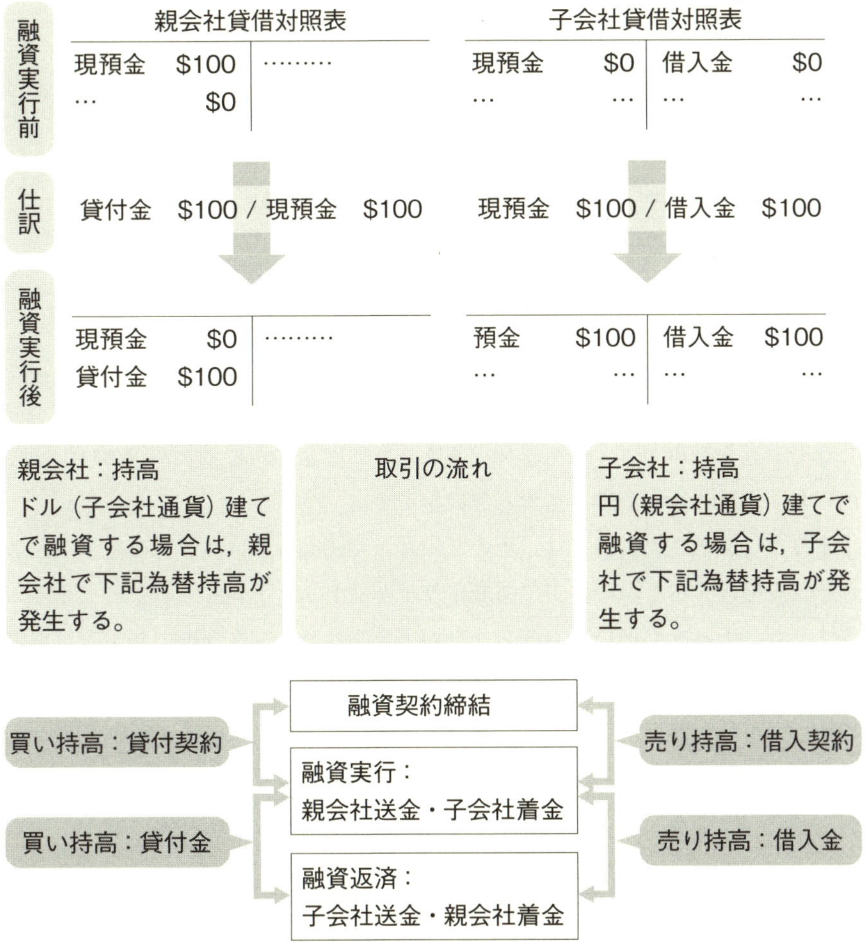

融資実行前

親会社貸借対照表		子会社貸借対照表			
現預金	$100	現預金	$0	借入金	$0
…	$0	…	…	…	…

仕訳

貸付金 $100 / 現預金 $100 現預金 $100 / 借入金 $100

融資実行後

親会社貸借対照表		子会社貸借対照表			
現預金	$0	預金	$100	借入金	$100
貸付金	$100	…	…	…	…

親会社：持高
ドル（子会社通貨）建てで融資する場合は，親会社で下記為替持高が発生する。

取引の流れ

子会社：持高
円（親会社通貨）建てで融資する場合は，子会社で下記為替持高が発生する。

買い持高：貸付契約 → 融資契約締結 ← 売り持高：借入契約

買い持高：貸付金 → 融資実行：親会社送金・子会社着金 ← 売り持高：借入金

融資返済：子会社送金・親会社着金

- 融資契約で，換算レート決定時期を別途定める場合はその時期に発生。
- 親会社が，返済資金を外貨のまま受け取って外貨預金に入金しておく場合は，円転時まで持高が残る。

60

第4節　為替リスク管理の基本方針

この節のポイント

● 管理の対象は，実態損益が発生するリスクに絞る。

● 日常取引と短期取引はリスクを排除する方針とする。

● 中・長期非日常取引と潜在・経済リスクは個別判断する。

● 個別判断は為替相場見通しによりエクスポージャーを調整または操作する
　方針とする。

　第0章で述べたように，本書は，為替リスク管理の基本方針，すなわち為替リスクに対してどのようなスタンスで対処していくのかを最初に打ち立て，後の章でそれを実現する方法を具体化する形で展開しています。本章の目的はこのうち，為替リスク管理の基本方針設定です。

　本章第1節から第3節では，その準備として，為替リスク管理の定義，およびそれを構成する2つの要素であるボラティリティとエクスポージャーをみてきました。それをもとに，本節では，いよいよ為替リスク管理の基本方針を打ち立てます。まず，管理範囲の絞り込みから始めましょう（図表1-1参照〜再掲）。

図表1-1 為替リスク管理の定義と構成要素の性質から基本方針を導出する

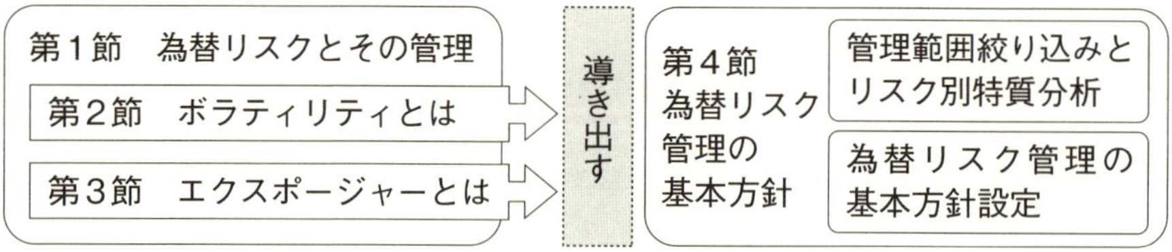

第1節　為替リスクとその管理	導き出す	第4節 為替リスク管理の基本方針	管理範囲絞り込みとリスク別特質分析
第2節　ボラティリティとは			
第3節　エクスポージャーとは			為替リスク管理の基本方針設定

第1章　為替リスク管理の基本方針　　61

1　管理範囲絞り込みとリスク別特質分析

　為替リスク管理の基本方針を打ち立てるにあたり，まず管理の対象となる為替リスクの範囲を絞り込み，リスク別に対応姿勢を設定することを想定して特質を分析します。本章第1節で為替リスクを4種類に分類し，その定義と具体例を中心に説明してきましたので，これをもとに，3つの視点から各リスクの特質を整理してその足掛かりとしましょう。3つの視点とは，①実体的損益か否か，②直接影響か間接影響か，③管理スパンの長さの3つです。

（1）実体的な損益か否か

　為替リスクが実際に顕現化する場合は，利益または損失となって顕れます。そして，実体的な損益か否かは，その損益が現預金の増減，つまりキャッシュフローの増減を伴うものか否かという点で区別することができます。

　例えば，為替相場が\$1.00＝¥100の時に設定した100ドルの外貨預金の元金を，満期到来時に円で受け取る取引リスクでみてみましょう。このとき，為替相場が変化していなければ10,000円ですが，\$1.00＝¥120に変化している場合は12,000円を受け取ることができます。為替相場が変化した分が新たな現金2,000円となって手元に入手できたわけですから，これは現預金の増減を伴ったことを意味します。

　経済リスクではどうでしょう。経済リスクは直接的には経理で表すことができません。しかし，為替相場変動によって価格競争力が低下したり向上したりすることで売上高が変化すると，回収する現預金もそれに合わせて変化します。ここから直感的に，経済リスクにおいても現預金が増減することが理解できます。

　これに対して，会計リスクだけは，現預金の増減を伴いません。回収前の売掛金や支払前の買掛金等，まだ手仕舞う前の取引について決算を目的として評価するだけだからです。実態的な損益は手仕舞ってからでなければ確定せず，手仕舞った結果は取引リスクの結果で把握することができます。

決算財務諸表は企業活動の成績表ですから，もちろんないがしろにはできません。しかし，普段の企業活動では実態的な損益となって跳ね返るものに軸足を置いて管理すべきです。その意味で，種々の為替リスクのうち，経営管理の視点から日常的に目を配らなければならないのは，取引リスク，潜在リスクおよび経済リスクであると考えます。

（2）直接影響か間接影響か

いずれの為替リスクも為替相場変動の影響を受けて発生するものですが，影響の受け方は異なります。

取引リスクの場合は，外貨建債権・債務あるいは持高に為替相場の変動が直接作用して，リスクの結果である為替差損益が発生します。為替相場の影響を直接受けるといえるでしょう。潜在リスクや会計リスクも同じです。

しかし，経済リスクは違います。為替相場の変動が事業環境を変え，変化した事業環境を通してその企業の事業に影響を及ぼします。為替相場変動の影響が間接的なのです。

影響が直接的な場合は，その影響経路が見えやすいことから，これを特定して遮断することによってリスクを排除することができます。したがって企業経営の観点からは，一定の事務的な管理ルールを設けることで対処可能です。しかし，間接的な影響への対処は単純ではありません。影響経路が複雑かつ多様であるためです。このようなリスクへの対処にあたっては，常に経営者が関与し，ケースに応じて都度判断を下す必要があります（**図表1－28参照**）。

図表1-28 為替相場変動の影響を直接受けるリスクと間接的に受けるリスク

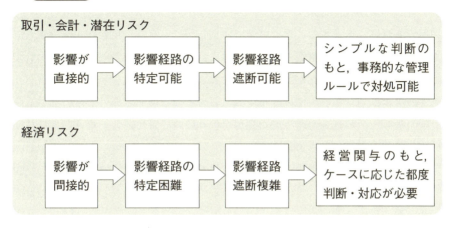

(3) 管理スパンの長さ

　管理の対象としている案件の発生から手仕舞いまでの期間の長さを基準にして区別する必要もあります。為替相場の影響を受けてリスクにさらされている期間が長ければ，経営に与えるインパクトも大きくなるため，管理スパンの長短を区別してそれに応じた対応の方法を用意する必要があるからです。

　インパクトが大きければ，当然より高い権限者による判断が必要になってきます。

　まず取引リスクでみてみましょう。例えば消費財の海外取引では，売買契約締結から輸出入代金決済までの期間は数週間から長くても数ヶ月単位ではないかと考えます。しかし，海外工場建設をフル・ターンキーで請け負うような場合は，数年の管理スパンになるケースもあるでしょう。また，余剰資金を海外のボンドで運用する場合は10年を超える超長期にわたって為替リスクを管理していく必要があります。取引リスクの場合は，長短両方のケースがあるといえます。

　潜在リスクの場合はどうでしょうか。例えば外貨預金では元本は取引リスク

として管理し，利息は潜在リスクですが，利息は元本に比べて十分小さく，多少管理スパンが長くなってもインパクトはさほど大きくないと考えられます。短期であれば，無視することも可能です。しかし，海外に現地法人を設立して生産を全面的に移転し事業の多くを海外に依存するようなケースでは，出資金の果実である配当の多寡が本体の経営に大きなインパクトを与えます。潜在リスクの場合は，日常取引では無視することも可能な反面，海外からの利益送金や配当送金，余剰資金の積極的な運用を行う戦略的財務運営を行うときは精度の高い管理が必要であるといえます。

　経済リスクは，その定義から常に管理スパンが長く，戦略的で精度の高い判断が必要です。会計リスクは性質が異なるので，管理スパンという尺度では測ることができません。

　上記3つの整理軸でみた各リスクの特質を，**図表1-29**のように一覧表として整理しました。ここからリスク別の対応姿勢を導き出し，以下の諸点にまとめることができます。

図表1-29 3つの視点で整理したリスク別特質

	実体的損益か	直接か間接か	管理スパン
取引リスク	○ 実現差損益	直接 相場変化×残高	短・中・長期 取引は多様
会計リスク	× 未実現	直接 期末相場で評価	―
潜在リスク	○ 取引に付随	直接 相場変化×利息等	長期だけ管理 対外直投で重要
経済リスク	○ 業績に顕れる	間接 環境変化を通して	中・長期 戦略的判断必要

　第1に，会計リスクが他の実体的な損益を伴うリスクの結果を一時点で評価

第1章 為替リスク管理の基本方針　65

しているに過ぎないものと捉えるなら，会計リスクは会計のルールに任せるしか方法がなく，戦略的な企業経営の立場からは取引・潜在・経済リスクに重心を置いて管理する方針とします。

第2に，直接影響を受けるリスクについては，影響経路を把握してこれを遮断することによってリスク回避が可能であることから，事務管理の一環として対処し，経済リスクは経営者が関与した精度の高い判定を行う方針とします。

最後に，管理スパンの切り口においては，取引リスクは非日常的な大口取引や管理スパンの長いものはより高い権限者の判定に委ね，潜在リスクにさらされる対外直接投資や業績に影響を与える経済リスクについては経営判断を仰ぐ方針とします。

2 ｜ 為替リスク管理の基本方針設定

本章では「企業経営における為替リスク管理とは，ボラティリティを見ながら適切なエクスポージャーを決めて操作すること」という定義に基づいて議論を進めています。

この定義を構成する2つ要素のうち，ボラティリティについては，管理期間が短いほど予想が難しく，むしろ中長期においてある程度可能であることを第2節で確認し，他方のエクスポージャーについては外国為替取引の各場面における変化の様子をみてきました。また，管理の対象とする為替リスクの特定とリスク別の向き合い方も検討しました。

以上の議論を総括し，本章の目的である為替リスク管理の基本方針を打ち立てます。**図表1－30**がそれをまとめたものです。

（1）基本方針設定の意義

ただし，ここで提供するものは，「企業はいつも本来の事業に専念したいと考え，それを妨げるリスクを排除したいと願うものだ」ということを前提としたものです。もとより，経営の基本方針は企業が自身で考えて決めるものです

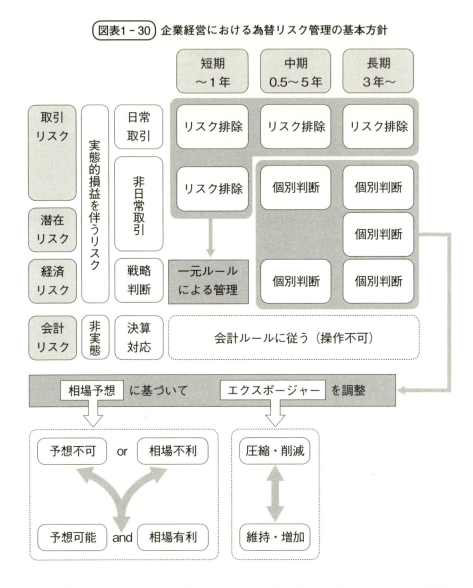

図表1-30 企業経営における為替リスク管理の基本方針

から、決められた前提の上に組み立てられた注文品的な理屈はかえって邪魔になるとの考えもあります。

しかし、本書の目的は、企業経営の実務に役立つ提案をしようとするもので

す。そのためには，諸所に点在する各論を集めて有機的に連結させ，それによって1つの出来上がり形を提示するほうが実用的であると考えています。理論が広く普及して適用されるためには一般化する必要がありますが，一般化すると実務から乖離してしまいがちです。そのため，最大公約数的な企業経営目線で基本形を具体化するのです。

（2）種類別・期間別為替リスク管理方針の設定

　まず，4種類の為替リスクを，実体的な損益が伴うリスクとそうでないものに分けます。前者は取引リスク，潜在リスクおよび経済リスクで，後者は会計リスクです。このうち，後者は前者の管理結果が一時点の評価となって現れるものに過ぎないので，会計のルールに任せてしまいます。むしろルールに従うほかなく，操作余地はありません。

　一方の実態的損益を伴うリスクのうち，取引リスクの中から日常取引部分を括り出します。日常取引は企業が存続するために欠かせないコア・ビジネスであり，基本的収益の拠り所としているものです。この取引を欠くと企業は存続しないわけですから，為替リスクがあってもなくても基本的収益を稼ぎ出す役割の範囲において常に採択し実行しなければなりません。したがって，日常取引は為替リスクを発生させない，つまりエクスポージャーを発生させない方法で対応すべきです。

　同じ取引リスクでも非日常的な取引（「非日常取引」という）は非採択という選択肢もありますので相場予想に基づいて個別判断しなければなりません。ただし，短期については撹乱要因が多く相場予想は困難ですので，日常取引と同じようにエクスポージャーを発生させない方法で対応すべきです。どちらを選択するかは為替リスク以外の判断材料によりますが，それらの材料はすべてクリアして最後に為替リスク判断による審査に持ち込まれているという前提ならば，わざわざ不採択にする理由はないのです。

　ところで，短・中・長期日常取引リスクと短期非日常取引リスクは，エクスポージャーを発生させない方法に限定されること，為替相場変動の影響が直接

的であるため，その影響経路を特定して遮断することが可能であることの2つの理由から，一元ルールによって事務的に管理することが可能です。企業経営の観点からは効率化のため，むしろそうすべきですからこれも方針に加えましょう。

潜在リスクは長期のみを管理対象とし，経済リスクは影響が限定的な短期を管理対象から除外します。これらに中・長期取引リスクを含めた一群は一元ルールによる事務的管理が不適切ですので，個別にリスク対応方法を判断しなければなりません。

それは，図表の下段に示すように，相場予想に基づいてエクスポージャーを調整する方法で行います。すなわち，予想可能でかつ相場が有利な場合は，エクスポージャーを維持してリスクを受け入れたり，あえて積極的に増加させて収益追求を目的にリスクを取りにいったりする方法で対応します。一方，予想不可能かもしくは可能でも相場不利となる場合はエクスポージャーを圧縮したり削減したりしてリスクを排除する方針で臨みます。

第2章，第3章では，この基本方針を実行するために必要な2つの技術，すなわちボラティリティ観察と為替相場予想方法，エクスポージャー調整と操作の方法に話を進めます。

―第2章―

ボラティリティ観察と 為替相場予想方法

為替相場
- 為替相場の種類
- スワップ取引価格と先物為替相場
- 相場変動の仕組みと市場取引

為替相場決定理論とその実用性
- 購買力平価説
- 国際収支説
- アセット・アプローチ
- 相場決定理論の実用性

その他通貨への対応と理論の補強
- その他通貨の基本的な見方
- 国際収支発展段階説
- 国際金融のトリレンマ
- 為替管理制度によるバイアス

為替相場予想の方法
- 相場変動予想の体系
- 購買力平価の予想（相対価格要素からのアプローチ）
- 貿易需要の予想（マクロ的景気要素からのアプローチ）
- 長期投資の予想
- その他通貨の予想
- 為替相場予想方法のまとめ

第1章で打ち立てた為替リスク管理の基本方針を全うするために必要な2つの技術のうち、本章ではボラティリティをみる技術、とりわけ為替相場動向の見極め方を説明します。

為替相場は、基本的に為替相場決定理論をもとにして予想しますが、既述のとおり、理論を実務に応用するには、工夫が必要です。この作業を理論の「実用化」とし、第2節と第3節をこれに充てています。

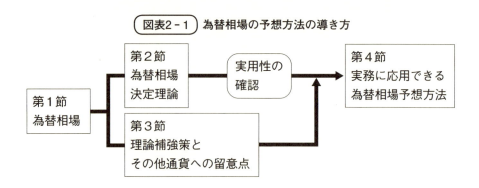

本章の構成は**図表2-1**のとおりです。

まず第1節で、為替相場そのものを理解します。これには市場で相場が変動する仕組みのほか、建値計算の仕組みも含まれます。

市場の仕組みそのものは一見、為替相場予想とは無関係に見えますが、相場が動く仕掛けや、市場での取引パターンをイメージできると、ボラティリティをみる際の観察精度を大いに高めることができます。

また、建値計算の仕組みでは複雑な計算式も扱うため、理解しにくい箇所もあるかもしれません。しかし、この先に進む持高と差損益の関係を理解する基礎となるものですからしっかり理解してください。

第2節と第3節では、既存の為替相場決定理論を復習したうえで、これらの実用化を試みます。実用化にあたっては、近時、企業活動が関わりを強めている新興国通貨など非主要通貨にも言及します。

そして最終節では、実用化結果をもとに、為替相場予想の方法を説明します。

第2章 ボラティリティ観察と為替相場予想方法 71

第1節 為替相場

この節のポイント

- 為替相場には，名目為替相場，実質為替相場，実効為替相場があり，普段，単に為替相場という場合は，名目為替相場を指す。
- 外国為替市場は，売りたい人の群れと買いたい人の群れで構成され，前者の希望最安値と後者の希望最高値が相場として報道される。
- 市場の為替取引は，直物と先物，アウトライトとスワップの各種類があり，先物相場は直物相場とスワップ・スプレッドで算出する。

1 為替相場の種類

為替相場とは異種通貨間の交換比率で，分析目的によって加工された，いくつかの種類があります。私達が普段ニュースや新聞などの為替市況として報道される為替相場は，実際の取引に使われる，なんの調整もされていない現実の生の為替相場で，これを名目為替相場と呼んでいます。もっとも，わざわざ名目というときは他の種類と区別する必要があるときであり，普段，単に為替相場という場合は，この名目為替相場を指しています。

ほかに，実質為替相場と実行為替相場，あるいはこれらを組み合わせた種類があります。

（1）実質為替相場

実質為替相場とは，物価水準の変化を考慮して調整した為替相場です。名目為替相場に物価水準の変化を調整して算出しますので，両者の関係は下式で表すことができます。

> 実質為替相場
> ＝名目為替相場×（A国の物価水準の変化÷B国の物価水準の変化）

　図表2-2はこの式の意味を直感的なイメージで捉えたものです。図の左側は，ユーロ（€）と米ドル（$）の名目為替相場が€1.00＝$1.00である環境下，EUと米国に共通して存在する商品Aの価格がEUでは1ユーロ，米国でも1ドルである状態を表しています。

　この状態から，1年後に米国の物価が1.5倍に上昇した状態が図の右側です。この場合，米国ではもはや1.5ドル支払わなければ商品Aを買うことができません。このとき，1ユーロは商品Aの1個分と見合っていますが，1ドルは商品Aの3分の2しかありませんから，実質的な通貨価値の比率は1ドルに対して0.67ユーロ（＝$1.00×（2／3）），つまり実質為替相場は€0.67＝$1.00と変動します。

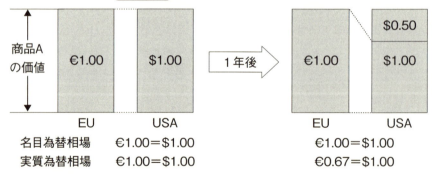

図表2-2　名目為替相場と実質為替相場

これを数式に当てはめてみると，

> 実質為替相場（0.67）
> ＝名目為替相場（1.00）×（EU物価水準の変化（1.00））
> 　÷（米国物価水準の変化（1.50））

となり，直感的なイメージが数式と一致することがわかります。

（2）実効為替相場

名目為替相場も実質為替相場も，2通貨間の交換レートでした。これらは，相対する2通貨間において互いに自分の尺度（自国の通貨単位）で相手の通貨の価値を測り合うものですから，相対する通貨以外の通貨とは関わりを持ちません。しかし，現実の海外取引は1国だけを相手とするわけではなく，さまざまな国とさまざまな通貨で行われます。このため，為替相場の変化が全体の経済活動にどのような影響を及ぼすかを，国ごとの取引量の違いも考慮した形で把握する必要に迫られることがあります。

実効為替相場は，こういった要請に応じ，自国通貨が複数の通貨に対してどのように変化したのかを指数化し，国ごとの貿易量などで加重平均したものです。これにより自国通貨が全体の中でどのような位置にあるかを把握することができるのです。

実効為替相場には，名目実効為替相場と実質実効為替相場の2種類あります。

2 相場変動の仕組みと市場取引

外国為替市場は，電話や電信などさまざまな通信手段を使って為替の売買を行う場です。通信手段を使いますので，市場参加者が一堂に会して取引をする必要はありません。東京の市場が開いている時間帯に，シンガポールから電話で参加することもできます。シンガポールの銀行のディーラーが東京にある日本の銀行のディーラーに電話をかけて売買をすることもできるわけです。こういった市場参加者のネットワーク自体が外国為替市場です。

（1）外国為替市場の様子

図表2-3は，米ドルと円の外国為替市場のイメージを表わしたもので，米ドルを売りたい人を白色，買いたい人を黒色の駒で表示しています。白駒と黒駒に記入されている数字は売りたいレート（オファード・レート（offered

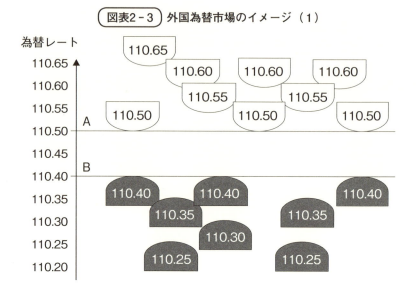

rate）という）もしくは買いたいレート（ビッド・レート（bid rate）という）を意味しており，そのレートは縦軸に表示した為替レートに対応しています。白駒は高いレートで売りたいわけですから，当然上位に位置し，逆に黒駒は下位に位置しますが，個々の事情によりその上下の高さが異なります。例えば，売りたい事情が切迫していれば低いレートでの取引も受け入れるはずですから，この場合は黒駒に近い位置まで下りてきます。この図では110.50円で売ってもいいと考えている人が3人います。

一方の米ドルを買いたい人の群れは，上記とちょうど反対の事情で，より強く売りたいと考えるなら高いレートでも妥協するはずです。この図では，110.40円で買いたい人が3人います。

注目すべきは，レート110.50円のA線と110.40円のB線の中間地帯です。ここには売りたい人も買いたい人もいません。仮にこの中間地帯に，110.45円で買いたい人と110.45円で売りたい人が現れたらどうなるでしょうか。この2人は互いのニーズが合致していますから，すぐさま取引を成立させて，あっという間に市場から引き揚げてしまいます。こうして，また110.40円と110.50円の中

間地帯には誰もいない状態に戻ります。市場とは，取引を希望しながら未だ成約していない人の集まりであり，このような空白の中間地帯がいつも存在するのです。そしてこの中間地帯の両端のレートが市況です。この市場の現在の状況は，買いたい人達のうち一番高い希望レートは110.40円で，売りたい人のうち一番低い希望レートは110.50円であるという具合に捉えます。

(2) 為替相場変動の仕組み

さて，このとき110.40円で買いたい人が，辛抱しかねて110.50円で買うことに妥協し，110.50円で売りたい人3人全員から「買う」と宣言すると，どうなるでしょうか。ディーリングの世界では，「買った！」あるいは「mine!」と電話口に向かって叫びます。そうすると，110.50円で売りたかった3人は売買取引が成立したので，市場から退散します。同時に110.40円で買いたかった1人も退散します。その結果，売りたい人の最低レートは110.50円から110.55円に変わりました。110.40円で買いたい人はまだ2人残っていますが，この2人は慌てるでしょう。少し妥協して110.45円なら買ってもいいというようになるは

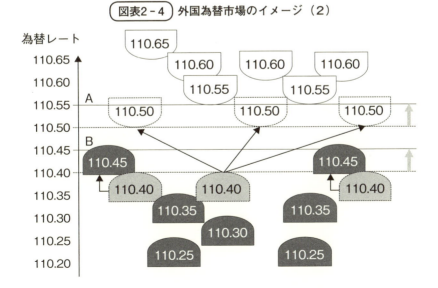

図表2-4　外国為替市場のイメージ（2）

ずです。このようにして，市場は「110.45：110.55」に上昇します。これが外国為替市場で相場が変化していく様子です（**図表2‒4参照**）。

（3）外国為替市場での取引パターンと種類

　ひとくちに異種通貨売買といっても，いくつかのパターンや種類があります。外国為替市場をどのように活用するかを考えるうえで最低限必要なものをいくつか紹介します。

①　取引相手方と接触するパターン

　前述のように，市場参加者は売るか買うかの需要を持ち，売買希望レートの腹積もりもありますが，実際に取引相手方との接触する方法には2つのパターンがあります。

　第1に条件を呈示してヒットされるのを待つパターンです。条件とは，レートと金額，売買種別です。例えば，「〇〇円で，米ドルを〇千万ドル買う」という具合です。図表2‒4では，110.50円で売りを出していてヒットされた破線の3人がこれに当たります。

　この方法には，自分の希望条件が通る有利な取引ができるというメリットがあります。しかしその一方，自分の希望をあらかじめ呈示しておいて，不特定多数の誰かがそれをとりに来てくれる（ヒットといいます）のを待たなければならないため，成約が不確実というデメリットがあります。取引条件は多少譲歩しても成約を確実にしたいという場合は，ヒットされるのを待つのではなく，こちらからヒットしにいかなければなりません。これが第2のパターンで，呈示されているレート条件を無条件に受け入れてこれをヒットしにいく方法です。図表2‒4では，110.40円で買いを出していたが辛抱しかねて110.50円で売りを出していた3人をヒットした，薄いグレーの破線で囲んだ印（3本の矢印の発信元）がこれに当たります。本当は110.40円で買いたかったが希望が叶えられずに110.50円で買うはめになりました。

　上記は，市場に呈示されたレートが存在する場合ですが，存在しない場合は

特定先に接触して「米ドルを円対価で売買したいので，レート条件を呈示して
くれ」とレート呈示を要求します。要求された接触相手は，呈示する希望条件
で取引できるなら売り買いどちらの取引にも応じてもよいと考える場合に，
レート条件を呈示します。

このとき，要求者が売りたいのか買いたいのかがわかりませんが，「売り買
いどっちか？」などと野暮な質問はしません。相手が買いたいとわかれば高い
レートを呈示するし，売りたいと知れば逆に低いレートと呈示するのが普通で
すから，私はそんなずるいことはしませんという姿勢を示して相手の信頼を得
るためです。逆にレート呈示要求者も，「買いたいけど，いくら？」というよ
うに売買の別が知れてしまうような尋ね方をするのは損です。

売買両方を要求するメリットはほかにもあります。呈示されるレートの売買
がそれぞれ110.60円と110.30円というより，110.50円と110.40円と，差が小さい
ほうが要求者には有利ですから，両方呈示させることによって呈示レートの品
質が判断できるのです。

上記２つのパターンは**図表2-5**のように整理することが可能です。

（**図表2-5**）売買取引のパターン

	ヒットを待つ方法	ヒットしにいく方法
メリット	●希望条件での取引ができる	●取引成約が確実
デメリット	●取引成約が不確実	●条件面で妥協が必要

② 直物取引と先物取引

直物取引とは，売買契約日の翌々営業日に受渡し（資金のやりとり）を行う
取引のことで，スポット取引（spot transaction）とも呼ばれます。これに対し，
翌々営業日以降に受渡しを行う取引を先物取引またはフォワード取引（forward
transaction）といいます。直物取引の受渡しが翌々営業日で，先物取引の受渡
しがそれ以降となると，翌営業日や当日に受渡しする取引は存在しないのかと
いうとそうではありません。これらの取引は直物取引として日常的に行われて

います。しかし，直物というと普通は翌々営業日に受渡しを行う取引を指すことが多いのです。なお，forward transactionといっている先物取引とは別に，いわゆる「futures」と呼ばれる市場があります。日本語では両方とも「先物」といって区別がつきませんので注意が必要です。

　図表2-6の数字は，売買契約日（約定日という）から数える営業日の日数です。銀行間の取引では，いわゆる「ディーラー」と呼ばれる人が，電話など通信手段を使って売買を約定し，受渡日には図表1-19「国をまたがる銀行間決済の仕組み」に示した送金の方法で決済します。

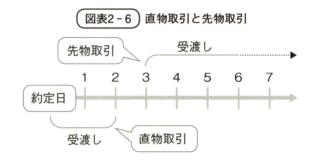

図表2-6　直物取引と先物取引

③　アウトライト取引とスワップ取引

　アウトライト（outright）取引とは，売るまたは買う単独取引のことです。普通の売買取引のことを指すわけですから，わざわざ「アウトライト」という必要などないのですが，もう一方のスワップ取引を意識するとき，それと区別するためにこの表現が使われます（図表2-7参照）。

図表2-7　取引種類の整理

```
┌ アウトライト取引 ┬ 直物取引
│                  └ 先物取引
└ スワップ取引
```

スワップ（swap）取引とは，売る（買う）と同時にその受渡日より先の将来に買い（売り）戻す取引を約定し，この組合せを１個の取引として行うものです。したがってスワップ取引は，２件のアウトライト取引の組合せです。例えば，直物（翌々日受渡し）で米ドル100万ドルを買うアウトライト取引と，ちょうど３ヶ月先に受け渡す約束で米ドル100万ドルを売るアウトライト取引を組み合わせると，米ドル100万ドルの買って売りのスワップ取引と同じになるという具合です。

④　スワップ取引の使い道（外貨資金調達）

この一般には馴染みのない取引形態は，どんなときに使うのでしょうか。

１つは外貨資金の調達です。例えば，円資金は手元に潤沢に保有しているが，米ドル資金が不足しているといったとき，手元の円資金を対価として米ドルを買い，将来の３ヶ月先に再び円を対価として米ドルを売り戻す取引により，米ドルをこの３ヶ月間だけ調達することができます。通常の融資とは異なり，借入金という勘定を計上するわけではなく，単に円建預金が米ドル建預金に代わるだけですが，不足する米ドルを手当てするという広い意味で調達といっています。

⑤　スワップ取引の使い道（受渡日の調整）

また，直物取引の受渡日（資金を受け渡す日）を将来に延期して先物取引と同じ効果を得るためにも使います。どちらかというとこの使い方のほうが一般的なのではないでしょうか。その仕組みは**図表2-8**のとおりです。

まず，直物アウトライト取引で米ドル100万ドルを買い，次に直物で100万ドルを売って３ヶ月先に同額を買い戻す，「売って買い」のスワップ取引を約定します。その結果，直物アウトライト取引（米ドル買い）とスワップ取引の直物部分の売りが相殺されて，後に３ヶ月先物の100万ドル買いアウトライト取引だけが残るわけです。

しかし，先物という取引種類があるにもかかわらず，なぜわざわざ直物取引

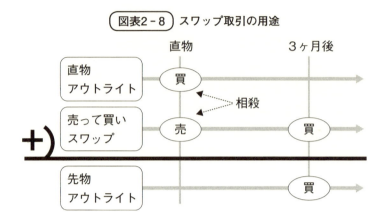

とスワップ取引の2つの取引を約定する必要があるのでしょう。その理由は，直物（スポット）取引に使われるレートである直物為替相場（以下，「直物相場」という）が刻々と変動しやすく，一瞬の逡巡が希望のレートを逃してしまうおそれがあるのに対し，スワップ取引のレートの変動は比較的穏やかであることに起因します。先物取引を希望する人々は，将来の受渡日を云々するよりも先に，まずは変動の激しい直物を押さえなければなりません。それができてからスワップ取引によって先の受渡日を決めるように段取りを組むのです。そのためには，直物取引とスワップ取引はそれぞれに市場が存在していなければなりません。

このような背景があって，銀行間取引では先物のアウトライト取引は少なくなっています。企業が銀行と先物為替予約を約定すると，銀行はそれを市場でカバーしますが，直物アウトライト取引とスワップ取引に分解してそれぞれでカバーしているのです。

同じように，直物の受渡日（約定日の翌々日）より手前の，翌日受渡しについても，まず直物アウトライト取引でスポットレートを押さえ，翌日—翌々日のスワップ取引で受渡日を組み合わせ，当日受渡しについては，オーバーナイトスワップと翌日—翌々日スワップまたは当日—翌々日スワップ取引を組み合わせることで対応できるわけです。

第2章　ボラティリティ観察と為替相場予想方法　**81**

3 ｜ スワップ取引価格と先物為替相場

　スワップは，後に為替リスクヘッジで用いる先物為替予約レートの構成要素であり，金利とも深く関わってくる重要な項目ですので，さらに詳しくみていくことにします。

（1）直先スプレッド発生の仕組み

　スワップ取引は，直物を買って（売って）先物を売る（買う）取引ですから，直物相場と先物を売買する際に使う交換レートである先物為替相場（以下，「先物相場」という）の2つを並べてこれがスワップ取引の価格であるといってもいいのですが，これでは長すぎますので直物相場と先物相場の差額だけをスワップの価格として取り扱っています。この差額を「フォワード・スプレッド」または「直先スプレッド」，「直先開き」といいます。直物相場と先物相場との乖離幅という意味です。直物相場に直先スプレッドを加減して算出した先物相場が直物相場より低い場合は「ディスカウント」，逆に高い場合は「プレミアム」といいます。例えば，米ドル対日本円の直物相場が110.50円で，先物相場が110.40円なら，米ドルは日本円に対してディスカウント通貨です。

　ところで，直先スプレッドには均衡値があり，それは両国の金利で決まります。その仕組みはこうです。

　今，米ドル対円の直物相場を100円，米ドル運用金利を5％，円での1年間の運用金利を4％とします。このとき，1年後の先物相場が直物と同じ100円（直先スプレッドがゼロ）ならば，投資家は円で運用するより，運用金の高い米ドル建てで運用するほうが得であると判断し，手持ちの円資金100万円を100円で売って米ドルを買い，米ドルでの運用後，100円で再び円に変換しようとするはずです。円のまま運用するなら元利合わせて1,040千円にしかなりませんが，この方法なら1,050千円になるからです（**図表2-9**の上段表参照）。

　当然，この取引に他の投資家も殺到します。その結果，初めはゼロであった

図表2-9　直先スプレッド発生の仕組み

	円運用
運用前	¥1,000,000
	金利4%
運用後	¥1,040,000

米ドル運用		
円資金	レート	米ドル転換・運用
¥1,000,000	100.00	$10,000.00
	（開き0）	金利5%
¥1,050,000	100.00	$10,500.00

	円運用
運用前	¥1,000,000
	金利4%
運用後	¥1,040,000

米ドル運用		
円資金	レート	米ドル転換・運用
¥1,000,000	100.00	$10,000.00
	（開き0.924）	金利5%
¥1,04,000	99.0476	$10,500.00

> 裁定取引が続いて直先スプレッドが開き続け，運用後の円換算元利金が同額になる点で均衡する。

直先スプレッドが拡大していきます。直先スプレッドが拡大すると，せっかく米ドル建ての運用で得た利息収入が目減りしていき，円に換算した元利金が1,050千円から減少して1,040千円に近づきます。そして，1,040千円と同額になったところでその動きが止まって均衡します（図表2-9の下段表参照）。均衡する直先スプレッドは0.924円で，均衡値に落ち着くまで続くこのような取引，つまり価格差を利用して利鞘を稼ぐ行為を裁定取引といいます。

（2）金利平価式

　裁定取引によっていずれは均衡値に着地するということが常に市場で行われることであるなら，その均衡値を事前に知っておくことは有益です。そこで均衡値を求める数式を導いてみます。まず，上記で述べた取引動機を分解して一般化してみましょう。

　今，A国とB国の2つの国があり，各変数を下表のように定義すると，

金利	為替レート	手元資金
A国通貨＝i^A	直物＝S	A国通貨建てで1単位
B国通貨＝i^B	1年後先物＝F	

A国通貨で運用した場合の元利金＝1×(1+i^A)＝1+i^A　…①式

B国通貨に変換した手元資金＝1×(1/S)＝1/S

手元資金をB国通貨で運用した場合の元利金＝(1/S)×(1+i^B)

B国通貨で運用した元利金をA国通貨に変換したA国通貨建元利金

　＝F×(1/S)×(1+i^B)

　＝(F/S)×(1+i^B)　…②式

均衡状態では両国の運用結果は同額になる（①＝②）はずだから，

1+i^A＝(F/S)×(1+i^B)　…③式（金利平価式）

この式を利用して，前述の100万円の運用において，直物相場が100円であった場合，裁定が働いて均衡する先物相場は下の計算式で求めることができ，図表2－9と一致します。

1+0.04＝(1+0.05)×(F/100.00)

F≒99.04762

ところでF/Sは，下記のように書き改めることができます。

F/S＝(F−S+S)/S＝(F−S)/S+1

この式を③金利平価式に代入して分解すると，

(1+i^A)＝{(F−S)/S+1}(1+i^B)

(1+i^A)＝(F−S)/S+{(F−S)/S}i^B+1+i^B

ここで，{(F−S)/S}i^Bは直先スプレッドの直物相場に対する比率にB国の金利を掛けた値であるため，十分に小さい数と判断して無視し，さらに変形すると，

1+i^A＝(F−S)/S+1+i^B

i^A−i^B＝(F−S)/S　　　　…④式（変形金利平価式）

この式は，直先スプレッドの直物相場に対する比率はほぼ両国の金利差に等

しいことを表しています。為替相場予想の実務でも活用できる便利な式ですから、覚えておきましょう。

(3) 先物為替相場の計算

　スワップ取引の価格である直先スプレッドは、直物相場と先物相場との差額ですから、直物相場と直先スプレッドがわかれば、先物相場を計算することができます。直先スプレッドは期間に対応させて表示されます。米ドル円の場合は、ディスカウントですから、**図表2－10**のように、表示されます。各期間に2つずつスプレッドが表示されていますが、左側の列は米ドルを直物で売って先物で買うスワップ、右側はその逆です。このように呈示された直先スプレッドをヒットしにいく場合は、左側にヒットしにいく人にとって、「直物の買い・先物の売り」となります。

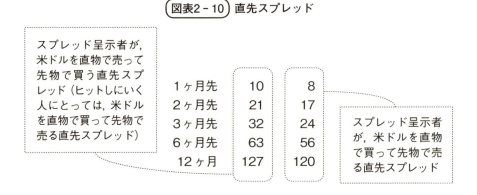

図表2－10　直先スプレッド

　具体的に、米ドルの3ヶ月先の為替予約を締結しようとする場合を考えてみましょう。例えば、米国への輸出取引契約を締結した輸出者が3ヶ月後に輸出代金を米ドルで受領するので、それを円に変換する為替レートを現在の相場水準で予約しておきたい場合、「3ヶ月先の米ドル売り予約をしたい」と金融機関に申し入れます。金融機関は、まず直物相場を調べ、銀行間市場でのスポットレートが110.40円：110.50円であるとの情報を得ます。顧客の米ドル売りは

第2章　ボラティリティ観察と為替相場予想方法　**85**

金融機関から見れば買いですから，110.40円を直物相場として採用します。顧客がヒットしに来たので，金融機関はヒットされるのを待つ立場ですから希望レートでいいわけです。

　次に3ヶ月直先スプレッドの銀行間市場レートは0.32円：0.24円とわかりましたので，¥110.40－¥0.32＝¥110.08と先物相場を計算しました。このまま顧客に呈示したのでは銀行の利益はありませんので，110.08円をコストとして，さらにここから顧客マージンを差し引いたレートを顧客に呈示します。金融機関が顧客に先物為替予約レート等を呈示するのは，小売店が仕入値に値入れする方法と似ています。仕入先は銀行間市場，仕入商品はスポット為替，スワップ等，仕入値は顧客に米ドルを売る場合は米ドル円のスッポト・オファード・レート，顧客は消費者という具合です。

　顧客である輸出者側からは，金融機関の計算の内側を見るわけにいきません。しかし刻々変化する市場の直物相場と直先スプレッドを手持ちの情報で確認し，手元で計算しておけば，呈示されるレートが理にかなったものなのか否かの判断はできるわけです。直先スプレッドの情報入手が困難であれば，日米の3ヶ月金利差から，前述の計算式を使って算出することもできます。

第2節　為替相場決定理論とその実用性

この節のポイント

- 購買力平価説は，為替相場が2国間の物価水準によって決定されるとするもので，過去のデータでは超長期において整合性がある。
- 国際収支説では，為替相場が貿易決済通貨への需給均衡点で決まり，輸出が増加すれば邦貨が増価する。
- アセット・アプローチは，運用益の高い資産が選好されてその資産の通貨が買われる行動に着目した相場決定理論。
- 購買力平価説は超長期において適合性が高く，国際収支説は購買力平価に着地する収斂運動を説明するものとして中長期で有効。
- 中長期では為替相場決定理論が示す方向へ次第に収斂していく傾向にあることから，いくつかの留意点はあるものの，一定程度の予想は可能。

1　購買力平価説

　為替相場の決定要因を説明する最も知られた理論は，1921年にスウェーデンの経済学者，グスタフ・カッセルが提唱した購買力平価説です。これは，2つの通貨間の交換レート（為替相場）はそれぞれの通貨の購買力の比率によって決まるというもので，A国の通貨とB国の通貨の間の購買力平価は下記の式で与えられます。

購買力平価＝A国の物価水準÷B国の物価水準

　A国通貨をA\$，B国通貨をB\$としてこの式の意味を考えてみましょう。

　今，両国で同じ商品Cが売られており，商品Cの1個の価格がA国ではA\$で100ドル，B国ではB\$で50ドルであったとすると，購買力平価は算式により2.00となります。ここで，購買力を「商品Cを買う力」とするなら，A\$1ドルの購

買力は商品Cの0.01個分，B$1ドルの購買力は同0.02個分となり，B$はA$の2倍の購買力を持つことになります。したがって，A$をもってB$1単位と交換しようとするならば，2単位のA$が必要，つまり両者の交換レートは2.00となるわけです。

ただ，現実には，ある時点での絶対的な購買力価値を割り出して比較するのは極めて困難です。すべての両国共通財価格を調査しなければならないほか，そもそも財がすべて両国で共通とは限らないからです。そこで，一般には，ある時点で成立した両通貨の交換レートはそのまま容認して受け入れ，そこを基準に，両国の物価の変化率から平価を算出する方法が使われています。この方法は，基準点と一定期間後の相対関係から計算するという意味で「相対的購買力平価」と呼ばれています。これに対して，前述のA国とB国の例で述べた購買力平価を「絶対的購買力平価」と呼んでいます。

相対的購買力平価の計算は，以下の方法で行います。

	為替相場	A国の物価	B国の物価
基準時	S_t	P_t^A	P_t^B
一定期間後	S_{t+1}	P_{t+1}^A	P_{t+1}^B

絶対的購買力平価は，前述の数式を記号で表すと以下のようになります。

$S_t = P_t^A \div P_t^B$

相対的購買力平価は，時点間の比較で計算するため，この式の各変数を「一定期間後変数÷基準時変数」で置き換えると，

$S_{t+1}/S_t = (P_{t+1}^A/P_t^A) \div (P_{t+1}^B/P_t^B)$

$S_{t+1} = S_t \{ (P_{t+1}^A/P_t^A) \div (P_{t+1}^B/P_t^B) \}$

となります。

ここで，(P_{t+1}^A/P_t^A)はA国の物価変化率すなわち，基準時を100とした物価指数であり，(P_{t+1}^B/P_t^B)はB国の物価指数ですから，この式は，相対的購買力平価が基準時為替相場にA国とB国の物価指数の比を掛けたものであることを意味しています。

図表2-11は、この方法で計算した円と米ドルの相対的購買力平価と実際の為替相場（実勢相場）を、1973年から直近までプロットしたグラフです。

図表2-11　購買力平価と実勢為替相場の推移

＊実勢為替相場：日本銀行時系列統計データ。
＊購買力平価：日本企業物価指数（出所：日本銀行時系列統計データ）および、米国Producer Price Index（出所：Federal Reserve Bank）から筆者が算出。

40年間の超長期では、おおむね実際の為替相場に沿った変動を見せていますが、部分では上下に振れています。数式で展開すると完全に一致するが、実際にはそうならない理由は、この説が前提としている「一物一価の法則」の瞬時かつ常時成立を妨げる要因があるからです。この点は4相場決定理論の実用性で、改めてみていきます。

2　国際収支説

19世紀、英国の銀行家G・J・ゴッシェンは、為替相場は国際収支により決定されるとの説を提唱しました。

為替相場はその通貨への需要と供給が均衡する点に着地し、需要と供給は外国貿易など国際取引で代金決済の必要が生ずることで発生します。

具体的な貿易取引で考えると直感的に受け入れやすいので，貿易の流れで追ってみましょう。A国がB国に輸出し，B国はB国通貨で代金を決済するとします。これを受け取ったA国は，B国通貨のままでは国内で通用しませんから，B国通貨を売ってA国通貨を買おうとするはずです。この行動が市場では，B国通貨の供給およびA国通貨の需要となり，需要と供給の関係から，A国通貨がB国通貨に対して増価するわけです。

B国の輸入者がB国通貨ではなくA国通貨を使って決済する場合はどうでしょう。A国は受け取ったA国通貨に対して何もする必要はありません。しかし，B国の輸入者がA国通貨で支払うために手持ちのB国通貨を売ってA国通貨を買おうとします。結局，市場ではA国通貨の需要が高まって増価しますから，上記と同じ結果になります。

図表2-12　為替相場と貿易収支の推移

＊為替相場：日本銀行時系列統計データを外貨建て（1円当たりの米ドル価）に表示。
＊貿易収支：財務省国際収支状況。

A国がB国から輸入する場合は，これとは逆にB国通貨がA国通貨に対して増価します。

図表2-12は，日本の貿易収支と為替相場を重ねたグラフです。日本の輸出，つまり貿易黒字が円に対する需要を増加させて円高になっているかどうかをみるため，為替相場は1円当たりの米ドル価で表しています。

1985年から2013年までの折れ線は，為替相場では右肩上がりであるのに対し，貿易収支は2000年あたりから右下がりになっており，この点での相関は認められませんが，個々の山に着目すると，貿易収支の変化から数ヶ月ないし数年遅れて為替相場が変化していることがわかります。

3 | アセット・アプローチ

運用に供すべき余裕資金が手元にある投資家は，その資金を高利回りの金融商品に投じようとします。資金は高利回りを求めて国境を越え，通貨をまたいで往来するようになります。このとき，通貨間の売買が発生して為替相場が変動するのです。この高利回り選好行動を切り口にして為替相場の決定理論を展開したのが，アセット・アプローチです。アセットとは「資産」という意味ですが，選択した高利回り金融商品を貸借対照表上の資産勘定として保有するイメージを捉えたものです。

利回り選好行動は，前節でみた「金利平価式」が土台となります。金利平価式は，自国通貨での運用利回りと，他国で運用した後に自国通貨に変換する運用利回りとが一致するように直先スプレッドが決定されるというものでした。これは，将来の為替レートを現時点で確定しておく先物為替予約を提供するためのものでしたので，「カバー付き金利平価式」と呼ぶことがあります。

アセット・アプローチでは，為替リスクを回避することを想定していません。そこで，先物相場（F）の代わりに予想為替レート（E）を入れ替え，各変数を下表のように定義すると，

金利	為替レート	手元資金
A国通貨＝i^A	直物＝S	A国通貨建てで１単位
B国通貨＝i^B	予想為替レート＝E	

本章第１節③（２）「金利平価式」で導いた変形金利平価式は，下記のように改められます。

$i^A-i^B=(E-S)/S$

$i^A=i^B+(E-S)/S$　…金利選好式

これを金利選好式と呼びましょう。この式は，A国金利が，B国金利に為替相場予想変動率を加えたところに均衡することを意味しています。仮に，A国金利がB国金利より高い状況下で，相場が変動しないと予想するなら，A国金利での運用にメリットがありますから，A国通貨が買われて為替相場も変動するという仕組みです。

（1）ポートフォリオ・バランス・アプローチ

さて，実際に金利が高い通貨で運用しようとしても，その国の政情が不安定だったり，経済が破綻しそうだったりする場合は，運用を終えて資金を引き揚げるときに回収できなくなるおそれがありますから，投資意欲は減退してしまいます。

そのようなリスクを考慮すると，その国での運用利回りはリスク分だけ小さくなるはずです。今，A国のリスクをR^A，B国のリスクをR^Bとすると，金利選好式は下のように変わります。これを，ポートフォリオ・バランス・アプローチといいます。

$i^A-R^A=i^B+(E-S)/S-R^B$

$i^A=i^B+(E-S)/S-R$　…ただし，$R=R^B-R^A$

ここで，リスクとは，その国の通貨価値に影響を及ぼす可能性のあるものすべてを網羅しなければなりません。例えば，政治や経済の安定性や財政赤字などです。そのほか，国際取引に関する規制も，その国で得た運用利益を自国宛

てに対外送金するときにいちいち許可が必要となる等の規制があるなら，その煩雑さがリスクとなるでしょう。自然災害も，大震災後の復興をその国だけで賄うことができずに国家財政が破綻する可能性があるなら大きなリスクとなります。

(2) 通用利回りに関わるリスクの測定困難性

　実は，このリスクが関ってくることが，為替相場変動の予想を複雑にしています。影響を及ぼすすべてを網羅する変数「R」は，人によって何を「為替相場に影響を及ぼすもの」として採用するかが異なりますし，仮にそれが同じであったとしても，為替相場に及ぼす影響の度合いの判定が人によって異なるからです。為替相場変動予測の難しさについては，第1章でみてきたとおりです。

　図表2-13は，日本と米国の3ヶ月金利（LIBOR：ロンドン銀行間取引レー

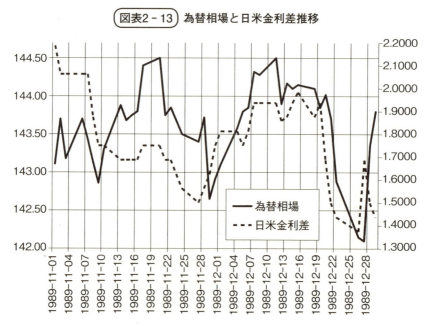

図表2-13　為替相場と日米金利差推移

＊為替相場：米FRB，日米金利差：米FRB（米ドル，円のLIBOR）を使用して筆者が作成。

ト）の差と為替相場の推移を，1989年11月～12月の期間でプロットしたグラフです。

12月の為替相場はほぼ金利差に沿った動きを見せていますが，11月では，上下運動の形状は似ているものの，水準が乖離していることがわかります。この乖離分が上でみたリスク「R」に相当するか否かは一概に判定できません。

なお，アセット・アプローチのうち，先に述べたリスクを考慮しないものを，ポートフォリオ・バランス・アプローチと区別して，マネタリー・アプローチと呼んでいます。

4 相場決定理論の実用性

前章でみた，購買力平価説，国際収支説，アセット・アプローチのそれぞれについて為替相場予想上の実用性と相互の関連性についてみていきます。

（1）購買力平価説の実用性

代表的な為替相場変動理論である購買力平価説は，2つの通貨間の交換レート（為替相場）はそれぞれの通貨の購買力の比率によって決定するというもので，直感的に受け入れやすく納得感もあります。仮に，A$とB$という2種類の通貨があり，ある品物の価格がA$では2ドル，B$では1ドルとされたとき，通貨交換市場でこの価格情報が共有されているなら，B$保有者はA$を2ドル以上取得できるのでなければA$1ドルを提供しないし，A$所有者はB$を0.50ドル以上でなければA$1ドルを出さないはずですから，当然のように交換レートは「2：1」に決まります。「そんなこと当たり前ではないか」と言いたくなりますが，ここで重要なのは，購買力平価はそれほど納得感があるということです。

しかし，多くの経済理論がそうであるように，購買力平価説も，それが成り立つためには，価格の十分な伸縮性と一物一価の法則，取引コストがかからないこと，情報の対称性などの前提条件を必要としています。

例えば，上記の例で，品物が別の市場においてA\$2.50で売買されているなら，A\$とB\$の通貨交換市場でも「1：2」と「1：2.5」の2種類の相場の間でふらふらしてしまいます。人々が価格に関する十分な情報を得るならすぐにA\$2.50で買うことが不合理であることに気がつきますが，現実の世界では情報が行き渡るのにも価格が均衡値に落ち着くのも相当の時間がかかります。したがって，購買力平価説は確かに直感的に受け入れやすく納得感がありますが，これらの前提条件が実現するまでの時間が一瞬に見えるくらい十分長い期間においてしか成立しません。しかし，逆に十分長い期間においては成立するといえます。

実際に，図表2－11の1979年前後や1985年からの数年間のように，購買力平価説では説明できない出来事があって，平価から乖離する場面も見られますが，最終的には平価に収斂し，40年という超長期ではみごとに実勢相場が購買力平価に沿っています。結論として，十分長期においては実用性があると判定します。

（2）国際収支説の実用性

実は，この収斂していく過程をうまく説明しているのが，国際収支説です。為替相場は通貨の需給が均衡する点で着地します。その需給は国際取引における代金決済がもとになっているため，国際取引額の集計値である国際収支が為替相場決定要因になるというのが国際収支説でした。需要は買う行動，供給は売る行動となって顕れ，買われる通貨は増価して売られる通貨は減価するという，これもごく当たり前の理屈です。

この当たり前の性質から次の3点を指摘することができます。

まず，購買力平価説と国際収支説の関連性についてです。購買力平価説は超長期で収斂する為替相場の着地点を見出す静的なものであるのに対し，需給量が反映される国際収支説はその着地点へ収斂する運動を説明する力学的な理論と位置づけることができます（**図表2－14参照**）。

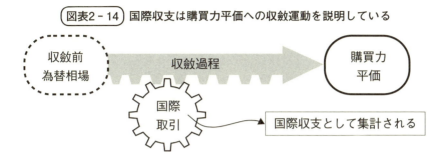

次に，理論が対応できる期間の違いを指摘できます。つまり，国際収支説は為替相場の変動に直接関わる売買量に着目しているため，原因から結果までの距離が短いことから，購買力平価説より短い期間の変動を説明するのに適していると考えられます。

第3は，需給要因の網羅性です。超長期では購買力平価のもとになる物価水準格差を解消する均衡値に収斂するとしても，その収斂過程において人々は常に物価水準格差だけを動機として経済活動しているわけではありません。技術革新や経済政策の違いなどがまだ価格に反映されていない場合，すでにその品質の違いを理解している人々は物価水準とは異なる動機で国際取引をするでしょう。また，国内需要が旺盛な場合は価格が高くても海外の品物に触手が動き，物価水準に反映されるまでの間は物価水準格差とは逆の方向にドライブがかかります。さらに，「主義」として経済合理性以外の価値観を持つ人も多く，その場合はいつまでたっても購買力平価に収斂することはありません。国際収支説は物価水準だけを需給動機としている購買力平価説と異なり，動機の種類にかかわらずあらゆる需要と供給を網羅しているのです。

ところで国際収支説は，まだ資本取引が活発に行われる以前の時代に提唱されたものです。当時，国際取引は財・サービスが主体となっていました。購買力平価も財・サービスの物価水準の比較によって決まるため，当時は国際収支と購買力平価は同じ土俵で議論することができました。しかし，その後資本取引の規制が緩和され，財・サービスの需要でなく，金融資産運用益の有利さで需給が決まる資本取引が活発に行われるようになったため，これを分けて議論

する必要が生じたのです。

　以上から，国際収支説は，財・サービスの需給が引き起こす通貨需要を網羅的に反映している点，および購買力平価に収斂する過程を説明できる点で，中長期において実用性があると評価できます。

(3) アセット・アプローチの実用性

　活発になってきた資本取引は分けて議論する必要があると説明しました。資本取引とは，証券投資や資金借入れなど，損益発生以外の原因によって資産や負債が増減する取引のことです。資産を増加させようとする動機は2種類あります。事業を起こしたり拡大したりするものと運用益を得るものです（**図表2-15参照**）。

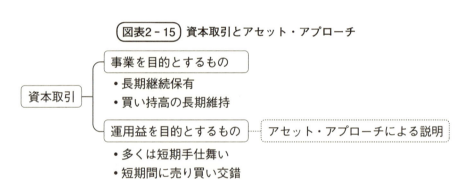

　事業を目的とするものは，例えば海外に生産工場を設置するために現地法人を設立して資本金を送金する等で，国際収支の項目では直接投資に計上されます。いったん投資すると，事業が継続する限り保有し続けるケースが多く，その間，長期にわたって外貨の買い持高が維持されるのが特徴です。

　一方の運用益を目的とするものは，外国証券の購入や外貨預金設定等で，前者の場合は証券投資に計上されます。運用益を決算年度内に実現させたいという気持ちが働くことから，短期で手仕舞う取引が多いのが特徴です。手仕舞いにあたっては必ず反対取引によって利益を確定する必要があり，短期間に外貨

運用開始（外貨買い）と手仕舞い（外貨売り）が繰り返されて市場の波乱要因になることもあります。

両者とも企業会計では，有価証券等の資産勘定で経理することから，現象面では類似していますが，目的としている収益の源泉が異なります。すなわち，事業目的では事業のアウトプットである財・サービスが収益源となっているのに対し，運用目的では保有している資産そのものの果実や価格変動から得る収益を目的としているのです。

したがって，運用目的では，どの資産が期待どおりの収益をもたらすかという選択が非常に重要です。アセット・アプローチは，こういった投資家の資産選択行為の背景にある動機を説明しようとした理論ですが，説明は簡単ではありません。資産選択の動機は多様で複雑だからです。考慮しなければならない要素が多く，数式ではそれらを1つの変数で代表させることができても，実務ではこれによって相場を予測するのは未だ難しいといわざるを得ません。

第3節 その他通貨への対応と理論の補強

この節のポイント ▶

● 企業経営では，新興国通貨など「その他通貨」にも気を配らなければならず，古典的な相場決定理論だけでは十分ではない。

● 国際収支発展段階説，国際金融のトリレンマ，為替管理制度の影響認識は，その他通貨の動きを予想する際の助けになる。

1 その他通貨の基本的な見方

為替相場決定理論の多くは，市場で自由に売買される，米ドルや日本円，ユーロなどのハード・カレンシーといわれる国際通貨を対象としています。さきに紹介した3つの理論もそうでした。しかし，実際の企業活動で関わる通貨はハード・カレンシーとは限りません。生産拠点の海外移転などではむしろ新興国が候補先となるケースも多く，企業経営における為替リスクとなればこれらの国々の通貨も管理対象とする必要があります。

これらのハード・カレンシー以外の通貨をその他通貨と呼ぶことにしましょう。その他通貨も通貨であるからには，2国間の購買力が均等になるような圧力を受けますし，貿易決済の通貨需要にも応えるようなニーズが起こります。つまり，ハード・カレンシーに適用される理論に従った力がその他通貨に対しても働くとみて差し支えありません。ただ，力は作用するけど，結果となって顕れる前にさまざまな「別の力」も働くため，必ずしもこれらの理論が導くようにはならないのです。

そこで，本節では「別の力」を説明するものとして，国際収支発展段階説と国際金融のトリレンマ，さまざまな為替管理制度を紹介します。これらは，ハード・カレンシーと対象としている為替相場決定理論を補強して，その他通貨の動向を予想する助けにもなります。

2　国際収支発展段階説

　一国の貯蓄と投資のギャップは，その国の経常収支となって顕れます。国際収支発展段階説は，貯蓄と投資が長い時間をかけて構造的に変化し，それに伴って国際収支も段階を追って変化していくと説明するものです。

　構造的な変化とは，事業を興した若い起業家がやがて成熟していく姿によく似ています。具体的には，まず起業家が事業を興すために資金を借り入れて事業用設備を購入します。事業が軌道に乗って製品の販売が進むと，収入が発生し，その収入の一部を借金の返済に充当できるようになるでしょう。借金を返済し終えると，今度は余剰となった手元資金を預金で運用するようになり，利息も入ってくるようになります。しかし，やがて新たな参入者が現れ，本人も高齢になると事業からの収入は先細り，預金を取り崩して生活するようになります。

　このように国際収支が段階を追って変化していく流れは，国が成長していく過程と重ね合わせてみることができます。したがって，少なくとも通貨間の売買ができる国に関しては，国際収支説を補強する理論として国際収支発展段階説を参考にすることで，その他通貨の動向をみる助けになるのです。また，資本収支も考慮した点でも，貿易取引を中心に据えている国際収支説を補強する材料となっています（**図表2－16**参照）。

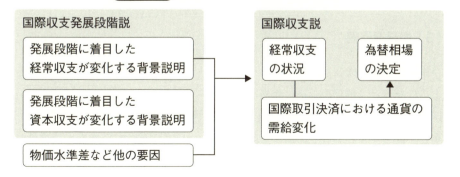

図表2－16　国際収支発展段階説と国際収支説

国際収支発展段階説では，事業設備購入や製品販売を財・サービス収支，資金借入れを資本収支，余剰資金運用利息を所得収支に対応させ，構造変化の様子を以下の6つの段階に分けています。

（1）未成熟債務国

起業家が事業を興す初期の段階に相当する未成熟債務国では，投資が先行するため，貯蓄を上回る投資の分を海外から流入する資本で賄う必要があります。このため資本収支は黒字となり，この黒字が，投資先行によって発生する経常収支の赤字を埋める役割を果たします。また，資本の流入が蓄積されて資金調達残高が運用資産残高を超えていますから，利息を支払う立場となって所得収支は逆に赤字となります。これは企業の会計に当てはめると，財務キャッシュフローがプラスとなっているが，貸借対照表上の借入金が現預金を上回っている状況と似ています。

（2）成熟債務国

投資の効果が顕れ始めて産業が成長すると，輸出が振興されて財・サービス収支は黒字に転換します。しかし，その水準はまだ低く，支払利息を賄うには不足しているため，所得収支は赤字です。また，財・サービス収支の黒字は所得収支赤字を埋めるほどには大きくなっていないため，経常収支も金額は減少するものの依然赤字のまま変わりません。したがって，この赤字を海外から流入する資本で補う状況も変わりませんから，資本収支は黒字です。

（3）債務返済国

産業が順調に成長して財・サービス収支の黒字が所得収支の赤字を凌駕するようになると，債務の返済に充当することができるようになるため，債務返済国の段階に進みます。債務が返済されるので，資本収支は赤字に変わります。また，財・サービス収支の黒字が所得収支の赤字を上回っているため，経常収支も黒字に変わります。起業家の事業でいうと，ようやく借入金返済が開始さ

れましたが，残高としての借入金はまだ残っている状況に対応します。

（4）未成熟債権国

ここまでの３つの段階は対外債務を負っている状態でしたが，未成熟債権国
では，債務の返済が進んで，残高ベースでみた債権が債務を上回る債権国に変
わります。債権残高が債務残高を上回った結果，支払う利息より受け取る利息
のほうが大きくなり，所得収支が黒字に変わります。一方の財・サービス収支
は債務返済国の段階ですでに黒字に転換しているため，所得収支も黒字化した
ことで，ほぼ両者の合算である経常収支は，より大きな黒字となって対外債務
の返済が進みます。また，運用先を求めて資本が流出する影響も加わって，資
本収支は赤字の頂点に達します。

（5）成熟債権国

やがて，賃金の上昇などから財やサービスの対外価格競争力が低下し，財・
サービス収支が再び赤字に転落します。一方，対外純資産残高はこれまでの蓄
積から頂点に達し，これに伴って所得収支も増加しますので，経常収支は金額
が減少するものの依然黒字のままです。これに応じて，経常収支の裏返しであ
る資本収支は金額が減少するものの，赤字のままで変わりません。

（6）債権取崩国

所得収支の黒字が財・サービス収支の赤字を埋めきれず，経常収支が赤字に
転落すると，その赤字を資本収支によって補うため，資本収支は黒字に変わり
ます。対外債権を取り崩して資本を国内に還流させる動きに変わったのです。

3 国際金融のトリレンマ

本章第２節で紹介したアセット・アプローチは，運用益を求めて国際間を移
動する資本の量で為替相場変動を説明するものでした。しかし，ある事情によ

り資本取引そのものができないとしたら，この説明は説得力を持ちません。このことを政策面で受ける制約によって説明するのが国際金融のトリレンマです。

　国際金融のトリレンマとは，国際金融政策において，下記3つの政策目標を同時に達成することはできないという3重の板挟みのことです。

a．為替相場の固定

　　為替相場が乱高下すると，為替リスクによる被害を恐れ，企業の経済活動への意欲が減退しますから，為替相場は安定しているか固定していることがよい環境です。

b．国境を越える自由な資本移動

　　自由な対外資本取引による資金の運用や調達の選択肢が広がるほか，海外からの投資受け入れが国内産業育成や経済成長につながります。

　　近時，新興国は税制上の優遇措置を講じるなどして，海外からの投資を積極的に受け入れることで大いに成長しました。

c．金融政策の自立性確保

　　物価を安定させ，金融緩和によって投資を促し，過熱する場合には引き締める。金融政策は財政政策と並んで国の経済政策の重要な柱となっています。自立性確保とは，金融当局がこのような政策を講じたときに，これを打ち消してしまう構造的な抵抗に遭うことなく，効果が期待できる状況をいいます。

　　3つの政策目標を同時に達成できないということは，どれか1つだけ達成できるか，もしくはどれか1つを犠牲にすれば他の2つは達成できるということでもあります。その構造をケースに分けて見ていきましょう。

（1）資本の自由な移動が犠牲になるケース

　為替相場を固定している状況下で経済が過熱してインフレがなかなか収束しないとき，金融当局は市中から資金（流動性）を引き揚げて金利を上昇させるなどの金融引締め政策を実施します。

　このとき，資本が自由に移動できるなら，海外から高い金利を求めて，資本が流入しようとします。為替相場が固定されていない場合は，直物で流入先国

第2章　ボラティリティ観察と為替相場予想方法　　**103**

の通貨を買って，高い金利で運用した後の満期に合わせて通貨を売る予約をするので，直先の為替相場が開き，この開きが高い金利で得た利益を目減りさせます。しかし，この場合は為替相場が固定されているので，海外投資家は安心して資本をいくらでも投入してきます。この結果，せっかく金融引締め政策によって資金を市中から引き揚げたのに，海外からの資金が再び市中に出回るようになる，つまり金融政策の効果が自由に移動してきた資本によって打ち消される状況に陥ります。したがって，資本の自由な移動を制限せざるを得ません。

（2）金融政策の自立性が犠牲になるケース

　為替相場を固定している状況下で資本の自由な移動も達成されているときは，上で示したように為替相場の変動によって引き起こされる利益目減り等の被害を心配することなく，海外での運用や海外からの資金調達が可能になります。

　具体的には，資本の流入の場合，上で見たように金融引締め策による金利上昇を狙って海外から資本が流入する結果，市中の流動性が増加して金利が再び低下するので，金融引締め政策はその効果を発揮できません。

　また，金融緩和による景気刺激策をとる場合，海外金利が国内金利に比べて相対的に高くなるので，高い金利を求める資本が大量に流出します。資本の流入と同様，やはり為替変動のリスクを心配する必要がないので一気に大量の資本が動くのです。当然，国内の流動性は枯渇して金利が高騰しますから，この場合も金融政策効果が期待できません。

　どちらの場合も金融政策の自立性を犠牲にする結果となります。

（3）為替相場の固定が犠牲になるケース

　金融政策によって金利が上昇すると，海外の資本が流入し，下落すると資本が流出して下落効果を相殺してしまうのを回避するには，資本の移動を禁止するほかに，為替相場の変動を許容する方法があります。

　例えば，金融引締め策によって金利が上昇する場合，海外から高い金利を求めようとしても，上で見たように，直物相場が買われて上昇する一方，先物為

替の売り予約により先物相場が下落して直先スプレッドが開きます。その開き
は金利裁定取引により内外金利差に相当するので，金利差分で出した利益を為
替で失うことになりますから金利差を狙った資金の流入は起こりません。つま
り，資金の自由な移動は許しても固定為替相場を放棄することで金融政策の自
立性も確保できるというわけです。

　以上，3つのケースに分けて見てきた結果，1つの政策目標を犠牲にすれば
他の2つは達成可能であることが確認できました。何を犠牲にするかは国に
よって異なります。海外からの投資を呼び込んで経済成長の糧にしようという
国ならば，資本の自由な移動は優先すべき政策課題ですから，他の2つの中か
ら犠牲にするものを選択するはずですし，外需頼みの景気回復を重点課題にす
る国ならば，金融政策の自立性も確保したいでしょうから，資本の移動に規制
をかけることになるはずです。

　したがって，アセット・アプローチで説明可能な場合とそうでない場合を見
極めるときに国際金融のトリレンマが助けになるのです。

　また，3つの政策目標を同時に達成しようと無理をしている国があるならば，
それはいつか破綻し，近い将来にどれか1つを放棄する時期がくると読んで，
それを為替相場予想に役立てることができます。1997年7月にタイバーツが売
り込まれて始まったアジア通貨危機がこのよい例です。

　ただし，(1)の固定為替相場のもとで金融政策の自立性を達成するケース
において，若干の注釈が必要です。それは，為替相場を固定するために為替市
場への公的介入が必要となる場合です。例えば，金融緩和によって金利が下落
すると為替相場に減価圧力がかかるため，自国通貨を買い支える公的介入が行
われ，買い取られた分の流動性が減少することで，再び金利が上昇してしまう
というケースです。つまり，資本移動を犠牲にしても金融緩和が効かないとい
う矛盾が起こります。しかし，この場合でも瞬時に資本移動が起こる，資本が
自由に移動できるケースと比較すると，当面の間は金融政策の効果が残るとい
うのが一般的な理解です。

第2章 ボラティリティ観察と為替相場予想方法　105

4 為替管理制度によるバイアス

　各国が採用している為替管理制度，特に制限的な管理制度は，諸理論が設定している前提条件の成立を妨害するものの1つです。

　為替管理制度は国によって異なりますので，その他通貨も含めて為替リスクを適切に管理するためには，取り扱う通貨を発行している国がどんな為替管理制度を採用しているかをまず確認する必要があります。そこで，世の中で採用されている為替管理制度にはどんなものがあるのかを，それを採用している国の具体例を添えて紹介することにします。**図表2‐17**は，IMFが分類した為替管理制度をもとに一部筆者がアレンジしたものです。

（1）厳格な固定相場制

① 個別法貨のない通貨制度

　米ドルなど他の国の通貨を唯一の法定通貨として国内に流通させている制度です。

　他の国の通貨をそのまま使うわけですから，国内の金融政策上の自立性はありません。例えば，米ドルを採用している国において，国内景気が後退しているため金融を緩和したいと考えても，当の米国で景気が過熱していれば引締め策を採ろうとするはずで，同じ通貨を流通させているこの国としては不本意ながらも，米国の引締め策が国内に波及してしまうということになるわけです。

　IMFの集計では，2013年現在でこの制度を採用している国は，エクアドル，ミクロネシアなど13ヶ国です。

② カレンシー・ボード

　他国の通貨を国内に流通させる制度と異なり，その国独自の通貨がありますが，固定した為替相場で米ドルなどの特定外国通貨との交換を金融当局が保証する制度です。金融当局は保有する外貨準備の量を超えて自国通貨を発行して

図表2-17 為替管理制度の分類

固定相場制	厳格な固定相場制		個別法貨のない通貨制度 他国の通貨を自国の通貨としてそのまま流通させる
			カレンシー・ボード 外貨準備範囲内で発行し，特定外貨との交換を保証
	柔軟な固定相場制	ペッグ	伝統的ペッグ制 特定外貨に釘付け，介入で維持
			強制安定化制 一定範囲内維持，市場規制・制限
			水平バンドペッグ制 一定範囲内維持，複数国協定も
		クローリング	クローリングペッグ制 基準相場を一定方向に徐々に調整
			類似クローリング制 統計的傾向値からの一定乖離幅内に
変動相場制			変動相場制 特定相場水準を持たず市場に委ね，過度な乱高下を抑制する介入を許容
			自由変動相場制 市場に委ね，秩序維持の例外的介入の場合はIMF宛情報提供

しまうと，交換要求が殺到したときに発行した全部の自国通貨の交換に応じ切れません。したがって，自国通貨の発行量は外貨準備の範囲内に限定することになります。

　これにより相場を固定できる仕組みは次のようになります。つまり，自国通貨への売り圧力がかかって減価リスクが発生すると，自国通貨保有者はこぞって当局に外貨への交換を要求します。当局がこれに応じて交換を進めていくと，外貨準備が減少しますから自国通貨の発行も抑制されます。その結果として，

発生するデフレ効果で通貨の減価リスクが払拭され，売り圧力も減退するというわけです。

　よく知られているところでは，香港がこの制度を採用しています。香港は1997年に英国から中国に返還されましたが，その後も香港ドルが存在し，人民元とは別の為替管理制度を採用しているのです。2013年現在では，ほかに11ヶ国がこの制度を採用しています。

（2）柔軟な固定相場制

① 伝統的ペッグ制（Conventional pegged arrangement）

　ペッグ（peg）とは「釘付け」を意味します。この制度は，自国通貨を特定の外貨の価値に釘付けするものです。特定の外貨は1つとは限らず，貿易取引量などを考慮して複数の通貨を加重平均した相場に釘付けする方法も採られています（バスケットという）。交換比率維持を無条件にコミットするわけではありませんが，カレンシー・ボードのように外貨への交換比率を維持する自動調節は効きませんから，釘付けしておくためには，直接間接の市場介入による相場維持努力が必要です。

　その代わり，厳格な固定相場制に比べて，一定の範囲で金融政策の自由度を確保することができます。

　2013年現在，ヨルダン，クェートなど45の国がこの制度を採用しています。

② 強制安定化制（Stabilized arrangement）

　直物相場が，原則として，6ヶ月以上の期間にわたり一定の変動幅に収まるよう運営する方法です。変動の基準とするのは，統計的手法によって導き出した特定の単一または複数の通貨バスケットです。変動を一定範囲内にコントロールするわけですから，変動相場制とは異なります。コントロールするためには，市場取引に規制をかけたり制限したりする方法も含んだオフィシャルな手法を使いますが，安定した為替相場をコミットしているわけではありません。制度としてしっかりした拠り所があるわけではなく，むしろ通貨への需要が小

さいために，ルールをもって運用可能な市場が確立されていないといったほうがいいようです。

　この方法で為替相場を管理しているのは，2013年現在，ベトナム，イラン，イラク，シリア，ボリビアなど19ヶ国です。

③　クローリングペッグ制（Crawling peg）

　クロールは水泳のクロールのように，這うようにして進むことを意味します。具体的には，一定の方向を設定しておき，基準為替相場を定期的にその方向へ向けて少しずつ調整する方法です。一定の方向とは，主要貿易相手国などとの間の過去のインフレ率格差や将来のインフレ・ターゲットの格差など，特定した量的指標に連動させるもので，為替相場のインフレ調整後（実質）変化に対応させるものや，あらかじめ宣言する変化率を設定した計画インフレ格差に対応させるもの等があります。

　2013年現在，ニカラグア，ボツワナの２ヶ国がこの方法を採用しています。

④　類似クローリング制（Crawl-like arrangement）

　原則として，６ヶ月かそれ以上の期間にわたり，統計的傾向値から２％程度の乖離幅に収まるように運営する方法です。

　通常，強制安定化制（Stabilized arrangement）より広い変動幅を許容するものですが，確立された市場で継続的に取引されるなら，少なくとも年間１％の率で変化を伴いますので，その意味でクローリングに似た管理制度と捉えることができます。

　中国，シンガポール，インドネシア，アルゼンチンなど，15ヶ国がこの制度を採用しています。

⑤　水平バンドペッグ制（Pegged exchange rate within horizontal bands）

　中心レートを設定し，為替相場がそこから上下一定程度の変動範囲に収まるよう安定させる，または一定幅の上限と下限を設定して為替相場の変動をその

範囲内に収まるように安定させるものです。これには，複数の国が協定して，各通貨の相場変動が相互に一定幅の範囲内に収まるように運用する制度も含まれます。単一通貨ユーロ導入以前，欧州連合（EU）が採用した為替相場機構（Exchange Rate Mechanism）がこれに該当します。

2013年現在では，ただトンガだけがこの制度を採用しています。

（3）変動相場制

① 変動相場制（Floating）

変動相場制下の為替相場は，事前予測可能な変動過程を伴わず，原則として市場の決定に委ねられて決定されます。直接間接の市場介入があっても，その目的は過度な乱高下を回避することに限定され，特定の相場水準を目指したものではありません。

このため，変動相場制の為替相場は固定相場制に比べ，より広い範囲で変動し，これによって不都合が生じることもあります。しかし，一方では，より大きな金融政策上の自立性を獲得するというメリットを享受できます。

韓国，フィリピン，タイ，インド，ハンガリー，ニュージーランド，メキシコ，ブラジルなど35の国がこの制度を採っています。

② 自由変動相場制（Free floating）

市場介入が市場秩序を守る目的に限定された例外的なものであり，過去6ヶ月の実施が3回以下でかつ1回の介入が3日を超えていない場合，そのような変動相場制は自由変動相場制（Free floating）に分類されます。ただし，実態はそうであっても，これらの情報がIMFに提供されない場合は，単なる変動相場制と解釈されます。

第4節　為替相場予想の方法

> **この節のポイント**
> - 為替相場決定理論が中長期において一定の説明力を持つことを前提に，予想撹乱要因や理論補強材料を加味すれば，相場予想体系ができる。
> - 相場予想体系は，各種循環理論等の因果関係でつながる枝分かれ図を基本とし，相場予想はその枝を逆に辿るようにして行う。
> - 実際の予想は，購買力平価の予想，貿易需要の予想，長期投資の予想，その他通貨の予想で進める。

1　相場変動予想の体系

　為替相場予想は，一貫した作業手順に基づいて継続的に行っていかなければなりません。そのためには，具体的な予想手順の全体を体系としてまとめる必要があります。途中でぶれるのを防ぐためです。

　図表2-18に示すように，予想体系は，2つの要素を合わせて組み立てます。まず，為替相場決定理論とその補強策です。これらを実際の予想に活用するため，前節までにみてきた実用性と留意点を踏まえて，相互関係性の切り口から整理します。

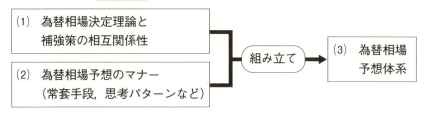

図表2-18　為替相場予想手順体系の組み立て方

　要素の第2は，為替相場予想のマナーです。マナーとは，常套手段や思考パ

ターン,流儀などのことで,後述する2通りの方法から成り立っています。

(1) 為替相場理論と補強策の相互関係性

具体的に為替相場予想の方法を展開するにあたっては,ここまで述べてきた為替相場決定理論と補強・撹乱材料について,相互関連性を整理しておく必要があります。イメージすると図表2－19のようになります。

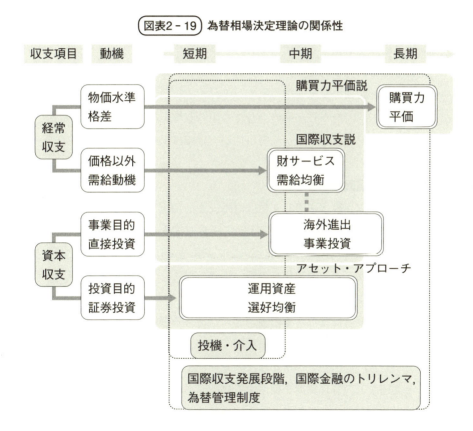

① 為替相場均衡着地点への収斂と各領域の意味

図の右3分の2は,時間軸に沿って表れる為替相場均衡着地点を示していま

す。それぞれの着地点への収斂運動は，物価水準格差，価格以外の需給動機，事業目的直接投資，投資目的証券投資という4つの動機が原動力となり，その動機は経常収支と資本収支の為替売買取引の需給に関与する項目に集約することができます。また，破線で囲んだ縦の領域が2つあり，1つはほとんどをカバーしている国際収支発展段階説などの補強理論，他は短期の撹乱要因としての投機や公的介入です。投機は投資目的動機によるものでありながら，短期においては購買力平価説などの理論の撹乱要因になるという意味を込めて，全項目にまたがるように破線で囲んでいます。

　時間軸に沿って着地する領域は購買力平価説，国際収支説，アセット・アプローチの3分野に分かれます。この意味するところは，3分野とも中長期では投機や介入など短期の撹乱要因の影響を受けず，理論としての説明力を発揮できるという点です。ただし，その場合でも国際収支発展段階説や国際金融のトリレンマなどの補強材料によって実用性が一様ではありません。

②　国際収支発展段階説の考慮

　例えば，国際収支説は国際収支発展段階説を活用することで，より実用的になります。未成熟国では投資が先行して経常収支が赤字となっていますが，「この国が債務を返済して経常収支が黒字に転換するには相当の時間がかかる。したがってこの間，当該国通貨への買い需要は弱く，しばらくは増価しないだろう」との予想ができるわけです。

　国際収支発展段階はまた，その国がどんな為替管理制度を採用するかの動機を提供するものでもあります。未成熟国では，経常収支の黒字化を急ぐインセンティブが働き，自国通貨が増価しないように相場を誘導する目的でクローリングペッグ制などの管理制度を採用する傾向があります。このため，着地点への均衡は遅れるだろうと予想できます。為替管理制度そのものの相場決定理論への関わり方は，ペッグ制など管理性が高いほど，購買力平価説，国際収支説，アセット・アプローチの3つに対し，均衡点への収斂速度を遅らせる，あるいは停止させるというものです。

③ 国際金融のトリレンマの考慮

　為替管理制度の関わり方では，国際金融のトリレンマも考慮すべきです。発展途上にある未成熟国が積極的に海外からの投資を受け入れて国内経済活性化を図るとき，国内金融政策にも一定の自由度を確保しようとするなら，国際金融のトリレンマから為替相場を固定しておくことはできません。「金融政策・為替安定・自由な資本移動という三兎を追っている国の姿が見えたら，近いうちにどれかが破綻する。特に為替相場予想の視点からは，強力な変動圧力がかかる可能性があるから警戒する」という判断の助けになります。また，ある国，A国の金融経済政策と平仄を合わせ，発行国に寄り添う国の通貨はA通貨と安定したペッグ制を維持することができることから，そのような国の通貨の相場は当面A通貨とみなして問題ないと判断できます。金融政策の自立性を放棄することで三兎を追っていないからです。

④ 投機と公的介入

　投機は短期において撹乱要因として関わってきます。投機は運用資産の選好結果が行動となって顕れるものですから，アセット・アプローチの理論根拠を裏づけるものといえます。しかし，短期では，選好の背景に金利があったり，経済やカントリー・リスクがあったりするほか，金利そのものも運用資産選好の思惑によって上下するなど変動の方向性を予想するのは極めて困難といわざるを得ません。結局，投機は短期の予想を撹乱する大きな要因となるのです。

　最後に，公的介入はどうでしょうか。介入は秩序回復目的や，採用している為替管理制度の維持を目的として行われますが，いずれの場合も相当の体力を要求します。体力とは，自国通貨売り介入の場合は国内公的債券を発行する力，買い介入の場合は外貨準備高などの外貨の蓄えです。体力が減退すれば介入の力も同時に減退する結果，相場誘導が効かなくなっていきなり相場が動く可能性があります。ここが相場予想で注意しなければならない点です。

(2) 為替相場予想のマナー

　為替相場決定理論は，過去のデータから法則を発見したものか，立てた仮説を過去データで検証したものかのどちらかです。いずれも過去を説明するものですから，これを利用して将来の為替相場を予想するには，理論に入力するデータそのものを予想しなければなりません。例えば，物価指数が購買力平価を決めるなら，まず物価指数を予想する必要があるのです。そのためには，物価指数を決める別の理論や因果関係を探してこなければなりません。為替相場予想マナーの基本は，このような理論や因果関係のつながりを辿っていく方法です。

① 予想経路の作成

　まず，出発点を「将来の為替相場」と置き，その原因となる予想経路を因果関係でつなげていく作業をします。「Aの原因はB」，「Bの原因はC」という具合に深掘りしていくのです。深掘りが進むに従って，枝分かれが広がるでしょう。枝の先端が，公表指標など，私達が身近に接することができる水準になったら作業を終えます。このようにして予想経路図ができたら，今度はその先端に材料を入力し，経路の逆を辿るようにして予想作業を行います。

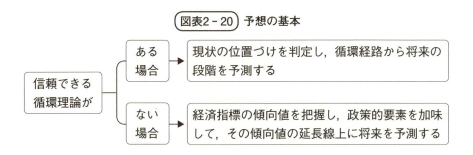

図表2－20　予想の基本

　予想経路の基本は2通りです（**図表2－20参照**）。まず，信頼できる循環理論がある場合は，現状がその循環のどの段階に当たるのか（現状の位置づけ）

を判定したうえで循環経路に沿って将来の段階を予想することです。これがない場合は，経済指標の傾向値を把握し，それに政策的要素を加味してその延長線上に将来を予想する方法です。

② **留意点**

ここでいくつかの留意点があります。

まず「風が吹けば桶屋が儲かる」式の落とし穴です。「Aの原因はすべてB」，「Bの原因はすべてC」というわけにはいきません。必ず確率を伴います。「Aの原因の一部がB」という具合です。ですから，因果関係は可能な限り複数用意して，相互に補強する必要があります。

また，予想につきものですが，環境によっては同じ現象からまったく異なる結果を得る場合があります。**図表2-21**のように，最終的に着地する手前で別な経路を通る，つまり同じ現象からスタートしても超長期の着地と中期の着地で異なる場合も起こります。このような場合は，いつの相場を予想したいのかの目的によって使い分ける必要があります。

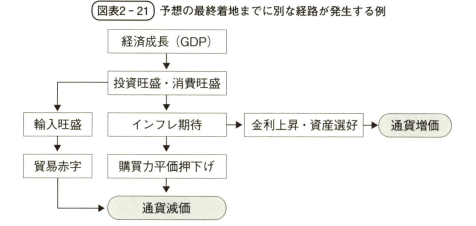

図表2-21　予想の最終着地までに別な経路が発生する例

（3）為替相場予想の体系

　以上を踏まえ，中長期為替相場予想経路の体系を**図表2－22**のようにまとめました。この議論は，為替相場決定理論の相互関係性からスタートしています。そのため，この図は，図表2－19を変形し，為替相場予想のマナーに関わる項目を書き加える方法で作成しています。これによれば，為替相場予想は米ドルや円，ユーロなど為替売買が十分な厚みのある市場で自由に行うことができるか否かによって方法が2つの系統に分かれます。前者（為替自由通貨と呼ぶ）は市場の均衡価格で相場が決まるため，為替の需給に注目した方法で予想するのに対し，後者（為替不自由通貨と呼ぶ）はその国の事情や政策など市場以外の要因も調べる必要があります。

①　為替自由通貨

　為替自由通貨の需給を決めるものは，異種通貨間で行われる財・サービスの売買や資本の移動です。したがって，この系統の枝分かれの第1層には国際収支の関連項目を置きました。経常収支を構成する主要項目である貿易サービス収支と所得収支，それに長期の資本収支です。

　取り上げた項目のうち，貿易サービス収支は，購買力平価や貿易需要の影響を受けて変化します。また，所得収支は対外資産から得る利息や配当などの果実ですから，これと長期の資本収支を合わせて一体とし，長期投資の括りで予想します。

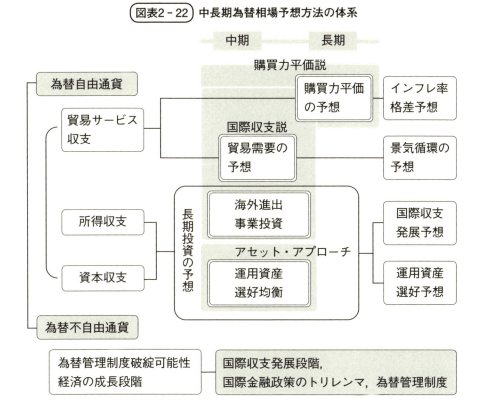

図表2-22 中長期為替相場予想方法の体系

② 為替不自由通貨

　為替不自由通貨については，背景にある事情が多様であるため予想方法を特定することは困難ですが，例としては，現在採用している管理相場の破綻リスクを見極めるなどの方法があります。また，為替自由通貨でも利用した国際収支発展段階説を使って，将来の国際収支予想から為替需給をみる方法も有効です。

　ところで，図には為替不自由通貨の予想系統でしか経済外要因が考慮されていませんが，為替自由通貨においても，政策や政策の方向を決める政治の動きや大災害後の影響など経済外要因を考慮する必要があるのはいうまでもありま

せん。為替不自由通貨においてはそれがより重要になるという意味で捉えてください。

このことは、他の予想経路でも同じです。つまり各予想経路は、他の経路を排他的に区別するものではありません。したがって、実際の為替相場予想にあたっては、必要に応じていくつかの予想経路を複合的に使う合わせ技を駆使する必要があります。

2 購買力平価の予想（相対価格要素からのアプローチ）

２国間で同等の財が生産されているとき、一方の財の価格が他方より安価な場合は安価な財に買い手が集まる結果、安価な財の生産国の輸出量が増加します。両国の相対価格は購買力平価に反映されますから、購買力平価の予想は相対価格面からみた貿易サービス収支を予想することにつながるのです。

本章第２節でみてきたように、相対的購買力平価は、対象とする２通貨の基準時為替相場と両国の物価指数比の積で求めることができます。したがって、購買力平価を予想するためには両国の物価指数、すなわちインフレ率を予想しなければなりません。これには図表2-23に示すようにいくつかの方法があります。

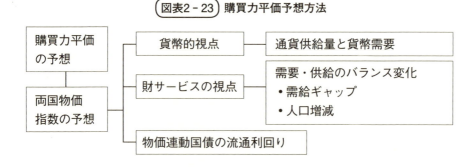

図表2-23 購買力平価予想方法

（1）貨幣的視点

　マネタリストの考えによれば，通貨供給量が貨幣需要の増加を上回って増加するときにインフレとなり，インフレ率は両者の増加率の差で求めることができます。直感的にたとえるなら，価格が100円の商品を100個取引する際に必要な貨幣量（貨幣需要）は10,000円ですが，110個取引するとなると11,000円の貨幣量を必要とします。このとき，市中に出回っている貨幣の量（通貨供給量）が12,100円に増加し，その全部が取引に使われるとしたら，価格は110円（＝¥12,100÷110）となり，10%のインフレが発生したことになるわけです。

　ただし，貨幣需要は，財・サービスの売買のために必要とされる取引需要量ばかりではありません。今は取引に供しないが将来に備えて待機させるために必要とされるものもあります。このように，取引に動員されない待機貨幣の変化は撹乱要因になります。上記の例では，通貨供給量が1.21倍になってもそのうちの0.11倍分が待機されてしまうなら，取引に動員される量は11,000円ですから，商品の価格は100円のまま変化しないのでインフレは発生しません。この待機量をみるには，いわゆる「マーシャルのk」が参考になります。「マーシャルのk」は，名目GDPに対する貨幣供給量の比として算出され，貨幣の取引需要である名目GDPに対する貨幣供給量の適正値を測る指標ですが，人々の貨幣に対する選好度も表しています。この値が高い状況では，待機貨幣の量も多い傾向にあるとみるのです。通貨供給量と貨幣需要からインフレ率を予想するにあたっては，マーシャルのkも考慮に入れなければなりません。

　通貨供給量は通貨の発行量を操作することによって増減しますから，当然，金融政策のスタンスや制度の影響を受けます。過去に，財政を支援するために中央銀行が国債を節操なく引き受けて，管理不可能なインフレに陥った事例が数多くありました。インフレ率予想には，このような金融政策の方向性やその方向に舵をきる政策変更などにも注意を払う必要があります。

（2）財・サービスの視点

　市場に多くの商品が並べられているのに買い手が少なければ価格が下落し，逆に数量の限られた商品に多くの買い手が殺到すると価格が上昇します。買い手の殺到が一時にとどまらないなら，つまり財・サービスへの需要が継続して増加し続けるなら，生産者は今後も需要が伸びるだろうとの期待のもと市場へ投入する商品数を増やすでしょう。そして，それでも供給力が追いつかず，経常的に需要が供給力を上回る状態が続くなら物価上昇が継続して起こり，インフレとなります。

　この視点で有効な指標を2つ紹介します。まず，需給ギャップです。需給ギャップとは，供給力が需要を賄うことができているか否かを表す指標で，下式で与えられます。ただし，供給力を潜在GDP，需要を実質GDPで置き換えています。この値がプラスなら需要が供給力を上回っていることになり，常態化するならインフレが進行するだろうと予想できるわけです。

> 需給ギャップ＝(実質GDP－潜在GDP)÷潜在GDP

　もう1つは，生産年齢人口の変動です。地域エコノミストの藻谷浩介氏は，著書『デフレの正体』のなかで，"生産年齢人口は同時に消費年齢人口であるから生産年齢人口の減少は消費の減少を意味する。一方で機械化により生産力は維持されたままであるから生産余剰となり，この状態がデフレにつながる"と主張しています。この理屈を生産年齢人口増加の場合に当てはめると，生産年齢人口が増えて生産性向上がこれに追いつかなければインフレ率が上昇するということになります。生産年齢人口の傾向値は，人口ピラミッドで容易に，しかもかなり正確に把握することができます。ただ，これに生産性向上が追いつかないか否かを予想するのは簡単ではありません。潜在成長率なども併せてみていく必要があります。

(3) 物価連動国債の流通利回り

インフレ率予想の方法として3つ目に挙げるのは，普通国債と物価連動国債の流通利回りの差を利用するものです。

物価連動国債とは，物価変動に応じて元本や利息の額が変わる国債のことです。発行時に比べて満期到来時の物価が上昇している場合は，それに連動して元本も増加する仕組みになっています。これに対して，普通の利付国債は元本が固定されていますから，物価が上昇すれば実質的な価値は目減りしてしまいます。つまり，普通利付国債はインフレの影響を受けている，いわばインフレを内部に抱え込んでいるため，その利回りは実質利回りにインフレ率が乗っかっています。一方，物価連動国債は常に実質価値で動いているので，その利回りはインフレ率を含んでいません。両者の違いはインフレ率を含むか否かですから，差をとることによってインフレ率だけ抽出できるというわけです。図表2-24はこれをイメージしたものです。

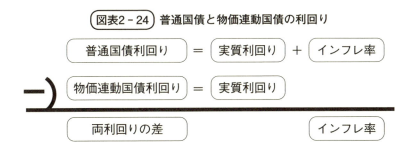

図表2-24 普通国債と物価連動国債の利回り

しかし，これは満期を迎えたときの結果としてのインフレ率です。私達が必要としているのは事前のインフレ予想ですから，このままでは利用できません。そこで，市場参加者のインフレ予想が反映される流通利回りを採用するのです。反映される仕組みはこうです。つまり，インフレを予想する投資家は普通国債の目減りを嫌って，物価連動国債を買います。そのような投資家が増えると物価連動国債の価格が上昇し，流通利回りは逆に低下します。その結果，普通国

債との利回りは開いて，両者の差，すなわちインフレ率が上昇するのです。このとき，インフレ率には市場参加者の予想が反映されていますから，予想インフレ率となります。予想インフレ率は下記の式で与えられます。

| 予想インフレ率＝普通国債流通利回り－物価連動国債流通利回り |

ただ，ここで反映されているのは，あくまで市場参加者の予想です。予想の背景にあるものはわかりませんし，その根拠も信頼できるものなのかどうかわかりません。したがって，インフレ予想手法の1つとして捉え，他の手法も複合的に利用する工夫が必要です。

インフレ率の高い通貨は，低い通貨に対して減価するという形で購買力平価が着地しますので，以上の諸点を為替相場予想への利用方法としてまとめるなら，図表2-25のようになります。活用手順は図表の実践枠で示した箇所ですが，いずれも予想インフレ率の上昇を通して当該通貨が減価することを示しています。

ただし，進行するインフレを抑制するために金融当局が金利を引き上げるな

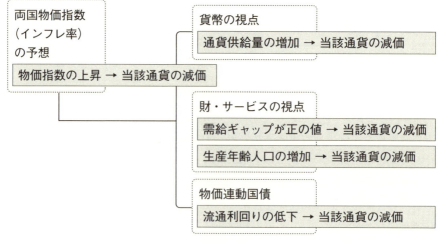

図表2-25　物価指数，物価指数予想の為替相場予想への利用

ら，逆に短・中期において資産運用選好から当該通貨が買われて増価する可能性もあるなど，実際の予想にあたっては，反対要素の強さも考慮しなければなりません。

3 貿易需要の予想（マクロ的景気要素からのアプローチ）

前項では，相対価格面からみた貿易サービス収支の変化に着目しました。ここでは，マクロ的アプローチによる貿易サービス収支の変化をみていきます。

（1）貿易サービス収支決定理論とその意味

マクロ的な要素に着目して貿易サービス収支を説明しようとしたものに，アブソープション・アプローチがあります。これは，国内の総生産で国内需要を賄い，すべての需要を賄いきれない場合（総生産＜需要）は，輸入で補う必要がある一方，逆の場合は輸出に回されることを説明するものです。アブソープションとは「吸収」を意味しますが，需要が生産を吸収するという意味です。

一国の国民所得は，生産面（総生産：生産された付加価値），分配面（総所得：付加価値が賃金などとして分配），支出面（総支出：民間や政府の消費支出など）の3つの側面から捉えることができます。いずれも一国の国民所得ですから3者は等価関係にあり，下記で表すことができます（国民所得の三面等価）。

> 国内総生産＝国内総所得＝国内総支出

このうち，国内総生産と国内総支出の関係を取り出し，国内総支出が，消費，投資，政府支出，純輸出（輸出 − 輸入）で構成されていることをこれに盛り込むと，下式を導き出すことができます。ただし，GDPは国内総生産，GDEは国内総支出，Cは消費，I は投資，Gは政府支出，NXは純輸出をそれぞれ表すものとします。

$$GDP=GDE=C+I+G+NX$$

また，（C＋I＋G）を国内需要（A）で置き換えると，上式は以下のように書き改められます。

$$NX=GDP-A$$

純輸出（輸出－輸入）は貿易サービス収支で近似できるので，この式は，貿易サービス収支が国内総生産から国内需要を差し引いたものであることを意味します。これを読み解くと，国内で生産する以上に需要が旺盛な場合は，輸入が増加して貿易サービス収支は赤字となり，生産が需要に追いついてさらに余剰が出る場合は，輸出が増加して黒字に変わるという因果関係を導くことができます。この視点から為替相場を予想しようとするなら，アブソープションの状況を知る指標として消費動向や雇用状況，公共投資等，また生産の状況を知る指標として鉱工業生産動向を追跡していかなければなりません。

アブソープション・アプローチと同様に国民所得の三面等価から導出した貿易サービス収支決定論に，貯蓄・投資バランス・アプローチがあります。

前出の国民所得の三面等価式から，国内総生産と国内総所得の関係を取り出し，国内総所得が消費や租税に充てられ，残りが貯蓄となることを盛り込むと，下式を得ることができます。ただし，GDIは国内総所得，Sは貯蓄，Tは租税をそれぞれ表すものとします。

$$GDP=C+I+G+NX=GDI=C+S+T$$
$$NX=(S-I)+(T-G)$$

この式は，貿易サービス収支が純貯蓄（貯蓄－投資）と財政収支（租税－政府支出）から構成されていることを表しています。これを動態的に捉えると，民間投資や政府支出が旺盛な場合は，貿易サービス収支が赤字となるという因果関係を浮き彫りにすることができます。この因果関係を辿って為替相場を予想するなら，設備投資などの投資動向や公共投資等の指標に目をやる必要があ

ります。

　以上をまとめると，「アブソープション・アプローチ」からは，国内の需要の旺盛さが貿易サービス収支赤字をもたらすということ，また「貯蓄・投資バランス・アプローチ」からは国内の民間投資や政府支出の旺盛さが貿易サービス収支赤字を増加させるということになり，切り口は異なりますが，いずれも，経済が活発に動き始める時に財・サービスへの需要が旺盛になり，それが貿易サービス収支に影響を及ぼすという関係を説明していることがわかります。

　このことは同時に次のことを意味します。すなわち，どんな時に経済が活発に動き始め，それがどのように転じた時に収束していくのかが明らかになれば，貿易サービス収支の動向を予想することができるということです。それを明らかにするのが景気循環論です。図表2-20「予想の基本」に従い，信頼できる循環理論がある場合はその循環に沿って予想するため，以下に景気循環の仕組みを見に行くことにしましょう。

（2）景気循環の仕組み

　景気は一定の期間で山谷を繰り返すとされ，着目する循環要素によりいくつかの景気循環説が提唱されています。よく知られているものが4説あり，それぞれ提唱者の名前にちなんで，キチンの波，ジュグラーの波，クズネッツの波，コンドラチェフの波と呼ばれています。以下，この順に説明しましょう。

①　キチンの波

　キチンの波は，在庫量の変動に伴う循環で，その期間は40ヶ月程度です。この間に，在庫量と出荷量で組み合わせた4つの場面を一通り巡るとされます。図表2-26にあるように，まず景気が後退期から回復し始めると，出荷量が増加し，これに伴って在庫が減少します。景気回復が本格化してくると，業界も在庫減少が景気回復に伴う販売好調のためであると気づき，さらなる販売好調を見越して在庫を積み上げます。その後，景気がピークアウトして後退し始めると，出荷量が減少します。在庫の増加は変わりませんが，販売好調を見越し

たかつての積極的な積上げとは異なります。そのうち，企業は景気後退をはっきりと認識し，売れない在庫を処分するなどして調整しますので在庫が減少します。

将来の景気を予想するには，在庫量と出荷量の公表データを図表2－26のような2軸の象限にプロットしていくと，弧を描くようなサイクルが顕れるので，その弧の延長線上を推測することによって行います。

② **ジュグラーの波**

ジュグラーの波は設備投資の変動に伴う循環で，その期間は7～10年程度です。この間に設備投資の増減が一巡りするわけですが，その巡り方に関しては，いくつかの説があります。代表的なものは，投資は金利の減少関数であるとするものです。これによれば，期待投資収益率が借入利子率を上回る場合に投資が実施される，つまり金利が低下すれば投資が増加するとするものですが，それ以外に，設備拡大需要の切り口で説明するものがあります。例えば，加速度原理や資本ストック調整原理は，生産量の増減に沿って必要な設備量が変化することに着目し，投資を，生産量を代替するGDPの増加関数として捉えています。加速度原理を具体的に数式で表すと下記のようになります（aは定数）。

投資＝a×（GDPの増加分）

資本ストック調整原理は，将来への期待形成値や設備生産能力などを調整係数として上記を修正したものです。

このほかに，企業の株式時価総額との関係に着目したものもあります。株式時価評価額が将来の収益期待を表すと考え，この値が固定資本の時価評価額を超える場合は，設備を増強する動機となるというわけです。両者の比率を提唱者の名にちなんで「トービンのq」といい，これが1を超えるなら設備投資増加，下回るなら抑制と予想することができます。

③　クズネッツの波

クズネッツの波は建設投資の変動に伴う循環です。その期間は15〜25年程度とされており，この期間の中にジュグラーの波が2回転しますから，設備投資の循環期間に比べて住宅や工場，商業施設などの建築物の耐用年数がおおむねジュグラーの波の期間の2倍に相当するということになります。したがって，2回転するジュグラーの波のうち，1回は建設需要と重なって大きくなり，15〜25年のスパンではより大きいクズネッツの波が形成されるというわけです。

建設投資の変動を測る指標としては，住宅着工件数などがあります。しかし，これが建設投資の全部を代表するわけではありませんから，これだけではこの波を予想することはできません。業界の動向など指標以外の材料も考慮して予想する必要があります。

また，周期がこれだけ長くなると，この間にさまざまなことが起こりえます。大震災が起こって，それまでの正常な波を狂わせるような大きな建設需要が突然発生することもあるほか，オリンピックの招致が成功して突然の建設ラッシュに見舞われる場合もそれまでの周期を狂わせることになります。紛争後の復興もあるでしょう。これらも踏まえて総合的に判断する必要があります。

④　コンドラチェフの波

最後に，コンドラチェフの波です。これは技術革新に伴う循環で，その期間は50年程度とされていますが，このような長期の周期においては，企業経営の

方針や戦略の変換もあるほか，1個の事業のライフタイムを超えてしまうため，企業経営のための為替リスク管理という本書の目的には活用が困難なので省略します。

（3）為替相場予想への利用

以上から，マクロ的景気要素でアプローチする貿易需要の予想では，「経済が活発になるほど輸入需要が増加し，輸入決済通貨への需要が高まって当該通貨が減価する。経済の活発さの予想には，景気循環理論が有効である」と，まとめることができます。

活発になるのが自国経済の場合は自国通貨が減価し，相手国の場合は相手国通貨が減価して自国通貨が増価します。

図表2-27は，これらの諸点を図示したものです。

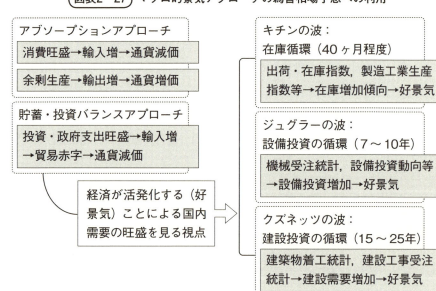

4 長期投資の予想

長期投資という国際収支の項目があるわけではありません。資本収支を構成する項目の中から，直接投資など長期にわたると考えられる投資項目を抽出したものです。具体的には，**図表2-28**に示した資本収支の内訳項目のうち，事業への永続的な投資などの直接投資や長期保有を目的として購入する長期債などが該当します。

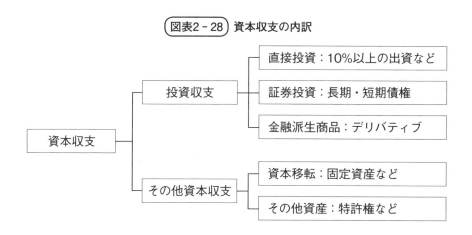

図表2-28 資本収支の内訳

1996年「IMF国際収支マニュアル第5版」に基づいて新しい国際収支表が導入される以前においては，長期と短期の区別があったため「長期資本収支」と「経常収支」を合わせて「基礎収支」と呼ぶこともありましたが，導入後は区別がなくなりました。長期債でも短期間に売買を繰り返す取引があって，これと本来の長期資本との区別が意味をなさなくなったからです。

(1) 長期投資に着目する意義

長期投資に着目する意義は2つあります。
1つは，為替相場との関わり方において他の資本収支項目と異なる点です。

そもそも資本収支は経常収支と異なり，円資金から外貨預金へ転換（以下，「円投」という）したものはいつか必ず円転して手仕舞いますから，最終的には為替需給は同額となって相場変動要因とはなりません。しかし長期投資は，何年もの間，為替の売買を手仕舞うことがないため，短期売買を繰り返す投機的な資本取引とは異なり，相当の期間にわたって売りっ放しや買いっ放しの片側通行の為替取引となります。この期間の内側ではしっかりと為替需給が傾き，相場変動要因となるのです。特に直接投資は，投資先の事業が生み出す事業収益やそこから得られる配当金，ときには海外ネットワーク展開など事業そのものを目的とした投資ですから，半永久的といえます。これが中長期為替相場予想で直接投資を取り上げる第1の理由です。

　着目する意義の第2は，所得収支との関係です。直接投資が時間をかけて積み上がってくると，そこから配当金などの果実が分配され，果実の収支である所得収支が増加するようになります。つまり，直接投資の動向は長期の資本収支を予想する材料になるとともに，一定の遅行性を伴って，所得収支を予想する材料にもなるのです。図表2－22「中長期為替相場予想方法の体系」で，所得収支と長期の資本収支を直接投資の予想で括っているのはそのためです。

（2）国際収支発展段階説の応用

　本節でこれまでみてきた国際収支決定理論は，主として財・サービス取引，つまり経常収支に関わるものでしたが，資本収支まで含み，しかも経常収支と資本収支を分けて説明しているのが，本章第3節で紹介した国際収支発展段階説です。簡単に復習すると，一国の国際収支は段階を追って発展し，経済成長の初期においては先行する投資を賄うため資本収支黒字・経常収支赤字だが，産業成長に伴って経常収支が黒転し，資本収支が赤字になる。やがて輸出力が減退し，対外債権を取り崩すようになると資本収支は再び黒字になるというものでした。

　この進行パターンを，主に資本収支に着目しながら，わが国を含む当事国の事情に当てはめ，第1に現状がどの段階に位置しているのか，そして第2に今

後どんな速さで次の段階や資本収支が変化する段階に移行していくのかを予想するのです。

（3）アセット・アプローチの応用

アセット・アプローチは主として短期の為替相場変動を説明するものですが，価値の保蔵という切り口から，長期においても一定の応用余地があります。

短期の投機的な資産選好の基準は期待運用益の多寡ですが，長期の場合は，運用益の多寡を決める長期金利もさることながら，安全に価値を保蔵できるか否かがより重要な判断基準になると考えられます。安全な価値保蔵を保証するものとしては，安定した経済成長や健全な財政バランスなどがありますが，こういった経済要因のほか，政治や外交，安全保障など経済外要因にも幅広く目を向けていかなければなりません。

（4）為替相場予想への利用

図表2－29は，為替相場予想への利用方法をまとめたものです。

図表2－29　長期投資予想の為替相場予想への利用

国際収支発展段階説の応用

> 国際収支統計（貿易収支・資本収支）
> →最近の推移から現在の発展段階位置を認知
> →過去推移のスピードから次の段階を予想

アセット・アプローチの応用

> 長期金利等運用利回り上昇
> → 期待運用益上昇→当該通貨への投資→当該通貨増価

> 安定した経済成長，健全な財政バランス，安全保障
> → 資産価値保蔵の安全度向上→当該通貨増価

アセット・アプローチでは，経済成長がその国の通貨を増価させますが，貿易需要の予想では，旺盛な内需による経済成長が，逆に輸入需要を促す結果，通貨が減価します。この点は，どちらの時間的射程距離が長いかで判断する必要があります。中期のスパンでは資産運用選好が効くが，いずれ貿易需要の効果がこれを凌駕するという具合です。

5 その他通貨の予想

その他通貨は，為替売買が市場で自由に行われない制限的な為替管理制度を採用している国の通貨または，規制は緩和されているが市場の厚みが不十分であるため，その通貨への需要を十分に吸収する供給がないなどの理由で売買取引が不自由な通貨として捉えることができます。

このような通貨の予想方法は，本章第3節で指摘したその他通貨への対応上の留意点から因果関係を辿って体系立てることができます。**図表2-27**はその例ですので，これに沿って説明しましょう。

（1）制限的為替管理制度採用通貨

まず，**図表2-30**上に①で示したケース，つまり，制限的為替管理制度を採用している国の通貨については，その制度を維持できるか否かを判断します。維持できるなら，為替相場はその制度が意図した方向へゆっくり変化するかあるいは一定変動範囲に収まるなど制度内の変動にとどまるはずですから，ボラティリティは小さいといえます。しかし，維持できそうにないと予想されるなら，為替相場決定理論の圧力に屈するため，為替自由通貨の予想に準じて予想する必要があります。

維持の可否判断の方法としては，国際金融のトリレンマを活用できます。トリレンマとは，為替相場の安定，金融政策の自立性確保，資本の自由な移動の3つを同時に満足することはできないというものでした。為替不自由通貨では，すでに為替相場の安定を選択しているので，残りの2つのうちどちらかを放棄

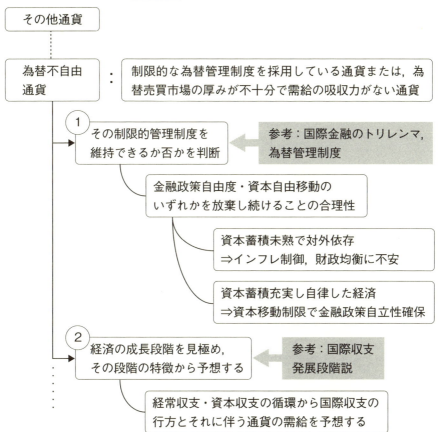

図表2－30　その他通貨予想の考え方

せざるを得ないことになります。

　その先は，既述のように事情はさまざまですが，ごく大雑把に，資本蓄積が未熟で対外依存度が高い場合と，資本蓄積が充実してある程度自律した経済を維持している場合に分けることができます。

　前者は，国内の資本蓄積が未熟なため，さまざまな投資優遇策で海外資本の導入を図ってこれを補っています。このような国で経済が過熱するとき，金利を高め誘導してインフレを抑制しようとしますが，為替相場が固定されている

ため資金回収時の減価の不安がないことから，海外からの資本が必要以上に流入して金利高め誘導効果を打ち消してしまいます。逆に，景気後退時期には金融を緩和しますが，為替による資金回収時の増価が期待できないことを嫌気する海外投資家は，一斉に資本を引き揚げて緩和効果を打ち消します。これを救済するために財政出動を余儀なくされますが，今度は財政均衡に不安を抱えることになってしまいます。1997年7月2日にタイバーツが売り込まれて発生したアジア金融危機は，こういった状況が背景にありました。

これに対し，ある程度自立した経済を維持しているケースでは，資本蓄積が進んでいるため，金融政策の自由度が必要な場合は，自由な資本移動を犠牲にすることも選択肢として可能ですから，前者のような事態に陥るリスクは低いのです。

この両国の違いを見極めるには，国際収支発展段階説がヒントになります。つまり，先行する投資を補うために海外資本に依存する経済成長の初期段階の国では，国際金融のトリレンマから，安定相場を維持する制限的為替管理制度を維持できなくなるリスクが高く，経常収支が黒転して経済成長が進んだ国では低いといった判定が可能なのです。

（2）外国為替市場の需給の吸収力がない通貨

次に，図表2-30上に②で示したケース，つまり，規制は緩和されているが市場の厚みが不十分な通貨については，国際収支発展段階説などを参考にしながら，その国の経済成長の段階を見極め，その段階の特徴から為替相場動向を読む方法があります。例えば，成熟債務国の段階にあるとみられるなら，輸出が振興されて自国通貨買いが増え，現段階では海外債務返済のために自国通貨売りが先行するがいずれ買いが勝って当該国通貨の増価につながる可能性がある，と予想するわけです。

ところで，その他通貨は背景にある事情が多様であるため，予想方法を特定することは困難です。図表2-30も下方に破線を伸ばして続く可能性を示唆しており，上記は一例に過ぎません。

6 為替相場予想方法のまとめ

　以上，図表2-22「中長期為替相場予想方法の体系」に基づき，関連する経済理論を根拠とした具体的な予想手法をみてきました。これらをもとの体系図に組み込み，必要な指標や材料を書き加えたのが，**図表2-31**「中長期為替相場予想方法のまとめ」です。最右列の指標や材料は，図表2-20「予想の基本」で示した2種類が混在していますから，実務ではこの点に注意する必要があります。例えば，景気循環論や国際収支発展段階説など一定のサイクルを伴って変化が繰り返される理論がある場合は，現状がどの段階にあるかを見極める作業が必要となってきます。他方，通貨供給量や消費動向，雇用状況など経済指標として発表されるものは発表時の話題性に一喜一憂せず，中長期の動向を見据えて傾向値を捉える姿勢が必要です。

　また，予想はあくまで企業経営の視点で行うことを忘れてはなりません。その視点とは，第1章で打ち立てた為替リスク管理の基本方針を貫くものです。基本方針によれば，短期のリスクはもっぱらリスクを排除する方法で対応するため，為替相場予想が求められるのは中期～長期のリスクにおいてでした。これに対して，為替差益を目的とした短期売買取引は同様に為替相場予想を必要とし，その手法は似ていますが，スタンスが異なります。

　短期売買取引は差益を目的として意図して為替持高を形成しますから，形成された持高は実需ではない取引によって手仕舞わなければなりません。手仕舞いに際してはピークを捉えて売り抜く，あるいは買い戻す必要があります。ピークとボトムの高低差で差益額が決まるからです。そのため，ピーク相場はいくらで，その時期はいつかを具体的に予想する必要があります。

　しかし，企業経営の視点では，異なります。もちろん，いつどんな相場になるのかを言い当てるに越したことはないのですが，必ずしもそうでなくともいいのです。為替相場変動が事業の行方に対し，無害でありさえすればいいからです。

図表2-31 中長期為替相場予想方法のまとめ

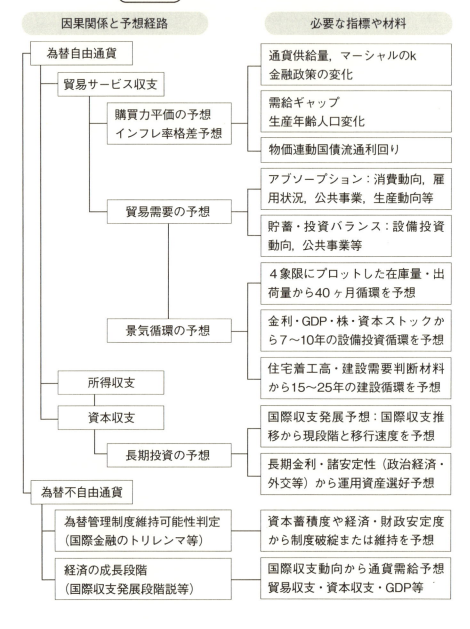

―第3章―

エクスポージャーの調整と操作の方法

リスク対応方法とエクスポージャーの調整
- リスク対応方法の為替リスクへの応用
- リスク対応方法別のエクスポージャー調整方法

為替リスクのヘッジ方法（外部ヘッジ）
- 先物為替予約
- 通貨オプション
- 通貨スワップ
- 通貨先物取引

為替リスクのヘッジ方法（内部ヘッジ）
- 外貨建債権・債務
- 自然ヘッジ

ヘッジ対応の留意点
- ヘッジ手法のまとめと留意点
- その他通貨への対応

第1章で打ち立てた為替リスク管理の基本方針を全うするために必要な2つの技術のうち，本章ではエクスポージャーを調整し操作する方法を説明します。

　既述のように，多くの場合，エクスポージャーは持高としてみることができますが，経済リスクなど必ずしも金額で表すことができないエクスポージャーもあります。

　また，エクスポージャー調整は，持高で表示された外貨建資産・負債の量を圧縮したり増加させたりする方法のほか，エクスポージャーの性質を変えることで顕れる被害を少なくする方法もあります。

　これら多様なエクポージャー調整のあり方を広い視野で捉えて実務水準に落とし込んでいくには，日本工業規格の「リスクマネジメント―原則及び指針」（JISQ31000）に示されているリスク対応方法がヒントになります。そこで，本章では，まず7つに分類されるリスク対応方法を紹介し，そのうえで，それらの対応方法を外国為替のケースに当てはめて，エクスポージャー調整の方法を検討していくことにします（第1節）。

　続く第2節および第3節では，上記の対応方法のうちでも実務上最も多用されるカバーとヘッジの方法について説明します。カバーとヘッジはその手法が多岐にわたっており，使い道もさまざまです。1つひとつそれに相応しい場面と利用方法があり，それを間違うと想定しない別のリスクを負うことにもなりかねません。

　個々の手法の説明にあたっては，その点についても言及し，最終節でそれをとりまとめて整理します。最終節では，併せてその他通貨のエクスポージャー調整についての留意点も紹介していきます。

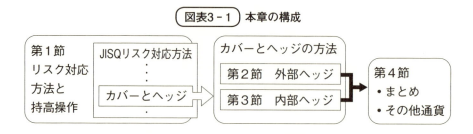

図表3-1　本章の構成

第3章　エクスポージャーの調整と操作の方法　**139**

| 第1節 | リスク対応方法とエクスポージャーの調整 |

この節のポイント

- JISQ31000のリスク対応方法は，リスクを増減させる方法の分類。
- リスク対応方法別に為替リスクを当てはめると，エクスポージャーの量を増減させたり，性質を変更してリスクを軽減させたりできる。

1 リスク対応方法の為替リスクへの応用

　日本工業規格の「リスクマネジメント―原則及び指針」（JISQ31000）は，リスク対応の方法として，「リスクの回避」，「リスクの共有」，「リスク源の除去」，「起こりやすさの変更」，「結果の変更」，「リスクの保有」，「リスクの増加」の7つを挙げています。**図表3-2**はその手法名と補足説明を一覧表にしたものですが，積極的にリスクをとっていく方法から，まったくとらない方法まで，リスクに向き合う多様な方針に応じた方法が，7種類の対応方法によって用意されています。

140

図表3-2 リスク対応の方法

対応方法	対応方法の説明	例
リスクの回避	リスクが生じる事業・活動を行わない。	信用リスクを避ける目的で，信用力が不足している企業の取引申し出を断る。
リスクの共有	他者に移転，または他者と痛み分ける。	新築した家に火災保険をかける。商品破損被害を販売者・購入者で折半する。
リスク源の除去	リスク発生源を取り去る。	台所の調理用ガスコンロをIH調理器に代えて火災原因の炎を使わない。
起こりやすさの変更	発生頻度を低減する。	リスク制御方法の社内周知。与信限度設定して貸倒の発生頻度を低減する。
結果の変更	発生しても小さい影響に食い止める。	停電に備えてパソコン入力データを保存する。同じリスク源が発生するメリットで被害を相殺する。
リスクの保有	何もせずリスクを受容する。	対策を講じることなく案件のリスクを受容する。
リスクの増加	機会を得る目的でリスクを取る。	高いリターンを追求して，あえて積極的にリスクを取りにいく。

　外国為替の場合，上記のリスク対応方法はどのように考えればいいのでしょうか。

　多くの場合，エクスポージャーは外国為替持高の金額を増減することで調整できますが，経済リスクなどでは外国為替持高として把握することが不可能な場合もあります。このような場合は，エクスポージャーの性質を変えるなどして，起こりやすさや結果を変更する対応が必要となってくるでしょう。また，第1章で打ち立てた為替リスク管理の基本方針によれば，管理スパンの長さやリスクの種類によって対応が異なります。このように，為替リスクの管理では，さまざまな対応が要求されますが，持高の加減で調整できない場合でも，多様な方法が用意されている「リスクマネジメント─原則及び指針」ならうまく応用できそうです。こうした点を踏まえながら，図表3-2で示したリスク対応

第3章　エクスポージャーの調整と操作の方法　**141**

図表3-3 外国為替の場合のリスク対応方法

対応方法	例	備考
リスクの回避	為替が関係する事業から撤退，または取引を行わない。	日常取引を除く中長期リスクに適用。
リスクの共有	先物為替予約，狭義のカバー取引など。	全リスクに対応可能。持高管理に適している。
リスク源の除去	取引通貨の邦貨建て化。物々交換など。	各リスクに適用できるが，リスク源の特定が困難。
起こりやすさの変更	管理ルールや注意喚起，変動の小さい通貨の選択など。	為替持高による管理不可。エクスポージャー性質変更。
結果の変更	想定被害の利幅上乗せ，狭義のヘッジ手法など。	被害吸収バッファと被害相殺（持高管理可能）の2種。
リスクの保有	短期外貨預金の潜在為替リスク（利息）を許容するなど。	各リスクに適用可能。リスク耐力がポイント。
リスクの増加	積極的な外貨建投資，投機など。	利益追求に軸足を置いたリスク対処。

方法ごとに為替リスクへの対応方法について**図表3-3**に整理しました。

2　リスク対応方法別のエクスポージャー調整方法

　図表3-3に基づき，個別にリスク対応方法の内容を確認しながら，エクスポージャー調整の方法を具体的に説明しましょう。

（1）リスクの回避

　リスク負担を一番小さくする対応方法が「リスクの回避」です。これはリスクが生じる事業や活動を行わない方法ですから，小さいというより「リスク負担がない」といったほうがいいかもしれません。リスクに対して一番消極的な

方法です。

　例えば"原子力は完全に制御できる原理ではなく，事故が起こった場合の被爆リスクが高いから原子力発電所は作らない"という場合や，"ある企業から新規に取引を開始したいという申し出があったが，調べてみると信用力が不足していることがわかり，信用リスクを避けるため，取引申し出そのものを断る"という場合です。新たに持ち上がった取引や事業を採択しないという場合もあれば，新たなリスクが発見されたため，それまで継続していた事業を取りやめるというケースもまた，「リスクの回避」に該当します。

　この方法をとるならリスクから完全に解放されます。しかしその一方，事業や取引から得られる収益も放棄してしまうというデメリットもあります。収益のない企業は考えられませんから，対象となる事業が会社の目的に関わる中心事業である場合は，とりにくい選択肢です。したがって，この方法を検討する場合は，これに代わる収益事業や取引候補がある場合ということになります。実際，取引先が1先しかない場合，多少の問題があってもこの取引先と付き合っていくしか生き残る術はありません。

　これを為替に応用するとどうなるでしょうか。為替リスク管理基本方針では，日常取引および短期の非日常取引についてはリスクを排除する方針で臨むとしました。リスクを排除するとは，リスクを取らずに取引は採択するという意味です。日常取引は企業の収益基盤となっているものであるため不採択は困難であること，非日常取引でも短期であればリスク排除手段が豊富にあるため為替リスクだけを理由に取引不採択とするのは合理的ではない，というのがその理由です。したがって，取引を採択しない「リスクの回避」は日常取引および短期の非日常取引には適用しません。

　対象となるのは，非日常の中長期リスクおよび潜在リスクと経済リスクです。例えば，普段取引のない先から建設期間5年の海外プラント輸出の案件が持ちかけられたが，先の見通しがつかない通貨での決済であったため不採択とするという場合や，海外現地法人の設立検討にあたり，当該国通貨の取引規制が強いことから安定配当が期待できないとして見送るケースです。

第3章　エクスポージャーの調整と操作の方法　　**143**

　特に，経済リスクは，為替相場変動が環境変化を通して間接的に事業全体に影響を及ぼすリスクですから，事業そのものの採択あるいは撤退という選択肢が用意できる，「リスクの回避」は経済リスクのエクスポージャー調整方法として有効です。

（2）リスクの共有

　次の「リスクの共有」とは，リスク負担を他者に移転したり分散したりして，自分の負担を軽減する方法です。自分に代わって移転先や分散先がそれを負担するわけですから，社会全体のリスク量に変化はなく，ただ持ちつ持たれつの状態になっているという意味で「共有」という表現を使っています（**図表3-4参照**）。「質量保存の法則」ならぬ「リスク量保存の法則」などという法則があるとしたら，この状況がそれに当たるでしょう。

①　リスク共有の例

　リスク共有の例として最もポピュラーなのが保険です。家を新築したら火災保険をかけるという行為は，保険契約者が火災に遭って家を失うかもしれないというリスクを保険会社に負ってもらうということで，リスクを共有しているわけです。実際に消失した場合は保険金で被害を埋め合わせることができます。

　また，商品の売買取引において，商品を購入者に搬送する途中に自然災害によってその商品が破損した場合は販売者と購入者の両方で損害を折半するという条項を売買契約書に盛り込むなら，それはリスクを両者でシェアしたことになり，これもリスクの共有に当たります。

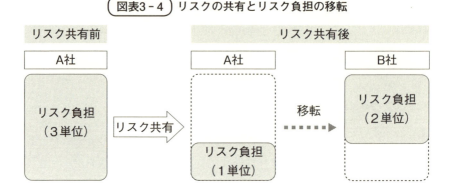

② 外国為替への応用

　リスクの共有はリスクだけを排除して取引は採択できる方法ですから，「リスクの回避」では対応できなかった日常取引や短期の非日常取引にも適用可能であるほか，中長期の非日常取引リスクや潜在リスクに対しても有効です。また，経済リスクのように間接的に影響を受けるものについても，想定される影響をあらかじめ特定して関係者間で負担し合うよう申し合わせることによって適用可能です。

　この対応方法には，先物為替予約など多くの手法が用意されています。その手法を利用することにより，経済リスクを除く各リスクについては，いずれも持高による合理的な管理が可能です。

　つまり，リスクの発生は持高を加算し，リスクの共有で対処した金額は持高から差し引くなど，算術的なエクスポージャー調整ができるのです。このため，リスクの共有は為替リスク管理では最もわかりやすいリスク対応方法といえます。

　具体的な手法としては，先物為替予約のほか，クーポン・スワップなど市場や第三者にリスク負担を転嫁するものが一般的ですが，詳しくは第2節で説明しましょう。

（3）リスク源の除去

　「リスク源の除去」は，リスクの発生原因を取り除くことです。取り除くためには，リスク発生の源となる原因を突き止めなければなりません。前述の「リスク共有」では，被害を補填したり痛み分けしたりする方法ですから，どんな被害が起こるのかを想定すればよかったわけです。また，既述した「リスクの回避」では，想定被害や発生原因もろとも，大雑把に切除してしまう方法ですから，これも原因を突き止める必要はありませんでした。ところが，「リスク源の除去」では，想定される被害の派生経路を正確に辿ってピンポイントで病原菌だけを取り除く必要がありますから簡単ではありません。原因を可能な限り絞り込んで，除去部分を小さくするのがコツです。大きく除去すると，別の好ましい可能性まで失ってしまうことがあるからです。

　例えば，火災の原因が台所のコンロにあると突き止めたのでコンロを取り除くことにしたとしましょう。この場合は家庭で料理を楽しむという好ましい可能性まで放棄することになります。そこで，さらに原因を絞り込むと，料理に必要な程度の熱には罪はなく，コンロが放つ炎が犯人であることに気づきます。これを受けた対策として，炎が出ないIH（Induction Heating）調理器に代える方法が考えられます。

　為替リスクの場合，リスク源は，相場が変動する通貨あるいは相場変動そのものです。どのように除去すればいいのでしょう。**図表3−5**に考えられる方法を3つ列挙しました。

図表3-5 リスク源除去方法の検討案と問題点

リスク源	リスク源の除去方法	問題点
対円相場変動	取引の円建て化	先方に為替リスク負担が移り，取引条件などで交渉が必要となる。
異種通貨介入	物々交換 （バーター取引）	交換対象とする財・サービスの価値を同等にするのは困難。
相場変動自身	固定相場制の通貨で決済する。	固定相場制は維持コスト高く，継続性に問題あり。
⋮	⋮	⋮

　まず，決済の円建て化です。しかし，序章で紹介したように，円建て化は別のリスクを発生させることになりかねません。というのは，当方のリスク源が除去できても，取引の相手方にリスク源が残るからです。

　では，通貨そのものを取引から除去するならどうでしょうか。いわゆる物々交換といわれる方法です。うまい方法ではありますが，実際には交換する商品へのニーズがマッチするかどうかや価値を同等にしなければ成立しないなどの制約があって，現実的ではありません。

　それでは，相場変動を除去する方法はあるでしょうか。これは，固定相場制を適用している通貨を使う方法です。しかし，第2章でみてきたように，制限的為替管理制度を採用する国がそれを維持できなくなるリスクがあるほか，そのような通貨は売買規制が強いため最終的に自国通貨への転換ができないことも考えられます。

　結局のところ，外国為替の場合は，「リスク源の除去」は難しいといわざるを得ません。

（4）起こりやすさの変更，結果の変更

　除去に至らずともなんとか工夫を試みるのが次の2つです。

まず「起こりやすさの変更」とは，発生頻度を低減することです。頻度を低減する方法を極限まで高めて発生させなくする方法が「リスク源の除去」ですが，リスク源を小さくしたり発生経路に働きかけたりして，リスクが顕現化しにくくするのがこの方法です。

例えば，リスクを制御する方法を組織内に周知したり注意を喚起したりして業務上のミスを防ぐ方法は，リスク源を取り除くわけではありませんが，リスク源を小さくする効果があります。また，信用力を点数化して一定点数に満たない企業との取引は採択しないルールを制定するというのも，売掛金回収事故の発生頻度を低減するという意味では「起こりやすさの変更（低減）」です。

工夫の試みの第2は「結果の変更」です。発生頻度を低減する方法は発生原因や発生経路という途中段階における工夫ですが，これに対して，発生して結果が出てしまった段階で，その被害や影響を最小限に食い止める工夫を施すのが「結果の変更」です。

例えば，災害が起こった場合の避難経路を定めたルールなどです。また，瞬間停電によって入力作業中のパソコンの電源が突然落ちて，それまで入力していたデータが失われても，すぐに復旧できるように頻繁にデータを保存しておくことも「結果の変更」です。同じリスク源から発生するメリットによって被害を相殺したり中和したりするというのも，起こってしまった被害をそれがなかったかのように変更するという意味で「結果の変更」といえます。

① 為替リスクでの「起こりやすさの変更」

為替リスクの場合，リスク源を除去するのは困難でしたが，これを小さくしたり分散したりする方法や，発生経路の途中でそれ以上の進行を防ぐ方法などによって被害を和らげることは可能です。

リスク源を小さくする方法としては，ボラティリティの低い通貨を取引決済通貨として採用するなどがあります。相場の変動そのものがリスク源ですから，変動の小さい通貨を使うことでリスク源が小さくなるのです。相場変動に関しては，相場動向を予想してその方向に沿った取引を優先的に採択する方法も有

効です。

　また，外国為替取引に従事する関係者への管理ルール周知や注意喚起も，発生頻度を低減する効果があります。具体的なものとして，一定限度の為替差損が発生したら，その場ですべての持高を解消しなければならないなどと定める，いわゆるロスカット・ルールがあります。これは発生経路の途中でそれ以上の進行を防ぐ効果を狙ったものです。

　ところで，発生頻度の低減効果は，持高の増減として把握することができません。持高は，すでに発生しているリスクの量を測るものだからです。発生頻度低減の結果発生した個々のリスク，つまり上記のロスカット・ルールの例では，ロスを生む外貨建資産・負債の差額は持高に表れますが，それがルールを遵守した結果か否かは判定不能です。また，相場変動の少ない通貨と大きい通貨の持高は同じでも，発生する為替差損益は異なるはずです。ボラティリティが異なるからです。

　このように，持高の増減として把握できないものとしては，他に経済リスクがありますが，「起こりやすさの変更」は経済リスクへの対応にも有効です。事業そのものの性質を為替リスクに対して耐性の強いものに改善するわけです。

　「起こりやすさの変更」はエクスポージャーの量を直接調節するのではなく，エクスポージャーの性質を善玉に変える方法であるといえます（図表3-6参照）。

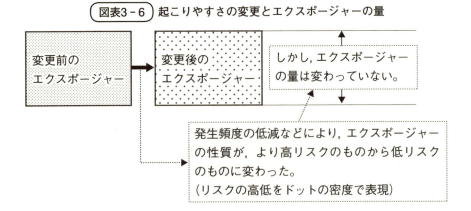

図表3-6　起こりやすさの変更とエクスポージャーの量

② 為替リスクでの「結果の変更」

　為替リスクでは，発生してしまった為替差損が「結果」ですから，これをどうするかを考えなければなりません。為替差損が発生しても影響がない方法を検討するのです。これには2種類あります。

　まず，為替差損を吸収するバッファを用意しておき，いざ差損が発生したらそのバッファで補う方法です。具体的には，米ドル建輸出取引で代金回収までの期間に為替レートが110円から最大107円まで円高になるおそれがある場合に，想定為替差損分の2.7%（≒（110.00 − 107.00）÷110.00）を輸出価格に上乗せするのです。ただ，この方法では価格競争力を失うというデメリットがあるため，適用範囲は限定的になると考えられます。なお，この方法は持高による管理ができません。バッファを用意するしないにかかわらず持高は変わらないからです。

　次に，想定される為替差損を同じリスク源から生ずる為替差益で相殺する方法です。例えば，輸出取引では外貨建売掛金という外貨建資産が計上されますが，同時に外貨建負債を作っておけば，円高になって資産が目減りして為替差損が発生しても，負債も目減りし，負債の目減りは為替差益を生みますので両者を相殺できるという仕組みです。この方法はヘッジと呼ばれます。ヘッジは市場や第三者を相手に契約することもできます。なお，この方法は外貨建資産・負債の差額でヘッジ効果を測ることができますから，持高の増減で把握することが可能です。

③ カバーとヘッジの違い

　さて，ここで「リスクの共有」でも市場や第三者にリスク負担を転嫁する契約を結ぶ方法が出てきたことを思い出してください。実は，リスクの共有を目的としたこれらの契約はカバーと呼ばれています。ヘッジとカバーは両方とも市場や第三者を巻き込んで自分のエクスポージャーを減らすことでは同じですが，厳密には区別されます（**図表3−7**参照）。

　カバーとは，為替レート変動による不都合を他者に負ってもらうことによっ

図表3-7 カバーとヘッジ

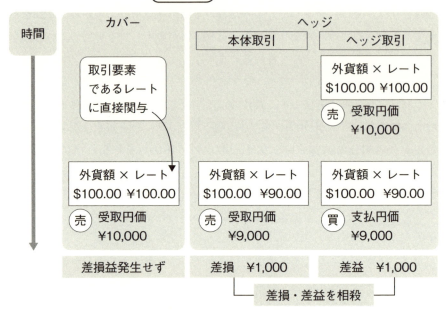

- 売 買 は，それぞれ外貨売り取引，外貨買い取引を表わす。
- 実勢レートが¥100.00 から¥90.00 に変化したとする。
- 単純化のため，直先スプレッドは考慮しない。
- カバーでは，取引要素であるレートに直接関与して，これを¥100.00 に固定するから，本体取引とレート固定化作用が一体化している。
- ヘッジでは，本体取引の為替差損は実勢に任せて計上させ，別途行うヘッジ取引で得た差益でこれを相殺する。

て，為替レートを固定する効果を得る方法です。不都合を他者に請け負ってもらう方法ですから，請け負う契約を締結しなければなりません。そして，その契約は為替変換を行う時に同時に履行されますので，両者は一体です。例えば，外貨定期預金の満期に合わせて，外貨を円に転換する際の換算レートを固定する先物為替予約を締結する場合，満期に円転する取引と円転に際して予約レートを適用する取引は同時に一体となって実行されます。

これに対して，ヘッジとは，ヘッジの対象となる為替取引とは別に，為替相場変動の影響がヘッジ対象為替取引とは反対となる取引（ヘッジ取引）を並行

して行う方法です。こうすることで，ヘッジ対象為替取引で損失が発生しても，他方のヘッジ取引で利益が得られるため為替リスクから逃れることができるわけです。例えば，輸出代金を外貨で受け取る売掛金を持つ企業が外貨建ての買掛金を併せ持つ場合，外貨が減価したときに円換算の売掛金は目減りしても，一方の買掛金も円換算額では減価しているので損と得が打ち消し合うという効果を得ることができます。この場合，輸出と輸入は，別個の取引であり，カバーのように一組の一体化した取引ではありません。

　カバーもヘッジもエクスポージャーを圧縮するという目的は同じなので，一般には両者を区別することなく，ヘッジと呼ぶ場合が多いようですが，カバーは自社内処理が不可能であるのに対し，ヘッジは自社内処理の方法もあるという点で大きく違います。企業経営においては，内部で対処できる方法のほうが有利です。相手との交渉や仲介者の手数料などを省けるからです。

　本書では両者を総称してヘッジと呼ぶことにし，特に言い分ける必要があるときのみカバーという用語を使うこととします。

（5）リスクの保有，リスクの増加

　さて，以上はリスクを低減する，またはリスクから起こる被害を小さくする対応方法でしたが，次の2つは減らさないという意味で少し趣を異にします。

　まず，「リスクの保有」です。これは案件に伴うリスクへの対策を行わずに，被害や損失を受容する方法です。被害が起こっても復旧する費用を賄うための十分な蓄積がある場合には，ない場合に比べてリスクを保有する耐力があります。また，蓄積がなくても他に高収益案件から期待できる収入で被害を十分埋めることができる場合は，その案件についてリスクを保有することがあります。自分のリスク耐力の範囲に収まるような比較的小さなリスクやリスク以上のメリットをもたらす可能性が高いものについては，そのままリスクを受容するのです。

　最後の「リスクの増加」は，保有するだけでなく，こちらから収益を求めて積極的にリスクを取りにいく場合です。当然，リスクだけを増加させることを

「リスクの増加」とはいいません。必ず増加するリスクに見合った，あるいは
それ以上のメリットが期待できる場合に限られます。いわゆる「虎穴に入らず
んば虎子を得ず」という考え方です。

①　為替リスクでの「リスクの保有」

　為替リスクでの「リスクの保有」は，想定される為替差損が自社のリスク耐
力の範囲に収まることを確認したうえで，なにもリスク対策をとらない方法で
す。この場合，リスク耐力とは為替差損を吸収できるバッファを指しますが，
さきに説明した「結果の変更」におけるバッファと同じではありません。「結
果の変更」におけるバッファは，その案件で想定為替差損を当該案件の売価に
上乗せする方法ですから，同一案件内での対処です。それに対して「リスクの
保有」におけるそれは，案件内で処理せず，全社の年度収益や株主資本の部に
蓄えられた利益剰余金を費消する，いわばドンブリ勘定での対応なのです。

②　為替リスクでの「リスクの増加」

　最後に残った「リスクの増加」はリスクを受容するだけでなく，積極的な外
貨建投資や投機行為など，利益を得る目的で，あえてリスクを取りにいくもの
です。リスクの量に比べて大きな成果が期待できる案件に為替リスクが伴うと
きに，成果追求の目的で積極的に為替リスクを取る場合，例えば，販売市場の
広大な発展途上国があるとき，通貨が不安定で大きな為替リスクを伴いますが，
広大な消費市場を目当てに進出を決めるなどです。また，為替差益そのものが
目的ある場合に形成する持高も同時に為替リスクの増加を伴います。

　さて，為替リスク管理とは，ボラティリティを見極めてエクスポージャーを
調整することであると定義し，このうち後段の「エクスポージャー調整」につ
いて，JISQ31000によるリスク対応方法分類を発想のヒントにしながら，具体
的調整方法を検討してきました。

　ボラティリティが高い，または見極めが効かない場合はエクスポージャーを

圧縮し，その逆の場合はむしろ積極的に増幅するというように，状況に応じて相応しいリスク対応方法を選択することができます。調整後のエクスポージャーがどうなるか，おおむね圧縮方向から順に増幅方向に向けてリスク対応方法を並べたのが**図表3-8**です。第1章で示した図表1-30「企業経営における為替リスク管理の基本方針」とあわせ，相場予想の水準に沿ったエクスポージャー調整の参考にしてください。

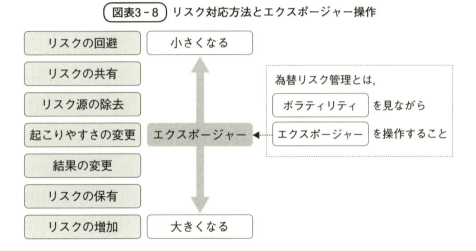

図表3-8　リスク対応方法とエクスポージャー操作

第2節 為替リスクのヘッジ方法（外部ヘッジ）

この節のポイント

● 外部ヘッジは，市場等第三者との契約で行うヘッジ。
● 為替先物予約は一般的なヘッジ手法として理解しやすく管理しやすい。
● 各手法には強みと弱みがあり，長期取引に適するもの，日常取引に適するものなどさまざま。

　第1節でみたリスク対応方法のさまざまな手法のうち，最も多用されているのは，「リスクの共有」と「結果の変更」で説明したヘッジです。ヘッジは，第三者との契約で行う「外部ヘッジ」と，自社内で行う「内部ヘッジ」に分類することができます。このうち，本節では，外部ヘッジについてみていきます。

1 先物為替予約

　先物為替予約とは，将来の為替売買取引を現時点で契約することです。契約では，金額と売買実行日，それに為替換算レートの各項目を取引条件として決めておかなければなりません。通常，一般の企業が先物為替予約を締結する相手方は金融機関です。

　金融機関は仕入値に一定のマージンを乗せて企業に小売りするわけですが，このときの仕入値は銀行間市場で取引されている，直物為替とスワップのレートを組み合わせて作る先物為替レートです。直物為替やスワップのレートの決まり方，先物為替レートを作る時の両者の組み合わせ方については，第2章第1節③（3）「先物為替相場の計算」に詳しく述べましたから参照してください。**図表3-9**は，米ドルの対円売り予約の仕組みです。対顧客レートに含まれる銀行のマージンは企業の銀行に対する交渉上の立場によって異なります。

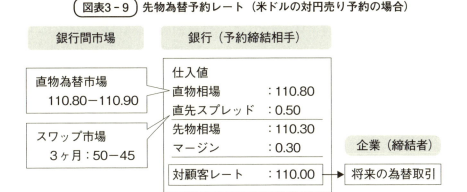

① 銀行間市場でのレートは，直物為替レートがビッド110.80・オファー110.90，3ヶ月スワップ（直先スプレッド）50－45のとき，企業から，3ヶ月先の米ドル売り予約（輸出予約）の問い合わせがあったとする。
② 銀行は銀行間市場から直物レート110.80円とスワップレート0.50円の呈示を受け，対顧客先物為替レート110.00円を算出して企業に呈示する（輸出予約の場合は，先物相場からマージン0.30円を差し引いて算出）。
③ 企業は呈示されたレート110.00円に応じるなら契約を締結し，銀行は銀行間市場で反対取引を行ってカバーする。

（1）先物為替相場の乖離部分で陥る罠

　直物相場からの乖離分である直先スプレッドは，先物為替予約締結に際して認識しておかなければならない差損益部分です。図表3－9の例では，米ドルが円より金利が高いため，直物相場より先物相場が円高になっています。このとき，仮に現時点から3ヶ月の間，実勢相場が安定して動かなかった場合，予約締結していなければ輸出代金は110.50円（＝110.80－0.30）で円転できていたはずです。むろん，市場が安定していて相場変動がないと確信していれば，実勢相場のほうが得ですから予約を締結しないという選択肢もあります。ならば，0.50円の差損は為替リスクを他者に請け負ってもらう手数料なのでしょうか。そうではありません。それは同じ条件で買い予約を締結する場合を考えてみるとわかります。

　3ヶ月先の米ドル買い予約（輸入予約）レートは110.75円（直物オファー

110.90円から直先スプレッド0.45円を減算してマージン0.30円を加算）です。仮に実勢相場が変動しない場合で予約締結をしていなければ，輸入代金として手元円資金を111.20円（＝110.90＋0.30）で米ドルに転換しなければならず，予約したほうが0.45円の差益を得ることができます。利益を手数料とはいいません。

実は，この差損益は，ヘッジの手数料ではなく，邦貨と外貨の運用益の差と捉えるべきなのです。そのからくりを**図表3－10**によって説明しましょう。

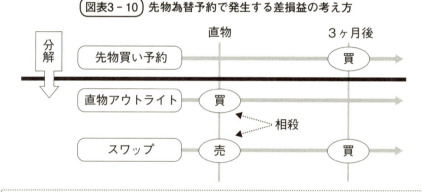

図表3－10　先物為替予約で発生する差損益の考え方

① 3ヶ月先の米ドル買い（輸入）予約は，直物アウトライトとスワップに分解できる。
② 買った米ドルをスワップによって，円資金に転換して保有することを意味する。
③ 保有している円資金は，預金等の資金運用によって運用益を得ることができる。
④ しかし，本来できていたはずの米ドル建運用の利益より小さい。
⑤ その不利益が，得な先物為替レートによって還元される。

まず，先物為替予約は直物アウトライト取引とスワップ取引に分解することができます。前者は直物で米ドルを買うもので，後者は今買った米ドルをすぐに売って円に換え，3ヶ月後に再び米ドルを買い戻す取引です。この間，円資金を保有しているわけですが，この円資金を預金などの形で運用すると運用益を得ることができます。ところが，スワップ取引をせず，直物で買った米ドルをそのまま米ドル建てで運用していたとしたらどうでしょう。その場合の運用益は，円建運用益より大きかったはずです。米ドルが円に対してディスカウン

トになっており，米金利が円金利より高いからです。しかし，運用益が小さいという不利益はそのままでは終わりません。先物相場が低いため，円換算した輸入決済代金が小さくなるという利益で還元されるのです。したがって，有利なレートで予約できるのは，別のところで不利益を被っているからだと捉えるべきです。

しかし，これらの議論は直感的には受け入れにくい理屈です。実際，予約締結時に米ドル資金を手にするわけではなく，米ドル運用を貸借対照表の投資勘定などで経理することもないからです。それでも，先物予約レートと直物レートとの差は実態的な差損益となって顕れてしまう以上，企業経営上はなんとか対応しなければなりません。すなわち，輸入では外貨建買掛金に金利負担が発生していることを認識し，輸出では運用は先方，つまり輸入者側で行われているわけですから，その利益を輸出価格に反映させる交渉をしたり，安易なクレジット供与を避けたりすることなどの手配が必要です。

少なくとも，輸出輸入どちらにせよ，先物為替予約のレート乖離部分は，対処困難な費用や「棚からボタ餅」式の差益ではないということを銘記すべきです。これを忘れると，輸入者が「棚からボタ餅」を求めて際限なき長期先物為替予約に走るという事態が起こります。これはよく輸入者が陥る罠ですから，気をつけなければなりません。

（2）先物為替予約利用上の留意点

先物為替予約は，締結に際していくつかの留意点があります。

① 受渡期間

まず，売買実行日（受渡日という）の決め方です。米ドル建輸出代金を受け取る時期が何月何日というように決まっている場合は，受渡日が何月何日の予約を締結することができますが，ある期間内には受渡しできるがその期間内の何月何日かは未定であるという場合は，その期間を受渡期間として締結することも可能です。しかし，これを安易に使うことは避けるべきです。

例えば、3月31日に、受渡期間を6月1日から30日に設定した予約を締結する方法です。図表3-11では、縦軸にレート、横軸に期間をとっています。ディスカウント通貨の場合、直先スプレッドは右肩下がりの曲線で表すことができますから、6月1日のレートは6月30日のレートに対して約11銭もの開きがあり、むしろ5月31日のレートに近いといえます。しかし、この期間の先物為替予約レートは110.08円を仕入コストとして計算されます。

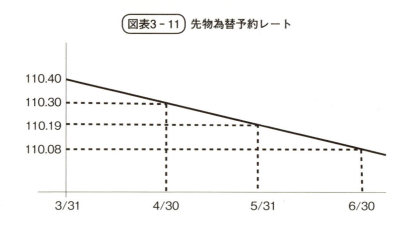

図表3-11　先物為替予約レート

　仮に6月1日に入金された場合、予約レートを使ってすぐ円に変換してしまうと、11銭近い不利益が発生します。これを円建預金等で6月30日まで運用するのと、円への変換を6月30日まで待って、その間米ドルで運用するのでは、後者のほうが有利です。金利平価により、ディスカウント通貨である米ドルのほうが高金利であるはずだからです。
　受渡日に幅を持たせる方法を使う場合には工夫が必要です。

②　為替先物予約のキャンセル

　留意点の第2は、キャンセルできない点です。例えば、外貨建見積価格を呈示する場合、その価格で成約に至る可能性がありますから、価格算出に使った為替レートで予約締結しておくのが安全です。しかし採択されなかった場合は

予約だけが宙に浮いてしまう可能性もありますから，この段階で予約締結に踏み切るのは困難です。このことは，ヘッジ手段を選択するときの基準として覚えておく必要があります。

③　機会費用の発生

　第3は，換算レートを固定してしまうことによって発生する機会費用です。先物為替予約によって，換算レートを固定するので差損は発生しませんが，差益も発生しなくなります。この得べかりし利益が機会費用です。具体的には，あるレートで米ドル輸出予約を締結したが，実際の受渡日の実勢相場はもっと円安になっていたという場合がそれに当たります。予約締結していなければこの円安メリットを享受できていたのに，それを逸したわけですから未練が残ります。しかし，それを知ったうえで，次のような覚悟が必要です。すなわち，先物予約の目的が為替リスクを他者へ移転することにあり，為替差損益に惑わされず本業専念するという企業経営方針の立場からは，これは逸して当然であるとする覚悟です。

　以上，留意点を3つ列挙しましたが，実はこのうち第2と第3については救済策があります。それは，包括ヘッジ予約の手法を使うことです。

（3）包括ヘッジ予約

　包括ヘッジ予約は，東京銀行（現三菱東京UFJ銀行）出身の大塚順次郎氏が考案したヘッジ手法です。その方法とは，実需取引はその時の実勢相場を使うかたわら，別に定める固定受渡日で同額の先物為替予約を締結し，これを清算したときの差益（損）で実需取引の為替差損（益）を埋める（帳消しする）手法です。通常はカバーとして使う先物為替予約を複数組み合わせることで，先物市場（後述）のヘッジ効果を得ようとするものであるといえます。

①　手順と特徴

　図表3-12は，通常の予約と包括ヘッジ予約の手順例を示したものです。通

160

（図表3-12）通常予約と包括ヘッジ予約の違い

【通常の予約と包括ヘッジ予約の手順比較】（　　）内は適用レート

時期	予約もヘッジもしない実需取引	通常の予約（実需取引と一体）	包括ヘッジ予約（実需取引とは別）
4月	A販売契約締結 US$100.00 代金回収日＝6月	A販売契約締結 US$100.00 6月渡し売り予約締結 US$100.00（110.90）	9月渡し売り予約締結 US$100.00（110.75）
5月	B販売契約締結 US$100.00 代金回収日＝7月	B販売契約締結 US$100.00 7月渡し売り予約締結 US$100.00（110.70）	9月渡し売り予約締結 US$100.00（110.60）
6月	A代金を円転 ¥11,060（110.60）	A代金を予約で円転 ¥11,090（110.90）	9月渡し買い予約締結 US$100.00（110.45）
7月	B代金を円転 ¥11,040（110.40）	B代金を予約で円転 ¥11,070（110.70）	9月渡し買い予約締結 US$100.00（110.30）
9月			9月渡し予約を清算 （110.75＋110.60－ 110.45－110.30）× US$100.00＝¥60
円価計	¥22,100	¥22,160	¥60

【各時期の実勢相場および，その時点までの直先スプレッド】　スプレッド単位：銭

時期	4月	5月	6月	7月	8月	9月
その時期の実勢相場（円）	111.00	110.80	110.60	110.40	110.20	110.00
5月までの直先スプレッド	5					
6月までの直先スプレッド	10	5				
7月までの直先スプレッド	15	10	5			
8月までの直先スプレッド	20	15	10	5		
9月までの直先スプレッド	25	20	15	10	5	

大塚順次郎『為替リスク対策のすべて』（東洋経済新報社）に掲載された図をもとに筆者が作成。

常の予約では，A販売とB販売を個々に予約し，それぞれの代金回収日に予約レートで円転していますが，包括ヘッジ予約では，いずれも受渡日を9月に揃えて予約を締結し，すべてが終わってから予約を清算，清算益で実需取引の損を埋めていることがわかります。

包括ヘッジ予約の特徴は，都度締結する予約を包括して管理するプールの中身を変更していくことで，ヘッジ効果を変更することができる点にあります。例えば，不要になった予約の反対予約を追加締結することで相殺するなどです。

②　包括ヘッジの活用

実はこれを利用して，さきに示した先物為替予約の留意点を救済することができます。

具体的には，A販売案件の見積段階で予約を締結したのに，成約しなかったために宙に浮いてしまった予約は，反対予約を追加締結することによって，若干のレート誤差が生じるものの，被害を大きくする前に当初予約を打ち消すことができます。これは，既述の先物為替予約の第2の留意点の解決策になります。また，成約した場合でも今後円安になると確信する場合は，同様の方法で円安メリットが機会費用となることを回避できます。これは第3の留意点への対処です。

ただし，このように予約の締結数を増やしていくと，管理が複雑になるほか，締結の都度かかるマージンが収益を圧迫することになりますから，注意しなければなりません。

（4）先物為替予約利用上の心得

以上の先物為替予約の為替リスク管理への活かし方と特徴を企業経営の視点から捉えると，以下のようにまとめることができます。

① 　先物為替予約は，発生が確定している短期取引で金額と決済時期が決まっている為替リスクのヘッジに有効である。

② 　確実でシンプルな手法なので身近で使いやすいが，機会費用の発生，直

先スプレッドの解釈などにおいていくつかの留意点がある。

③　包括ヘッジ予約は，これらの留意点に対処できるヘッジ手段であるが，取引コストの面で注意が必要である。

2　通貨オプション

通貨オプションとは，ある通貨を事前に決めた相場（行使価格）で，一定の期間内（あるいは期日）に，買う権利（コール・オプション）または売る権利（プット・オプション）のことです。通貨オプション市場では，その権利を買ったり売ったりする取引が行われます。ここに，権利種別と権利売買の別により4種類の立場の人が登場しますが，よく整理しないと混乱しそうになるので，**図表3-13**のようにまとめました。以下ではこの図表3-13の各立場（A，B，C，D）に対応させて説明します。

図表3-13　オプション取引

	権利を買った人 （権利を持つ） オプション料 を支払う	権利を売った人 （義務を負う） オプション料 を受け取る
買う権利 （コール・オプション）	買える（A）	売らされる（C）
売る権利 （プット・オプション）	売れる（B）	買わされる（D）

（1）通貨オプションの仕組み

米ドルを110円で買う権利を買った人（A）は，実勢相場がいくらになろうと110円で買うことができます。買う相手，つまり売り手（C）はこのオプショ

ンを売った人です。彼は実勢相場がいくらになろうと110円で売らなければなりません。また，権利を買った人は，この権利を放棄する選択肢を持っています。実勢相場が105円にまで下がった場合は110円で買う権利を放棄して，一般の市場において105円で買うことも可能なのです。オプションの最大のメリットはこの点にあり，先物為替予約と大きく異なる点でもあります。一方の権利を売った人は，義務を勝手に放棄することはできず，権利者が買う権利を放棄したときにはじめてその義務から逃れることができる仕組みです。売った人は不利に見えますが，見返りにオプション料を手に入れることができます。

　米ドルを110円で売る権利を買った人（B）は，実勢相場がいくら下がろうと，110円で売ることができ，この権利を売った人（D）は110円で買わなければなりません。この場合も，Bは売る権利を放棄することができます。実勢相場が110円より高くなった場合です。

　図表3－14は，行使期間（期日）の市場相場の状況によって適用相場や損益がどう変化するかを示した図です。例えば，コール・オプションの買い（左上図）では，期日の市場相場が行使価格より低い場合は適用価格も市場相場に応じて低くなり，そのときは市場相場と適用相場の乖離幅でみる損益はゼロです（オプション料を考慮しないとして）（左下図）。また，市場相場が行使価格を超えていくら高くなっても，適用相場は行使価格のまま変わりません。市場相場が高くなればなるほど，市場相場を使った場合に比べた利益は増価します。したがって，左下図の屈折点から右の損益線は右肩上がりで表示されています。

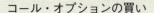

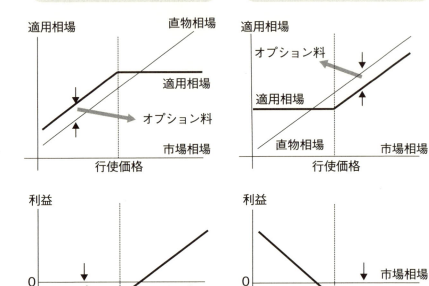

(2) オプションの活用

　その権利が不要になったときに放棄することができるというオプションの性質を使うと、先物為替予約の項目で述べた第2と第3の留意点への対策としても利用することができます。

　第2の留意点とは、先物為替予約がキャンセルできないという点でした。例えば、成約未定の見積輸出価格呈示のケースでは、失注となった場合に予約だけが残ってしまいます。このようなときには、見積輸出価格算出の前提となった為替相場の水準でプット・オプションを買っておくことで対処できます。失

注した場合は，これを放棄すればよいのです。

　第3の留意点とは，換算レートを固定してしまうことによる機会費用の発生でした。例えば，110円で米ドル輸出（米ドル売り）予約を締結した後，予想以上に円安が進行して仮に115円になった場合，先物予約はキャンセルできないので，110円で円転せざるを得ません。みすみす5円分の差益を逃してしまうわけです。この場合も，予約ではなく，プット・オプションでヘッジしておけば，これを放棄することによって実勢相場の115で円転することができ，機会費用の発生を回避することができます。

（3）ゼロコスト・オプション

　上記のように，オプションは，先物為替予約の弱点を補う魅力的な金融手法ですが，魅力に見合った高いオプション料を要求されます。ゼロコスト・オプションとは，オプションを複数組み合わせることによって，オプション料を節約する方法です。具体的には，オプションの買いと売りを組み合わせて，「買い」では支払うオプション料を「売り」で取り戻すのです。米ドル建輸入取引の例で説明しましょう。

① ゼロコスト・オプションの仕組み

　輸入者は米ドルの買い需要を持ち，想定以上の円安に備えたいと考えますので，コール・オプションを買います。仮にこのオプションの行使価格が115円なら，市場相場がこの水準を超えて円安になっても115円で買う権利を行使することができるので安心です。しかし，このままではオプション料を支払わなければなりません。そこで，同時に105円で米ドルを売る権利を売ります。権利を売るのでオプション料が手に入りますから，前述のオプション料支払と相殺してゼロコストとなります（同額で相殺できるかは市場の水準によります）。一方，このプット・オプションの売りにより，市場相場が105円より円高になった場合は105円で買う義務を負います。輸入代金を手当てしなければならない輸入者にとっては，どうせ買わなければならない米ドルなので，そこは無

害です。その代わり、この義務がなければ円高で得るはずの利益を放棄することになります。機会費用が発生するわけです（**図表3－15参照**）。

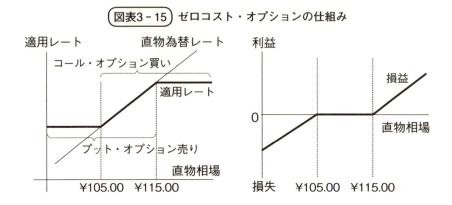

図表3－15　ゼロコスト・オプションの仕組み

　これを現象面で捉えると、105円から115円までの間はともかく、そのレンジ以上でも以下でも行使価格で権利を行使するかまたは行使されるということになります。市場相場がどんなに変動しても、結局レンジ内相場で米ドルを買うことになり、その効果は先物為替予約とほぼ同じといえます。違うのは、先物為替予約では行使価格が1つのレートであるのに対し、ゼロコスト・オプションでは一定の幅があるということと、長期にも対応可能な場合があるということです。

② **ゼロコスト・オプションの留意点**
　ところで、売りと買いを組み合わせることでオプション料の節約ができることを利用して、投機的な商品に仕立てられているものもあります。ゼロコスト・オプションの上記の例では、オプションの売りで得るオプション料が、買うために支払うオプション料と見合っています。しかし、より魅力的な行使価格のオプションを買いたい場合は、当然オプション料も高くなりますから、高いオプション料を捻出するため、オプションの売りで獲得するオプション料を増やさなければなりません。増やすのは簡単です。例えば輸入の場合、買う

コール・オプションより多くのプット・オプションを売ればいいのです。

ところが，このとき大きなリスクを負うことになります。仮に米ドル建てで100ドルの輸入取引があり，コール・オプションの３倍のプット・オプションを売るとしましょう。この場合，相場が想定を超えて円高になると，この輸入者は不利な相場で300ドルを買わなければならなくなります。このうち100ドルは実際の輸入代金に充当すればいいので，不利とはいいつつもなんとかなります。しかし，残りの200ドルは市場の実勢相場で売り戻さざるを得ず，大きな為替差損を被ることになるわけです。

（４）通貨オプション利用上の心得

通貨オプションの利用の心得を企業経営の視点から整理すると次のようになります。

① 通貨オプションは，先物為替予約の留意点（キャンセルできないこと，機会費用の発生）を補うために有効である。

② しかし，ゼロコスト・オプションなど，複数のオプションを組み合わせて仕立てる商品は無用のリスクを負う可能性があり，慎重に対応しなければならない。

3 通貨スワップ

通貨スワップとは，異種通貨の債務を持つ者同士が将来の一定期間にわたって元本と利息を交換する取引です。元本と利息をすっかり交換してしまうわけですから，仮に円建債務者が米ドル建債務者と通貨スワップを締結するなら，円で借り入れたのに米ドルで借り入れたと同じ効果が得られることになります。

まず，通貨スワップの仕組みを**図表3-16**に沿って説明します。通貨スワップは，①借入実行時，②借入期間内の利払い，③借入返済時という，３つの段階に分けることができます。借入実行時には，A社は円資金市場あるいは金融機関から円建てで，B社が米ドル資金市場または金融機関から米ドル建てで借

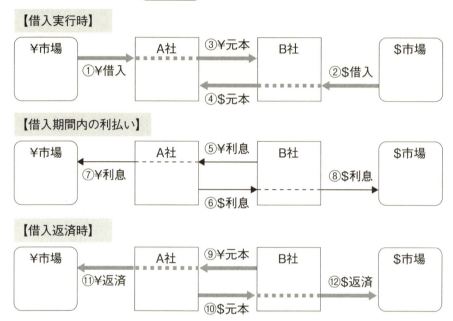

図表3-16 通貨スワップの仕組み

入金をおこし，A社とB社がこの借入金を交換します。借入金には利息が発生しますから，A社は円建借入金の利息を円で支払わなければなりません。その円利息をB社が提供し，逆にB社が支払う米ドル建利息をA社が提供するのです。最後に，返済時においてはA社が返済に使う円資金をB社が提供し，B社が返済するドル建返済資金をA社が負担して，通貨スワップの契約履行が終了します。

通貨スワップには以下の3つの種類があります。

（1）ベーシス・スワップ

異なる通貨の債務であるが，変動金利同士の交換など両債務の金利計算期間が同じ場合の通貨スワップです。異種通貨間の交換であることを利用して為替リスク管理に応用できます。

その方法は、為替リスクヘッジが必要な外貨建ての資産を保有する企業が、同時にベーシス・スワップを締結して外貨建ての負債を保有するものです。例えば、米ドル建ての長期事業投資を行う日本企業が円建てで調達した投資資金にベーシス・スワップをかけて米ドル建ての負債に切り替えるなら、米ドル対円の為替相場がどのように変動しても資産価値と負債価値が並行して変動するため、為替リスクを回避することができます。投資資金のまとまった投下と一括回収が予定されている長期の外貨事業投資のヘッジに適しているといえます。

（2）クロス・カレンシー・金利スワップ

名前のとおり、異なる通貨の金利スワップです。金利スワップとは、同一通貨であるが異なる計算期間の金利（例：変動金利と固定金利）を交換するスワップ取引です。同一通貨の債務であるため、元本は同じであることから普通は元本の交換を省略して利息の交換だけが行われます。

この金利スワップを異なる通貨間で行おうというのがクロス・カレンシー・金利スワップです。金利スワップでは元本交換は省略しましたが、このスワップでは省略しません。

クロス・カレンシー・金利スワップの為替リスク管理への応用は、ベーシス・スワップと同じですが、金利の計算期間が異なることに注意が必要です。

（3）クーポン・スワップ

異なる通貨のクーポン、つまり金利部分だけを交換するスワップです。例えば円と米ドルで取り組む場合、元本交換は省略して、各利払日に米ドル建利息を支払い、円建利息を受け取るという利息受払いだけ行います（**図表3-17**参照）。

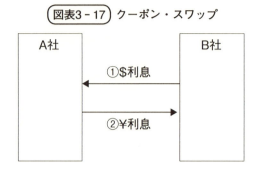

図表3-17 クーポン・スワップ

交換金額は，全キャッシュフローの現在価値を等しくする方法で調整されますので，厳密にはスワップとクーポン・スワップでは利息金額が異なりますが，ここで行われる利息受払いが現象面では異種通貨売買取引と同じであることを利用すると，為替リスクをヘッジすることができます。ベーシス・スワップ同様，長期で組むことができるので，長期間にわたって定期的に為替が発生するような場合のヘッジに適しています。

（4）通貨スワップ利用上の心得

通貨スワップの為替リスク管理への応用方法を企業経営の視点から整理すると，以下のようになります。
① ベーシス・スワップとクロス・カレンシー・金利スワップは，投資資金の投下と回収が一括で行われたり，ある程度まとまって行われたりする外貨建長期事業投資のヘッジに有効である。ただし，金利計算期間が異なるという両者の相違点に注意。
② クーポン・スワップは，長期間にわたって定期的に為替が発生するような外貨建ての日常取引のヘッジに有効である。

4　通貨先物取引

通貨先物取引とは，米ドルや円などの通貨を将来の特定の時点に一定の価格

で交換することを約束する取引のことです。1972年に米国シカゴに設置された国際通貨先物市場（International Monetary Market）が最初の取引所ですが、その後各所に開設され、東京にも1989年に取引所が設置されました。

似た取引に、先にも紹介した為替先物予約がありますが、通貨先物取引では、決済日が3月、6月、9月、12月の特定日という具合に決まっているほか、取引単位も例えば東京金融先物取引所の米ドル日本円通貨先物取引では1枚1万米ドルと決まっています。また、決済方法も、為替先物予約では受渡日に実際に受渡しするのに対し、先物取引では決済日前に反対取引を行い、基本的にはその差金をもって決済するという相違点があります。

(1) 通貨先物取引の活用方法

為替リスク管理への応用の仕方を、輸出取引を例に**図表3-18**に沿ってみてみましょう。

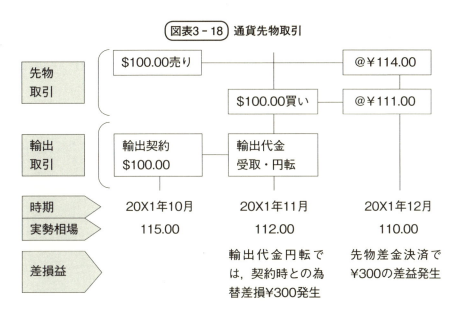

図表3-18　通貨先物取引

20X1年11月に代金を受け取る100ドルの輸出契約を、20X1年10月に締結する

172

とします。このとき，20X1年12月限の米ドル100ドルを対円で売る通貨先物取引を同時に取り組みます。この時の実勢相場は115円で，12月限価格はここから金利差相当分だけ開いた114円であるとします。その後，11月には受け取った代金を円転しますが，この時の実勢相場が112円だったので300円（＝US$100×（115.00－112.00））の差損が発生しました。しかし，円転の時期に合わせて同時に12月限の米ドルを買い戻す先物取引をすると（価格111円とする），先物取引側では12月の差金決済で300円（＝US$100×（114.00－111.00））の差益が発生し，両者を相殺することができるというわけです。

　このヘッジ方法で，先物為替予約の項目で紹介した「包括ヘッジ予約」の方法と同じ効果を得ることができます。同じ効果ならどちらを使うべきなのでしょうか。それは両者の制度上の違いや取引コストの違いで判断しましょう。先物取引は決済日や取引単位が決められていますが，先物為替予約では自由です。この点では先物為替予約のほうが，利用価値が高そうです。しかし，先物取引では比較的少額の証拠金を預託するだけで大きな取引をすることができるのに対し，先物為替予約は個々の予約ごとに金融機関がマージンを要求するため，交渉力が弱く高いマージンを余儀なくされる場合は取引コストが高くつきます。

（2）通貨先物取引利用上の心得

　通貨先物取引を為替リスク管理の観点から整理すると，以下のようになります。

① 短期の為替リスクを，決済日までの相場観を活かして一定の範囲で為替操作を許容する方針で管理する場合に有効である。

② その効果は「包括ヘッジ予約」と同じなので，どちらを利用するかは，取引コストなどを考慮して決めるべきである。

第3章　エクスポージャーの調整と操作の方法　　**173**

第3節　為替リスクのヘッジ方法（内部ヘッジ）

この節のポイント

- 内部ヘッジとは，自社内に計上する資産・負債を対応させて，リスクを
  相殺する方法。
- 外貨建債権・債務は実需に対応する反対債権（債務）をヘッジ手段とし
  て計上するが，資金繰り上の留意点がある。
- 自然ヘッジは実需同士でリスクを相殺するが，うまく対応させるために
  は多少の工夫が必要となる。

前節では，リスク対応方法として最も多用されているヘッジのうち，「外部
ヘッジ」の手法を4つ紹介しました。本節では，「内部ヘッジ」の手法として
「外貨建債権・債務」と「自然ヘッジ」を紹介します。

「外部ヘッジ」は，将来における外貨の売買や交換を約束する契約として，
貸借対照表に計上しないオフバランス取引扱いでした。それに対し，内部ヘッ
ジは，原則として自分の勘定の上に，反対リスクのもととなる資産・負債が計
上され，勘定の上でリスクを相殺するように働きます。

1 ｜ 外貨建債権・債務

為替リスク発生の原因となっている取引と同額で，貸借が反対の資産または
負債を計上すると，片方に差損（差益）が発生しても他方で差益（差損）が発
生することによって差損益を相殺できるよう仕組むことができます。持高でい
うと，先物為替を使わず，直物持高の傾きをゼロに維持するという行為です。

図表3－19は，米ドル建輸出契約を外貨建借入金でヘッジする様子を表して
います。まず，100ドルの輸出契約を締結し，貸借対照表に外貨建ての売掛金
を計上し，同時に同額の外貨建てで資金を借り入れて100ドルを貸借対照表の
負債側に計上します。この借入金は外貨のまま放置すると，資産側に外貨預金

174

図表3-19 外貨建債務によるヘッジ

輸出契約$100.00締結
同時に外貨借入$100.00
為替相場：$1.00＝¥100

貸借対照表（輸出契約・外貨借入）

外貨売掛金	$100.00 （¥10,000）	外貨借入金	$100.00 （¥10,000）

輸出代金入金$100.00,
外貨預金に入金
為替相場：$1.00＝¥90

貸借対照表（代金入金～実勢相場で評価）

外貨預金	$100.00 （¥9,000）	外貨借入金	$100.00 （¥9,000）

資産（外貨預金）を実勢相場で評価　：差損＝¥10,000－¥9,000＝¥1,000
負債（外貨借入金）を実勢相場で評価　：差益＝¥10,000－¥9,000＝¥1,000
⇒差損益が相殺される

100ドルが計上され，為替持高が100ドルの買い持ちになってしまいますから，すぐに円転します。この日の為替実勢相場をUS$1.00＝¥100とすると，両者の円価額は10,000円となります。その後，輸出代金が回収されて外貨預金に入金になると，外貨売掛金は外貨預金に振り替わります。他方の外貨借入金は，まだ返済していないので変わりません。このとき，為替相場がUS$1.00＝¥90と円高になっていたとすると，資産側では1,000円の差損が発生しますが，負債側では同額の差益が発生し，相互に埋め合わせることができるというわけです。締めくくりは，入金された外貨建輸出代金をもって借入金を返済して案件が終了します。

（1）資金受払いの発生と資金需要とのマッチング

ここで，売掛金の為替リスクを相殺する借入金は外部からの融資なのだから，この手法は外部ヘッジではないかとの解釈があるかもしれませんが，そうではありません。融資してくれたのは外部であっても，借入金は自分の貸借対照表上に計上し，勘定の上でリスクを相殺しているからです。自分の貸借対照表に計上しているオンバランス取引なのです。

第3章　エクスポージャーの調整と操作の方法　　**175**

　オンバランス取引であるからには，資金の受払いも発生し，借り入れた資金は有効に運用される必要があります。為替ヘッジのために外貨を借り入れて円転したが，もともと資金需要などなかったために円の当座預金に眠らせてしまうなどということがあるなら，それは本末転倒といわざるを得ません。この方法を使う場合は，自社内の資金需要とのマッチングに配慮する必要があります。

（2）金利負担と直先スプレッド

　また，図表3‐19のように，輸出代金入金を待たずに今100ドル（借入金）を円転することができて，しかもその換算レートがUS$1.00＝¥100なら，先物為替予約によるヘッジより有利であるとの誤解があるかもしれませんが，これも違います。この誤解の背景には，今の相場水準で締結できる先物予約レートは，100円から直先スプレッドを差し引いたものになるはずだから，予約レートで円転する場合は，受取円価は10,000円より目減りするはずだという理解があります。

　しかしここで，第2章第1節でみてきた金利平価式を思い出してください。金利平価式から読み取れるのは「直先スプレッドの直物相場に対する比率は，ほぼ両国の金利差に等しい」ということでした。

金利平価式　：　$(F-S)/S = i^B - i^A$

> A国通貨建運用をした場合の運用金利の年率＝i^A
> B国通貨建運用をした場合の運用金利の年率＝i^B,
> 直物レート＝S，1年後の先物為替レート＝F

　図表3‐19の外貨借入金の金利が仮に3％，円転した円資金運用金利が1％（社内の他の円資金需要に充当した場合は，そうでなければ金融機関から借り入れることになっていたはずの円建借入金利が1％であるとき，その1％が運用金利であると理解してよい）とするなら，2％の余計な利息負担が発生したということになります。表面的にはUS$1.00＝¥100という直物相場と変わらないレートで円転できたものの，他方では2％の金利負担が発生し，これを考慮

すると，結局，先物為替予約と同じになるのです。

（3）外貨建債権・債務利用上の心得

このように，オフバランスで管理する直先スプレッドを利息という形で明確に勘定の上で意識できるのは，外貨建債権・債務によるヘッジ手法のメリットではないでしょうか。特に，海外直接投資など外貨による長期事業投資で発生する潜在リスクのように，投資利回りが為替リスクの原因となるようなリスク管理においては，利息同士を対応させて比較できるため投資効果が見えやすいといえます。ただし，管理対象リスク取引と1対1で対応させなければこのようなメリットは享受できませんから，管理を複雑にしないためにも多用は避けるべきです。

外貨建債権・債務の為替リスク管理への応用方法を企業経営の視点から整理すると，以下のようになります。

① 外貨建事業投資など，長期で大口の単発案件のヘッジに効果を発揮する。ただし，小口ヘッジへの多用は避ける。

② 資金の受払いを伴うため，社内の資金需要に対応させる必要がある点に留意する。

2 自然ヘッジ

自然ヘッジとは，ナチュラル・ヘッジ（Natural Hedge）ともいい，通常業務（実需取引）から発生する，互いに反対の方向の為替リスクが相殺し合って結局リスクが消えてなくなることをいいます。これは，外貨建資産も負債もあるが両者足し合わせると同額になって，まさに持高の傾きがまったくない状態を意味しています（**図表3-20参照**）。

第3章　エクスポージャーの調整と操作の方法　**177**

図表3-20 自然ヘッジのイメージ

輸出事業部の外国為替持高表		輸入事業部の外国為替持高表	
外貨売掛金　$100	$0	$0	外貨買掛金　$100
	持高の傾き		
買い持ち　$100		売り持ち　$100	

両事業部合算した外国為替持高表	
外貨売掛金　$100	外貨買掛金　$100
―	

（1）ネッティングと持高傾き圧縮のための調整

　自然ヘッジは，意図してヘッジしなくても通常業務の中でリスクが消えてしまいますが，そのためには社内のすみずみをあたって，互いに相殺できる売持残高と買持残高を洗い出し，これを相殺して持高の傾きがなくなっていることを確認する必要があります。その作業をネッティングといいますが，ネッティングの結果いつもリスクが消えてしまうほど現実は都合よくありません。通常業務のなかで売り買い両為替がいつも同額になるのはとても難しいからです。しかし，偶然の僥倖を待っているのではなく，多少の意図的な調整をすることで，一部に発生している自然ヘッジ状態をうまく利用することは可能です。

　調整が必要となる場面は，両為替の金額が一致しないときと，両為替の決済日が一致しないときの2つです。両場面とも，直物持高内でヘッジするなら，隙間を前述の外貨建債権・債務で埋めればいいし，先物持高も含めて選択肢を広げるなら，先物為替予約を使えばいいのですが，実需同士で調整する手法もあります。それはリーズ＆ラグズと呼ばれる方法です。リーズ＆ラグズ（Leads & Rags）とは，輸入代金の決済や円投，輸出代金の受取りや円転など，外貨建実需取引に関わる為替売買決済を早めたり（Lead），遅らせたり（Rag）する操作です。

この手法は，第1章第2節で紹介したように，通常は為替相場が都合のよい水準になるのを待ったり，現在の都合のよい水準のうちに後の実需を先取りして行ったりするために使われます。つまり，早めたり遅らせたりする動機は為替相場の水準でした。これに対し，自然ヘッジの調整として使う際の動機は，為替相場の水準ではなく，売り買い為替の量と為替売買のタイミングです。

(2) リーズ&ラグズによる持高傾き調整

　調整が必要となる2つの場面のうち，まず為替の量に注目します。輸出手形など外貨建資産残高が輸入など外貨建負債残高を上回っているとしましょう。そのときは，輸出代金決済の時期を早めるなどの方法で資産の回転期間を短縮したり，逆に輸入決済の時期を遅らせて負債の回転期間を長期化させたりするのです。図表3-21では，輸出量が3単位に対して輸入量が2単位しかありません。そこで，輸入代金決済時期を4ヶ月（図では4mと表示）から6ヶ月に遅らせて回転期間を長期化させています。輸入取引が発生する頻度は2ヶ月に1度のままですから，これにより，輸入量が変化しなくても輸入にかかる外貨建負債残高が2単位から3単位に増えて，輸出量と同じになります。

　回転期間による調整は，微調整が効くように，1件当たりの取引金額が小さく，決済までの期間が短い取引が多数あるような業種で効果を発揮します。

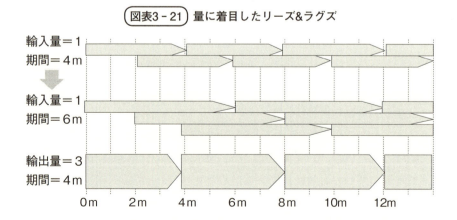

図表3-21　量に着目したリーズ&ラグズ

次に，両為替決済日のずれを調整する場面ではどうでしょう。**図表3-22**では，輸出量も輸入量も同額の3単位ですが，輸出代金決済日が8ヶ月目（図では8mと表示）に対して輸入代金決済日は5ヶ月目に到来します。この場合は，輸入代金決済日を3ヶ月遅らせて輸出代金決済時期に合わせ，持高の傾きゼロを維持することができます。

図表3-22　期間に着目したリーズ&ラグズ

決済を早めたり遅らせたりする方法はさまざまです。**図表3-23**はその主な方法をまとめたものですが，時には，売り持高増加や買い持高増加の方法のように，外貨建債権・債務と組み合わせることも考えられます。

図表3-23　決済時期調整の方法

	買い持高圧縮・売り持高増加	買い持高増加・売り持高圧縮
輸出	・ユーザンスなど輸出金融を控える ・代金は早く円転する	・輸出金融を先方に与える ・外貨預金などで代金円転を遅らせる
輸入	・先方に輸出ユーザンスをつけてもらう ・外貨借入で代金決済，決済を遅らせる	・代金決済を早める ・前渡金などで先方に金融を与える

（3）自然ヘッジ利用上の心得

　自然ヘッジの為替リスク管理への応用方法を企業経営の視点から整理すると，以下のようになります。

① 両為替が通常業務から発生する企業で効果を発揮する。

② 為替取引が小口で大量件数が発生する場合は，決済回転期間の調整による両為替の量を一致させることができる。

③ 為替取引が大口で頻度が低い場合は，個別に決済日の調整を行うのがよい。

④ 買い持高増加や売り持高圧縮では，資金負担がかかるおそれがあるので注意を要する。

第3章　エクスポージャーの調整と操作の方法　**181**

第4節　ヘッジ対応の留意点

> **この節のポイント**
> - ヘッジ手法選択にあたっては，管理の方針，事業の性格，管理の負担を考慮しなければならない。
> - その他通貨に使える市場のヘッジ商品はNDFなど限定的であり，エクスポージャー調整にはJISQ31000に立ち返って工夫する必要もある。

　最も多用されているリスク対応方法として，ヘッジの手法を第2節と第3節に分けてみてきました。本節では，それをまとめ，ヘッジ手法利用上の留意点を指摘するとともに，その他通貨への対応方法について説明します。

1　ヘッジ手法のまとめと留意点

　ヘッジ手法の説明では，その都度経営の視点からみた利用上の心得にも言及してきましたが，これらを改めて**図表3-24**のように整理しました。手法はたくさんありますが，あまり手を広げすぎると管理が複雑になり，高度な金融工学を駆使したものを日常的に利用しようとすると，それが自己目的化して本来のヘッジ目的から乖離してしまいがちです。

　目的は，為替操作で一儲けすることではありません。あくまで為替リスクを排除して本来の事業に専念するための適切な管理です。そのためには，自社や社内の事業に合わせてそれに相応しい手法を選択しなければなりません。その際に考慮しなければならないのは以下の諸点です。

（1）管理の方針：積極的為替操作の許容度

　為替リスクは完全にヘッジしてリスクを皆無にするか，それとも為替操作を許容するのかによって，ヘッジ手法の選択は異なります。その都度，協議して方針が変化するようでは経営の一貫性を維持できず，都度協議そのものが本来

図表3-24 各ヘッジ手段の特徴と効果的な利用先

	□仕組み・特徴など，■留意点など	効果的な利用先
先物予約	□金額・受渡日を決めて適用レートを固定。 □仕組みがシンプルで管理負担小さい。 ■取消不能，直先スプレッドの罠，機会費用。	金額，受渡日（期間）が確定した短期リスク。
包括ヘッジ予約	□先物予約応用したヘッジタイプ。 □成約未確定取引に対応，機会費用の節約も。 ■予約取引増え，費用や投機性に注意。	一定の積極操作を容認できる，経常的為替取引取扱事業の短期リスク。
通貨オプション	□行使選択権で未確定や機会費用に対処可。 ■オプション料負担重い。 ■複雑で難解な仕組みのものに注意。	成約未確定大口取引への個別ヘッジ。競争力などへの機会費用の影響が大きい場合。
ベーシス・スワップ	□異種通貨債務の短・長期交換（元利交換）。 ■ヘッジ先取引や為替相場の見通しを固定化。	長期外貨事業投資資金などの調達。
クーポン・スワップ	□異種通貨債務の短・長期交換（利息交換）。 ■長期見通し固定化による経済的リスク。	経常的為替取引取扱事業の長期リスク対応。
通貨先物取引	□決済日に差金決済する。 ■決済日，取引単位などが定型で自由度低い。	短期包括ヘッジ。
外貨建債権・債務	□外貨建債権・債務保有による持高調整。 □オンバランスなので見えやすい。 ■資金需給との調整が必要。	長期外貨大口事業投資資金などの調達。
自然ヘッジ	□自社内売り買い為替の相殺。 ■両為替相殺残りは他のヘッジ手段必要。	自前で売り買い両為替取引が発生する事業。
両為替量調整	□為替量調節を目的とするリーズ&ラグズ。 ■資金負担がかかる場合がある。	小口で発生頻度高い取引性質の事業。
決済日調整	□両為替決済日を一致させるリーズ&ラグズ。 ■資金負担がかかる場合がある。	大口で発生頻度低い取引性質の事業。

補足説明
- 直先スプレッドの罠：先物相場が有利に見えるとき量的に際限のない予約締結に走りがち。
- 見通し固定化による経済的リスク：ヘッジ後に相場がより有利に変動して発生する機会費用が，単にチャンス喪失ではなく，競合他社に対する販売価格競争力喪失にもつながる。
- 資金負担：本来事業での資金需要がないのに持高調整のために借入れと利息がかかる。また，持高調整のために無理に運用商品を購入すると低利運用になりがち。

事業への専念を阻害しますから，管理の方針は立てておくべきです。本書では，一定の操作や相場予想を許容するものの，可能な限り，リスクを排除する前提で議論を進めています。

（2）事業の性格：短期・長期，大口・小口，頻度

先物為替予約は１年を超える中長期では極端に出会いが減るため，長期事業投資のヘッジには対応できません。一方，長期リスクに対応できる通貨スワップは，実行までの段取りが必要なため，経常的に発生する小口為替に適用するには限度があります。相応しい手法を選択するためには，取引や事業の性格を把握する必要があるのです。

（3）管理の負担：管理能力，組織の大きさ，実需取引の利益率

同じ効果であれば簡単な方法が望ましく，あまり複雑なものを利用すると，そこに負担がかかり本来の目的を見失ってしまいます。また，コストの高いヘッジ手法は薄利取引には向いていません。これらの点も考慮して，身の丈にあった合理的な手法を選択すべきです。

2 その他通貨への対応

本章で述べてきたヘッジ方法の数々は，主に国際通貨を対象としたものです。しかし，第２章で述べたように，企業取引はいつも国際通貨で行われるとは限りません。新興国や発展途上国の通貨など，国際通貨以外のいわゆる「その他通貨」のエクスポージャーに対してはどのように対応すればいいのでしょうか。

その他通貨の中には，変動相場制が適用されていなかったり，市場での売買が規制されていたりする場合があります。その場合は，市場で通常扱われているヘッジ手段が自由に使えません。

また，変動相場制が適用されている通貨でも，当該通貨市場が未成熟で十分な厚みがないために，通常のヘッジ手段の対応範囲が不十分な場合があります。

例えば，スワップや先物為替など国際通貨であれば長期の期間でも取引されていますが，その他通貨では短期の扱いに限定されるなどです。

このような制約への対応として，次の方法が考えられます。

（1）NDFによるヘッジ方法

NDF（Non Deliverable Forward）は，非（non）受渡し（deliver）先物取引（forward）ともいうべき取引で，「非受渡し」ですから，その通貨での受渡しを行いません。その代わり，国際通貨で受渡しします。その仕組みは次のとおりです。

つまり，目的のその他通貨をZ\$，Z\$建ヘッジ対象金額をZ，受渡通貨として使う国際通貨をUS\$，特定の受渡日におけるZ\$とUS\$の契約時換算レート（契約レート）を「a」とすると，売買契約したUS\$資金額は「aZ」となりますから，決済日に実勢レート「b」で再換算したUS\$資金額「bZ」の差額を差金決済するわけです。

ヘッジへの利用は，通貨先物取引のように実需取引とは反対の売買をNDFにより行い，決済時に実需取引から発生した為替差損（差益）をNDFから発生した為替差益（差損）で相殺する方法で行います。

NDFは売買取引の規制や市場での取引量不足などの理由で直接その通貨での受渡しができない不都合に対処するために工夫された取引で，いわば市場というリングの外に別なリングが設けられて行われる市場外市場ともいうべきものです。市場外とはいうものの，インドネシアルピアやベトナムドン，ロシアルーブル，ブラジルレアルなどの通貨を対象に相応の取引が行われています。

（2）相関の高い国際通貨でヘッジする方法

変動相場制以外の為替管理制度が適用されている「その他通貨」には，カレンシー・ボードやペッグのように，主要国際通貨に連動するものがあります。

ならば，そのような高い相関関係にある主要国際通貨を，目的の「その他通貨」とみなしてヘッジすることも可能であると考えられます。

図表3－25は，その他通貨Z$建投資を行うに際して，Z$には十分な先物市場がないため，高い相関関係を持つUS$でヘッジした取引の仕組みです。Z$建投資とその回収に合わせてUS$の先物を売るヘッジを行うことにより，投資で発生した為替差損100,200円をヘッジ取引で発生した為替差益100,000円でほぼ埋め合わせができています。

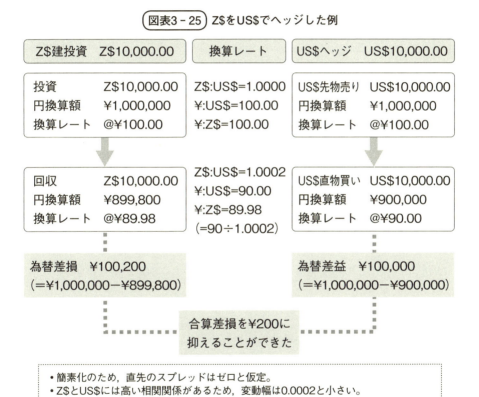

図表3－25　Z$をUS$でヘッジした例

（3）リスクの除去による方法

本章第1節で述べた，日本工業規格の「リスクマネジメント―原則及び指針」（JISQ31000）のリスク対応方法の1つ，「リスク源の除去」について，外

国為替取引への応用は難しいというのが結論でした。

しかし，（NDFを除く）市場でのヘッジが限られるその他通貨では，リスク源除去の方法も可能性の1つとして検討しなければなりません。その方法として，①取引の円建て化，②物々交換，③固定相場通貨の3案がありましたが，これを実務に活かすにはそれぞれの難点を克服する必要があります。克服の可能性を検討してみましょう。

まず取引通貨の円建て化はどうでしょうか。この方法の難点は，相手側に為替リスク負担が残り，別なリスクに変わることです。それは価格等取引条件を悪化させる可能性がありますから，これを痛み分けするなどの申し合わせが必要です。それでも当初のリスク全量から一定量を軽減する効果が期待できます。

次の物々交換（バーター取引）は，同等の価値を持つものを見つける難しさはあります。しかし，取引関係者が協力して為替リスクに対応する必要があると理解し合い，対等の立場で話し合うなら不可能ではありません。近時，国際取引でもバーター取引が行われているようです。

最後の固定相場通貨の利用は，その通貨が売買規制のある「その他通貨」である場合は，自国通貨への転換ができませんから，これを克服するのは不可能です。

以上から，はじめの2案は状況によっては検討する価値があります。

（4）当該通貨建債権・債務による内部ヘッジ

成熟したヘッジ市場がない場合は，その通貨による反対債権（債務）を保有する，内部ヘッジも検討する価値があります。

外国為替の先物為替やスワップなどの市場が十分成長していなくても，資金の出し取り（貸し借り）は基本的な金融取引であることから，外国為替市場より先に充実する場合が多いのです。また，外国為替取引の中でも，先物やスワップなどの複雑な金融商品より，比較的単純な直物の売買なら対応できるケースも多いと考えられます。外貨現金の両替ができない国はないといっていいでしょう。

第3章　エクスポージャーの調整と操作の方法　　**187**

　以上，その他通貨への対応方法として4つを紹介しました。

　いずれの方法も，その他通貨のすべてに利用できるわけではなく，特殊な状況でしか成約しないものもありますから，合わせ技で対処するなど状況に合わせた工夫が必要です。

―第4章―

為替リスク管理体制の構築

基本ルール制定
- 考え方
- 管理対象リスクの特定
- リスクテイク限度の設定
- 社内レート
- 自社に合ったルール水準

管理組織の構築
- 組織機能
- 現場情報伝達機能
- ヘッジ実行機能
- 意思決定機能
- 調査分析機能
- 報告機能
- 自社に合った組織

管理ツールの制定
- 連絡ツール
- 外国為替持高の把握
- ヘッジ管理
- 為替リスク対応検討・管理票
- 為替相場予想材料記録整理表
- 未来年表
- 自社に合ったツール選択

ここまで，為替リスク管理の基本方針とそれを全うするためのヘッジ手法や為替相場予測手法を検討してきました。これを社内で実践するためには，基本方針を具体的にルール化し，それを実行する組織を作らなければなりません。

　本章では，まずルール化の方法とルールに盛り込む必要要素を説明し，続く第2節で，そのルールに基づく組織機能と組織立ての方法，そして最終節では持高表などの管理ツールについて述べていきます（図表4-1参照）。

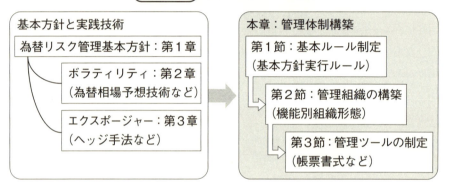

図表4-1　本章の位置づけと構成

第4章　為替リスク管理体制の構築　　**191**

第1節　基本ルールの制定

この節のポイント

- 基本ルールは，いわばオペレーションシステムである為替リスク管理の基本方針の上で走るアプリケーションソフト。
- 管理対象とする為替リスクは実態的損益を伴うものにすべき。
- リスクテイク限度として，ヘッジ基準，ロスカット・ルール，決裁権限を設定する。
- 社内レートの目的は，経理上の平均，利益計画前提，部門間仕切り，固定値決めの4つある。

---

1 ｜ 考え方

　ルールには，全社の方針や行動規範だけ打ち出すガイドラインに近いものから，方針を具体化する組織体制を定めるもの，さらに体制の中の運用方法や各種手順まで記述したものなど，さまざまな形態があります。もちろん，個々の業務を処理するためには各種手順まで揃えなければなりません。

（1）基本ルールの位置づけ

　このなかで，本節で検討する基本ルールは，どちらかというと手順に近いものです。第1章で打ち出した為替リスク管理の基本方針の枠内で位置づけられるのが基本ルール。その基本ルールの中で個々の取引案件が処理されていくという関係にあり，それはちょうど，ITシステムでいうところの「オペレーションシステム（OS）」と「アプリケーションソフト」，「個別データ」の関係に似ています（**図表4－2参照**）。

図表4-2 基本方針との関係

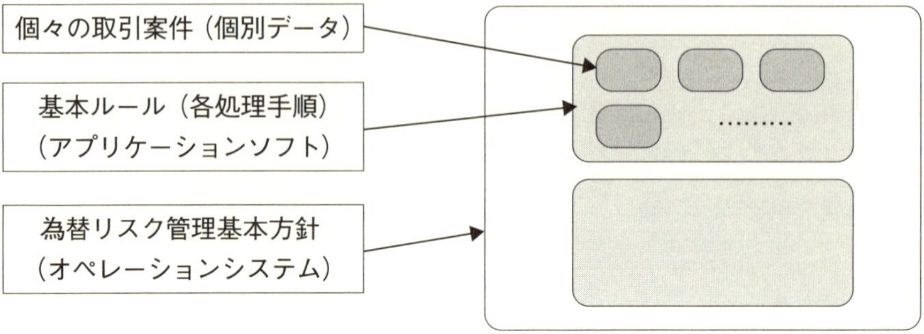

個々の取引案件（個別データ）

基本ルール（各処理手順）
（アプリケーションソフト）

為替リスク管理基本方針
（オペレーションシステム）

（2）定型処理手順と意思決定手順

　ルールはまた，最終着地形をあらかじめ想定してそこに至らせる処理回路を示した定型業務に関わるものと，途中に意思決定をはさむため，意思決定手続を定めておくにとどまるものに大別できます。前者を「定型処理手順」，後者を「意思決定手順」と呼ぶことにしましょう。**図表4-3**は，この2種類の手順と，その手順に連なる業務種類などを系統立てて表したものです。なお，ここでいう意思決定とは，最終着地形を決めるものですから，意思決定するまでは最終着地形への進行手順も確定しません。右へ行くか左へ行くか，この段階ではわからないということです。

　さきの第1章「為替リスク管理の基本方針」で，短期の取引リスクは影響経路の発見が容易であるため，一元ルールにより事務管理の一環として対応することが適切であると述べました。これは「定型処理手順」の受け持ち範囲です。これに対して，経済リスクはさまざまなケースがあり企業経営に与えるインパクトも異なるため，経営も関与して案件ごとに検討し，相応しい対応方法を決定しなければならないとしました。意思決定によってリスクを共有するのかリスクを保有するのかなど対応方法が変わりますから，これは「意思決定手順」の受け持ち範囲です。これらは，最終着地の方向が決まれば，あらかじめ設定されている定型処理手順の中から相応しいものを選択する意思決定ですが，新

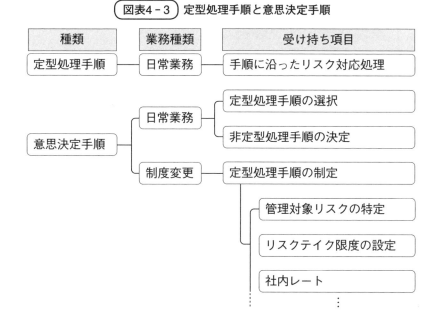

図表4-3 定型処理手順と意思決定手順

たな処理手順を作り出していく，非定型処理手順の決定も担うことになります。

　意思決定手順の受け持ちはそれだけではありません。上記のような日常業務のほか，定型処理手順そのものの制定も受け持ち範囲です。個々に持ち上がる案件を，「意思決定手順」を経由せずに直接「定型処理手順」に流すことができるかどうかの現場裁量範囲も，意思決定手順を踏んで定型処理手順として制定されるのです。

　「定型処理手順」の制定項目はさまざまですが，図表4-3には，必須項目として「管理対象リスクの特定」など3項目を表示しました。

　以下，アプリケーションソフトの中心といえる，（1）管理対象リスクの特定，（2）リスクテイク限度の設定，（3）社内レートの3項目を説明し，最後に企業規模に応じた制定内容の水準について述べましょう。

2 管理対象リスクの特定

まず，管理対象とする為替リスクを特定します。

為替リスクは4種類あることは既述のとおりですが，事業の特性によりその管理優先順位や特に重視しなければならないリスク，場合によっては無視しても無害なリスクがあります。

（1）会計リスクと潜在リスク

例えば，第1章「為替リスクの管理方針」では，会計リスクは実態的損益を伴わないリスクとして会計基準に任せてしまい，意を用いない方針としました。しかし，決算書の見え方を工夫する必要がある場合は，積極的な為替リスクをとりにいく場合のデリバティブ取引期限が期末を越えないように注意を払う場合がありますから，この場合は会計リスクを単に会計ルールに委ねてしまうのではなく，戦略的に管理する必要があります。また，長期で規模の大きい外貨事業投資や外貨建運用・調達を行わない企業では，潜在リスクは管理対象から外しても問題ありません。このような取引が発生する可能性がある場合は，リスクとして認知する範囲を金額規模と期間の長さで決めておかなければなりません。

（2）経済リスク

対象・対象外の振り分けを経済リスクについて行う場合は，さらに工夫が必要です。ひとくちに経済リスクといっても性質や形態によっていくつものケースがあり，個々に対象・非対象の判定をする必要があるため，まずはそのケースをすべて洗い出す必要があるからです。しかもそれは事業の特性により千差万別で，漏れなく列挙するのは至難の業です。この作業を少しでも合理的に進めるためには，影響の受けるパターンをツリー状に分解して網羅性を高める必要があります（**図表4-4**参照）。

第4章　為替リスク管理体制の構築　　195

図表4-4 管理対象リスクの特定

会計リスク	戦略的な決算工夫等では管理対象

取引リスク	直接的かつ日常的に影響を受けることから管理優先度は高い

潜在リスク	金額規模と手仕舞うまでの期間の長さで管理対象を決める

経済リスク

個別企業単位での影響

自らが外国為替取引を行う場合

外貨販売	販売価格競争力の変化が売上高に影響

外貨購買	購買価格による利益圧迫

他の外国為替取引者の影響を受ける場合

外貨販売者への国内販売	外貨販売者の売上減少で自社の同社向け販売額も減少または海外販売者との競合

外貨購買者からの国内購買	購買価格高騰による利益圧迫または国内購買販売者との競合

マクロ経済への影響を受ける場合

自国通貨高では，外需減退し，海外財と競合

自国通貨安では，海外財の購買力は減退し，国内財と競合

　具体的には，まず個別企業単位での影響とマクロ経済への影響に分けます。前者はさらに，外国為替取引の直接の当事者と，自らは外国為替取引を行っていないが外国為替取引を行っている企業と取引しているために当該企業を通じて間接的な影響を受けるパターンに分かれます。そして，それぞれを外貨建ての販売業者か購買（仕入）業者かの立場で分けます。はじめから完璧を期すの

ではなく，まず一次列挙しておき，その後の企業活動のなかで気がついた新たなケースを随時加筆していく方法で精度を上げていく方法でも可能です。

3 リスクテイク限度の設定

　管理対象リスクが特定できたら，次にリスクテイク限度を明確にします。リスクテイクとはリスクをとる，つまり不確実なままにしておくことを容認することですから，容認する限度や範囲を明確化しなければなりません。以下はその手順です。

（1）ヘッジ基準の作成

　ヘッジはリスクから解放する身近で便利な手段ですが，個別の為替取引の全部を即座にヘッジするのは合理的ではありません。少額ヘッジ契約が大量に発生するのは事務が煩雑になるほか，少額では値決めにあたっても不利になるからです。また，為替相場の変動方向によっては多額の機会費用が発生する可能性もあります。

　そこで，全額ではなく一部のヘッジにとどめたり，即座ではなくタイミングを見計らってロットをまとめたりする方法をとるのが一般的です。意思決定手順をいちいち経由しない定型処理手順の中で行うヘッジについては，これら一部ヘッジの程度や見計らうタイミングの限界などを，共通基準としてあらかじめ設定しておかなければなりません。少なくとも**図表4－5**に示した3項目を設定する必要があります。

第4章　為替リスク管理体制の構築　**197**

図表4-5 ヘッジ基準の作成項目

基準項目	目的	例
ヘッジ率	市場の様子によって部分ヘッジを許容。	・50%を1週間内にヘッジし，残額は決済日までヘッジしない。
ヘッジ締結タイミング	煩雑事務回避，取引単位への考慮。	・当月見込みの取引額の80%を月央にヘッジし，残額は確定する月末から5日以内にヘッジする。
ヘッジ手法の選択	不適な手法を使うことによるリスクを回避。	・日常取引は，事務負担の少ない為替先物予約でのヘッジを原則とする。

① ヘッジ率

　まず，ヘッジ率です。ヘッジ対象金額に対するヘッジ実施金額の比率のことで，発生した為替リスクの全部をヘッジする場合を完全ヘッジ，つまりヘッジ率100%とし，「○○%までヘッジする」という具合に定めます。100%以外のヘッジ率を許容する目的は，現時点の市場実勢相場の変動があまりに激しく，今ヘッジすると不利な水準で契約せざるを得ないと判断されるときに，市場が落ち着くのを待つためです。ただし，これは，見方によっては消極的ではありますが，将来の為替相場が好転することに賭けることになるわけですから，投機行為とみなされる可能性があります。

　未ヘッジ残額についてはリスクを容認することになりますので，基準作成は慎重に行うべきです。

② ヘッジ締結のタイミング

　第2に，ヘッジ締結タイミングです。既述のように，個別の取引発生の都度，少額ヘッジを繰り返すと事務が煩雑になります。また，1万ドルとか2万ドル程度の少額に対しては，金融機関も相当額のマージンを乗せたレートしか呈示

してきません。金融機関側としても市場に再ヘッジする際，市場の取引単位になるまで少額の顧客取引を蓄積しなければなりませんから，それまでのリスクを賄うためのバッファが必要なのです。そのため，実務では，ある程度の期間を置いてからヘッジするという手配がしばしば求められます。

しかし，一方ではヘッジを締結するときの実勢相場水準で将来の為替決済の換算相場が決まりますから，為替取引時点からのタイミングのずれがすでに為替差損益を発生させているとの覚悟が必要です。

上記2項目を併せて，例えば，下記のように設定することが可能です。

- 輸出の契約を締結した場合は，必ず輸出金額の50%を締結後1週間以内にヘッジし，残額のリスクは決済まで保有する。
- 当月発生が見込まれる輸入金額の80%を月央にヘッジし，月末には当月発生確定金額とヘッジ済み金額の差額をヘッジする。

③ ヘッジ手法の選択

基準の第3は，ヘッジ手法の選択です。第3章で示したように，ヘッジ手法は伝統的な先物為替予約から複雑なデリバティブまで多くの種類があり，手法によってはリスク共有効果より，むしろリスクが増加してしまうものもあります。また，取引が確定していないものへは不向きなもの，逆に適しているものなどさまざまです。そこで，事業や取引の性質をよく見極めたうえで，日常的に発生する取引には原則としてこの手法を使うということをおおむね決めておくと事務がスムーズに流れます。例えば，短期取引リスクはもっぱら先物為替予約でヘッジするが，海外直接投資には長期外貨建債券を発行するなどです。

（2）ロスカット・ルールの作成

ロスカットとは，為替評価損が一定の金額に達したら，ヘッジや取引を手仕舞うなどの方法で持高の傾きを解消し，その時点で発生している評価損を確定することです。図表4-6がそのイメージです。

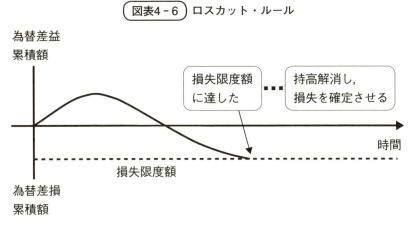

図表4-6 ロスカット・ルール

　一般には，為替差益を目的とした投機的な持高形成に一定の歯止めをかけるために設けられるルールですが，前述のように，部分ヘッジ後に未ヘッジ部分が残ったりタイミングをずらしたりする場合やリーズ＆ラグズではどうしても持高が傾いてしまうため，その傾きによって発生する評価損に対しても適用すべきです。動機にかかわらず，為替評価損の発生という現象面においては両者とも同じだからです。

　具体的なルールとしては，許容できる評価損の金額の設定が最低限必要です。持高の発生を部署単位で管理している場合は部署ごとに設定し，個人単位の管理では個人ごとに設定します。このほか，評価損だけではなく実現損も併せた損失限度額を設け，抵触した場合はその場の損を清算するほか，その後の期中の持高形成を禁止するルールも有効です。

　また，差損が発生してからの対応ではなく，事前の多額評価損失発生防止策として持高限度を設定する必要もあります。為替評価損益は持高に為替相場変化差異を乗じて計算しますので，持高を一定範囲に抑えておくことで防止する効果が期待できるのです。

（3）決裁権限の設定

　為替リスクの大きさによりいかなるヘッジ率を適用するかや，利用にあたっ

て留意しなければならない危険が潜んでいるヘッジ商品は利用の頻度やヘッジ全体の構成比をどこまで認めるか，ロスカット・ルールに関してはいくらの金額までの損失を認めるかなど，リスクテイクの限度を決裁権限の大きさに応じて設定しなければなりません。こうすることによって，その限度内の取引については，取引を完結させてクローズするまでを予定した事務処理の一環として，権限者に任せてしまうことができます。この点において，決裁権限を設定する作業は定型処理手順の効力範囲を決める作業でもあるのです。

4 社内レート

社内レートとは，企業が社内の都合で設定する為替レートのことで，自社内だけで通用するものです。企業が社内レートを設定する目的はいくつかあります。以下にその目的の内容を，運用上の留意点と併せてみていきましょう。

（1）経理上の平均レート

まず，経理上の平均レートです。外貨建取引を行う場合は取引時の為替相場で換算した円換算額で経理しますが，日々変動する実勢相場を使用するのは煩雑で事務負担が大きいことから，合理的な基準に基づいて算定した平均為替相場を使用することが認められています。煩雑さの意味は2つあります。1つは外貨計上の都度実勢相場を確認することの煩雑さですが，あとの1つは持値確認の煩雑さです。

外貨取引に伴う経理上の為替差損益は，外貨建資産（負債）の発生時為替相場と解消時為替相場の差に当該外貨建資産（負債）を乗じて算出します。持値とは発生時為替相場のことです（あくまで経理上の持値。為替リスク発生時の相場である実態上の持値と区別したほうがよい）。

実勢相場を使用すると外貨建資産（負債）ごとに日々異なる持値を持っていることになりますから，解消時に為替差損益を計算するためには，異なる持値を個々に当該資産（負債）に関連づけて（ヒモ付け）すべて記録しておかなけ

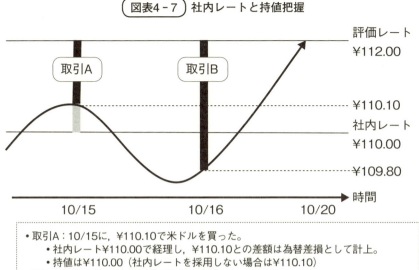

図表4-7 社内レートと持値把握

- 取引A：10/15に、¥110.10で米ドルを買った。
    - 社内レート¥110.00で経理し、¥110.10との差額は為替差損として計上。
    - 持値は¥110.00（社内レートを採用しない場合は¥110.10）
- 取引B：10/16に、¥109.80で米ドルを買った。
    - 社内レート¥110.00で経理し、¥109.80との差額は為替差益として計上。
    - 持値は¥110.00（社内レートを採用しない場合は¥109.80）
- 10/20に取引A・Bの買い持高の為替差損益を評価するには、
    - 両持高とも社内レート¥110.00と¥112.00との差で計算する。
    - 社内レート採用しない場合は、それぞれの当初取引レートを検索して、
        - 取引A：当初取引レート¥110.10と¥112.00との差で計算。
        - 取引B：当初取引レート¥109.80と¥112.00との差で計算。

ればなりません。また、解消時にその外貨建資産（負債）の持値を検索する作業も必要です。社内レートを使用すれば持値はいつも社内レート1本ですから、その煩わしさから解放されるわけです（**図表4-7参照**）。

　最近はITシステム技術の向上により、大量のデータを効率よく処理することができ、人が煩雑な事務に巻き込まれることはなくなりましたが、経営者はシステムが出力するデータの解釈にあたって、システム内の計算ロジックをよく理解しておかなければなりません。

（2）利益計画上の想定レート

　次に、利益計画上の想定レートです。年間の利益計画や中長期の経営計画を

立案する際には，外貨建取引額や外貨建資産負債残高を決算通貨である邦貨に換算しなければなりません。そのときに使用する為替レートです。1年から数年の期間の為替相場を1本のレートで代表させるわけですから，近時の貿易赤字を考慮して現状の実勢相場より邦貨安で設定するなど，この間に為替相場に与える影響を予測して考慮する必要があります。

ところで，利益計画は立案時に設定したレートで取引を行うことを前提とし，その結果として見込まれる利益を計算していますから，期中の実際の取引に適用される為替相場がこれと乖離すると，利益も計画から乖離すると勘違いしてしまうことがあります。想定レートと採算レートを混同しているためにこのようなことが起こりますが，実際にはそのようなことはありません。なぜなら，採算レートとは，為替差益も差損も発生しない均衡レートのことですが，為替差損益は外貨建資産（負債）の解消時為替相場が発生時為替相場に対して変化した場合に発生するのであって，想定レートに対しての変化とは無関係だからです。

例えば，想定レートが¥100.00で，資産発生時に¥90.00，解消時に¥90.00ならば，差損益は発生しません。仮に解消時に¥80.00になっていると¥10の差損が発生しますが，これは想定レートの¥100.00のせいではなく，あくまで発生時において解消時のリスクを考えておかなかったことに原因があります。想定レートとは，計画立案に際して仮に設定する利益試算用の換算レートに過ぎないことを理解しておくべきです。

（3）部門間仕切レート

社内レート設定目的の第3は，部門間の仕切レートです。為替リスクの対処責任と権限を各部門に分担させている大きな組織の企業においては，経理部門と各部門との間に設定する部門間為替レートを仕切りとして，そのレートとの差額をその部門の為替差損益として把握することがあります。部門内では一定の範囲でリスク対処の権限を与えられているので，ある程度積極的な為替操作をすることができます。例えば，仕切レートとの間で発生する為替差損益を回

避するため，仕切レートに採算の照準を合わせ，外部との決済を早めたり遅らせたりすることなどの行為です。

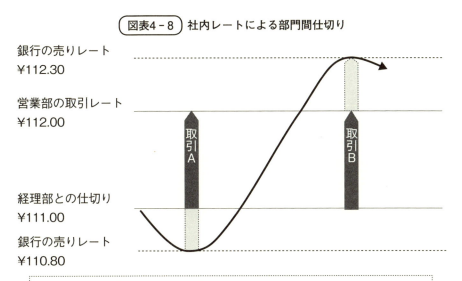

図表4-8 社内レートによる部門間仕切り

- 取引レート：営業部が取引先と成約した輸入価格の計算前提となったレート。
- 営業部は経理部との仕切レートを前提に採算を確保した（取引A・Bとも¥1.00）。
- しかし，銀行の売りレートは市場の実勢に沿って刻々変化し，
  - 取引Aでは，経理部自身の為替差益（¥0.20）と合わせ，¥1.20の差益を得たが，
  - 取引Bでは，経理部において，銀行の売りレート（¥112.30）との差が差損として発生。全体として¥0.30の差損が発生している。

　この方法には，経理部門の管理負担が各部門に分散されて全体として円滑な運営が可能になる効果がありますが，ここでも採算レートとの混同が問題となります。確かに，部門としての為替差損益は仕切レートを基準に計算されますので，採算レートには違いありません。しかしそれは部門内だけのことで，企業全体としては採算がとれている保証はないのです（図表4-8参照）。企業としての外国為替取引の採算は，あくまで市場の実勢相場を基準に考えなければなりません。ですから，社内レートを採算レートとして扱うには，社内レートが実勢相場と同じでなければならず，同じなら社内レート設定の意味がないという板挟みに陥ってしまいます。

この板挟みは対処のしようがありませんが，社内レートを設定する際にこの事情を踏まえておくことは可能です。つまり，採算レートの意味合いも兼ねる社内レートを設定する場合は，可能な限り市場の実勢相場に近いレートとするのです。それには2つのことを心がける必要があります。1つは適用期間を短くすることです。例えば，向こう1年という長い期間にわたって同じレートを使用するのは，実勢相場から乖離する可能性が高いといえます。

もう1つは，平均をとる期間を直近の短期間とする方法です。市場が平穏であれば，月末その日の実勢相場を向こう1ヶ月適用するという具合の設定が合理的です。市場が乱高下を繰り返し，たまたま月末に異常な変動がみられたという場合には，そのレートを使うのは危険ですから，過去1週間とか1ヶ月の平均をとる方法もあります。この期間は外国為替取引の発生頻度や金額の大きさによって異なります。

（4）固定値決めレート

社内レート設定目的の最後は，固定値決めレートです。値決めレートとは，外貨建販売価格や購買価格を算定するときに使用する換算レートのことですから，取引採算を決めるものです。例えば，国内で仕入れた商品を海外に輸出する事業では，国内の仕入価格に一定の利幅を値入れした円建価格を外貨建輸出価格に換算する場合に使用します。採算を決めるレートですから，既述のように市場の実勢相場に近いものでなければなりません。実勢相場と同じであれば採算上の問題は発生しないところ，煩雑さを避けるために，採算がとれないこともあるというリスクを負いながら，一定期間固定するのが固定値決めレートです。

固定期間は，採算を外してしまうリスクと事務負担との両方を勘案して決めます。当然，取引頻度が高く金額も大きい業務では，短く設定することになります。例えば，銀行のように毎日どころか毎分毎秒で外国為替取引が発生する業務では小口取引でも固定期間は1日とし，市場が乱高下するときはこの公示相場もキャンセルして建て替えることがあります。銀行に限らず外為取引が頻

繁に発生する企業では，固定値決めレートを設定していても実勢相場が大きく変化する場合は，躊躇なくこれをキャンセルして新たに設定し直すといった運用が必要です。経理上の平均レートや利益計画上の想定レートと異なり，値決めレートは実態的な損益に直接影響を及ぼすからです。

(5) 社内レート設定の心得

以上に紹介した社内レートの4つの目的は，「社内業務効率化」を優先するか，その対極にある「取引採算基準提供」を優先するかによって，両者を結ぶ線上のどこかに位置することになります（**図表4-9参照**）。もちろん，設定期間の長短などの設定条件によって，位置は変化します。

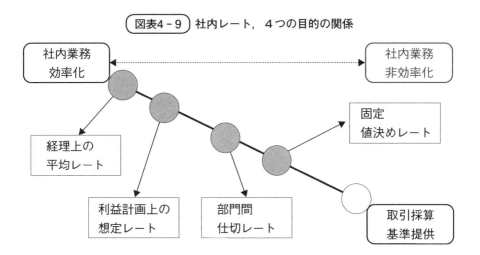

図表4-9　社内レート，4つの目的の関係

前者の代表が経理上の平均レート，後者の代表が固定値決めレートです。残る2つは両者の間にあることから，実務ではまず，代表2つの違いに着目した運用を行い，必要に応じて他の2つについても考慮する方法で対応するのが妥当であると考えます。

具体的には，下記の3点です。
① 経理上の平均レートと固定値決めレートの2種類の社内レートを設定し，

部門間仕切レートの設定が必要な場合は固定値決めレートをそのまま採用する。

② 固定値決めレートは市場動向に合わせて柔軟かつ機動的に修正する。

③ 利益計画上の想定レートは，持値や採算レートとの混同を避けるよう運用において注意する。

5 自社に合ったルール水準

以上をすべて実務に適用するには，相応の負担を覚悟しなければなりません。しかし，企業によって事情はさまざまです。月に数件程度の外国為替取引しか発生しない企業が全部を装備するのは非効率ですから，事情に合った装備を検討すべきです。一方，発生頻度は低くても最低限装備しておかなければならない必須項目もあります。

そこで，企業の事情に合わせた対応範囲図を整理してみました。**図表4－10**は，その整理図です。企業の各事情を横軸にとり，縦軸には各基本ルールをとっています。事情は企業規模や外国為替へのウエイトのかけ方，あるいは業歴の長さなどさまざまな切り口が考えられますので，ここでは単に「初・中・上」で表示しています。

管理対象リスクの特定分野では，初・中・上にかかわらず，決算への対処方針によって対応が異なります。一方，取引リスクは事情にかかわらず管理対象としなければなりません。また，経済リスクは初・中でも，インパクトの大きさによっては管理対象とすべきです。

リスクテイク限度の設定分野では，ヘッジ率とヘッジ締結タイミングに関わるルールは必須です。ヘッジ手法選択で，初および中の一部で不要としていますが，それはヘッジ手法として管理負担の小さい先物為替予約を使うことを原則として，多様な手法の選択余地を作らないという意味です。

社内レートの設定は，変更頻度を上げて実勢相場に近づけることで，経理上の平均レートと固定値決めレートの共通化が可能です。ただし，その場合でも，

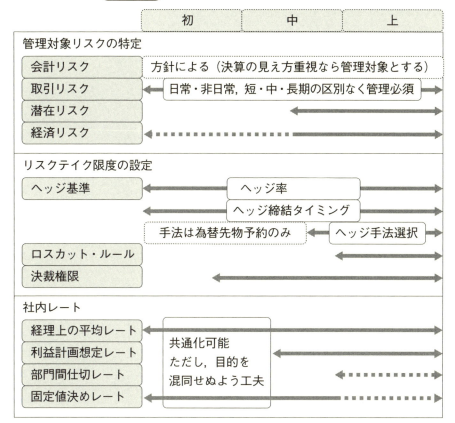

図表4-10 事情に合わせた基本ルールの装備水準

　実勢相場が極端に変動する場合は，経理上の平均レートは変更せずとも固定値決めレートは実勢に合わせて変更する必要があります。固定値決めレートは実態的損益に影響するからです。
　また，精度の高い事業計画を立案するようになると，利益計画想定レートも必要になるでしょう。
　企業事情の上段階において，固定値決めレートが破線になっているのは，最も精度の高い値決めレートは，固定せずに値決めの都度実勢相場を確認すべきであるため，その場合は固定値決めレートの位置づけが低くなるからです。

同様に，部門間仕切レートも破線で表示していますが，これは企業規模が拡大し，管理精度が高度化したとしても，仕切レートそのものの重要度が他のレートに比べて高くないことを意味しています。

第4章　為替リスク管理体制の構築　**209**

第2節　管理組織の構築

この節のポイント

● 組織機能には，現場情報伝達機能，ヘッジ実行機能，調査分析機能，意思決定機能，報告機能の5つがある。

● 各機能は，単独部署が担当する場合もあれば，複数部署による連携が必要な場合もある。

● 各機能を担う組織体は，企業規模や習熟度によって分化水準が異なる。

1　組織機能

　ここまでの検討で，為替リスク管理の基本方針を打ち立て，それを担う2つの技術（ボラティリティをみる技術とエクスポージャーを調整する技術）を研究し，さらに，それら技術を働かせる具体的枠組みである基本ルールを制定してきました。これらはITシステムでたとえるなら，オペレーションシステム（OS）とアプリケーションソフトです。ソフトウエアが揃ったところで必要となるのが，実際にソフトウエアを走らせる中央演算装置や記憶装置，インターフェイスなどのハードウエアとそれらを連結するケーブル配線です。

　本節では，ハードウエアである管理組織の構築方法について説明します。組織を構築するには，まず組織が果たすべき機能を明らかにし，その機能を割り当てる部署を決めたうえで機能の果たし方まで具体化する必要があります。そのため，それらの諸点が見えやすい組織形態である「機能別組織形態」を前提として話を進めていくことにします。

　まず，**図表4-11**をご覧ください。為替リスク管理のための組織は，ここに示された5つの組織機能を装備しなければなりません。

　まず，為替リスクの発生状況を把握し，そのリスクをヘッジによるリスク共有の方法で対応するのか，相場の予測結果を踏まえて共有以外の対応を検討す

図表4-11 為替リスク管理の組織機能

機能	内容
現場情報伝達機能	為替リスク発生現場から情報集中，処理別振り分け
ヘッジ実行機能	ヘッジ実行，ヘッジ状況管理
調査分析機能	情報収集，相場予測，意思決定への反映
意思決定機能	個別リスク対応意思決定，ルール改廃，管理方針決定
報告機能	持高状況・ヘッジ状況・差損益状況報告，相場予想報告

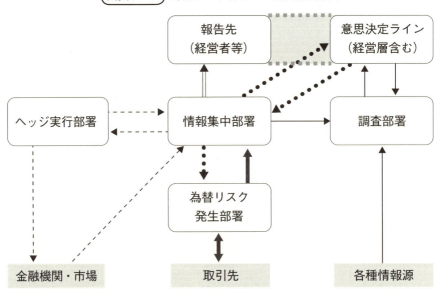

図表4-12 為替リスク管理の組織機能関係図

第4章　為替リスク管理体制の構築　211

るのか，処理別に情報を振り分ける必要があります。これを現場情報伝達機能と呼びます。

　次に，その情報が振り分けられる先での実際の対処により，ヘッジ実行機能と意思決定機能を用意する必要があります。意思決定機能とは，案件ごとに，あるいは案件種類ごとにリスク対応方法を選択または決定して関連する部署に指示を出す機能を担います。意思決定機能は単独では機能を全うしえず，調査分析機能の支援を必要とします。最後に，それら一切の為替リスク管理状況を集計・評価して報告する報告機能があります。

　以上の諸機能を実際に部署に割り当て，部署間での連携作法を含めた機能の仕方を整理すると，**図表4－12**のようにイメージすることができます。以下，順に説明していきましょう。

2　現場情報伝達機能

　為替リスク管理業務の出発点はリスク発生情報の伝達で，この機能を担うのは，為替リスク発生部署と情報集中部署の2部署です。

（1）為替リスク発生部署の役割

　このうち，発生部署とは外国為替取引を行う部署ですが，それは必ずしも営業部門や購買部門とは限りません。いつもは邦貨建ての資金運用をしているが今回は外貨建債権を購入してみようと考える財務部門でも為替リスクが発生する可能性はありますし，人材育成の目的で海外に留学生を派遣するためその学費を留学先に外貨で支払うなら人事部門でさえ為替リスクが発生することがあります。

　したがって，輸出入部門はもちろん，ほかにも社内のあらゆる部署が為替リスクの発生を認知し，リスク対応部門が必要とする情報をきちんと正しい情報伝達ルートに乗せるノウハウを持っていなければなりません。また，管理者は，各部署に対してリスク発生報告義務に責任を持つよう習慣づける必要がありま

す。各部署では，取引が問題なく契約されて完結することのみに関心が集中し，為替リスクにまで気が回らなくなりがちですが，この報告は為替リスク管理業務の入り口ですから，ここが疎かになればすべてが疎かになってしまうのです。このため，為替損益が発生した場合は報告を失念した部署に業績評価上のペナルティを課す方法や，取引内容のコンピューターシステムへの入力時に為替リスクの内容も併せて登録できる方法をとる，もしくは外国為替取引を1つの部署に集中するなどの工夫が必要です。

（2）情報集中部署の役割と情報の仕分け

機能を担う部署の後者は情報集中部署で，図表4－12では為替リスク発生部署から出ている実線矢印の先に位置しています。情報集中部署は，受け取った為替リスク発生情報を仕分けして，2箇所の実行部署に伝達する役割を担います。

この部署が情報を仕分ける基準は，**図表4－13**に示すように，第1章で設定した為替リスク管理の基本方針であり，本章第1節で述べた基本ルールです。すなわち，基本方針に従い，短期の取引リスクや一部の中長期取引リスクは原則としてヘッジに供します。ヘッジに供するにあたっては，基本ルールで定めたヘッジ率やリスクの性質によって推奨されるヘッジ商品に従うほか，会計リスクを管理対象とするルールとした場合にはデリバティブ商品の期限に配慮するなどの基本ルールに従います。

また，基本方針では中長期経済リスクや長期の潜在リスクは相場予想結果などを踏まえ，その精度に合わせてリスク対応の方法選択の意思決定をするのが原則になっていますから，これらの情報は基本ルールによる仕分基準にも照らしたうえで意思決定ラインに伝達します。

第4章　為替リスク管理体制の構築　**213**

図表4 - 13 情報集中部署での仕分け

基本方針	基本ルール	
・短期取引リスク ・日常中長期取引リスク など	・ヘッジ率/ヘッジ商品 ・会計リスク管理基準 など	ヘッジ 実行部署
・非日常中長期取引リスク ・中長期経済・潜在リスク など	・経済リスクパターン ・潜在リスク管理基準 など	意思決定 ライン

3　ヘッジ実行機能

　ヘッジ実行の業務を**図表4 - 14**のように全体の流れをチャート図にまとめました。時間は図の上から下へ縦に流れます。また，グレーで塗りつぶした部分は，2つの部署を表し，枠線で囲った左の列は社外のヘッジ取引相手である金融機関等を表しています。

（1）ヘッジ実行の業務フロー

　はじめに情報集中部署でヘッジ実行部署向けに仕分けられた情報が伝達されます。これを受けたヘッジ実行部署は，情報から為替リスクの特徴を読み取り，ヘッジの手段を選択して金融機関等（多くの場合，取引銀行）ヘッジ取引の相手方に接触します。先物為替予約を例にとるなら，取引銀行の外国為替窓口に電話などで金額や期間などを告げ，その場で売りと買い両方の先物為替レートの呈示を求め，許容できる範囲であれば口頭で締結する旨伝えます。その場で締結する旨を伝えてしまうわけですから，この者には一存での締結を許される職務権限が事前に与えられていなければなりません。実はこの権限が別のリスクを惹起することになるのですが，それは後述します。

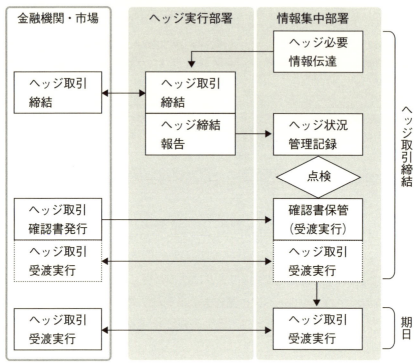

図表4-14 ヘッジ実行の業務フロー

　さて，締結後はただちに情報集中部署に締結内容を報告しなければなりません。情報集中部署はそれを記録しておき，取引銀行から後日送付される取引内容確認書（Confirmationという）と突合点検します。
　先物為替予約の場合は締結時の資金受渡しは不要ですが，ヘッジ手法によっては必要な場合がありますので注意してください。例えば，為替リスクと反対の外貨建債権（債務）を保有するなどの場合です。
　情報集中部署はヘッジ取引の期日（先物為替予約の場合は受渡日）まで取引契約書等（先物為替予約の場合は取引内容確認書）を保管し，期日が到来したら決済手続をとらなければなりません。多くの場合，資金の受渡しを伴いますので，外貨送金などの手配をします。この期日管理が重要な手続で，実務で

第4章　為替リスク管理体制の構築　**215**

はミス防止対策の重要なターゲットとなります。

（2）部署間の牽制機能

ところで，ヘッジ取引契約書等の突合点検，期日管理や決済がヘッジ取引締結と部署が隔てられているのには理由があります。それは，この分野の業務が事故や不祥事を起こしやすいことに起因しています。そのため，部署間の壁を設けて牽制効果を働かせているのです。前述の「権限が惹起する別のリスク」とは，この不祥事発生リスクのことです。例えば，ギャンブル好きなヘッジ実行部署がひと儲けしようと企み，社内の記録を残さずに為替の売買を繰り返して多額の差損が発生してしまうことがあります。過去にこの道の専門家であるはずの大手銀行も，かかる不祥事に悩まされた例はいくつもありました。

このとき，取引の相手方が契約書等を送付する宛先をヘッジ実行部署以外にしておき，そこに突合点検させることで，この企みを防止することができるのです。中小企業等小さな組織では頭数が不足してこのような組織分化が困難な場合がありますが，その場合でも，この業務における不祥事の発生する危険性を認識し，それを防止する手立てとして上記のような部署間牽制を働かせる方法があることを知っておくべきです。

4　意思決定機能

為替リスク発生部署からリスク情報を受け取った情報集中部署が，これを仕分けて伝達する2つの部署のうちの残る一方が意思決定ラインです。部署ではなくラインといっているのは，意思決定機能を担うのが特定の部署ではなく，ときには経営層を含めた意思決定，つまり決裁のラインを指しているためです。この役割は，非定型で多くの判断材料を丁寧に吟味して決裁する低頻度業務であることと，低頻度ながら個々の案件は大型で重要なものであるという点で，日常的に発生してあらかじめ与えられている権限の範囲内で即決即断する高頻度業務のヘッジ実行機能とはまったく性質を異にしています。いわば，非日常

的に発生する為替リスク関係案件への対応方法を決める役割を担うものです。

（1）個別案件リスク対応方法決定

意思決定機能には2種類あります。その第1は，個別案件のリスク対応方法を決定するものです。情報集中部署から伝達される情報は為替リスク発生部署が持ち込まれた個別のリスク案件で，多額または中長期の取引リスク案件や長期潜在リスク，中長期経済リスク案件です。基本ルールにおいて会計リスクも管理対象とした場合は，これも含みます。

意思決定ラインでは，環境変化予想の判断材料や案件期間に応じた将来の為替相場予想材料に基づいて，リスク対応方法を決定します。例えば，為替相場予想がある程度可能な場合，相場動向を有利に利用できる案件であればそれを採択し，リスクを保有または増加する方法を選択します。一方，相場が不利に変化すると予想するなら案件を見送り，リスクの回避か除去の方法を選択するか，案件を採択せざるを得ないときは不利な相場変動を価格に盛り込むなどの方法で結果の変更を試みる方法を検討します。

また，中長期であっても環境変化の判断が難しく，相場予想も困難な場合は，中長期ヘッジ手段によりリスク共有や結果の変更（ヘッジ）の方法を選択します。図表4 - 15は以上をイメージしたものです。

（2）現行の体制や基本方針などの見直し

意思決定機能の第2は，個別案件ではなく，為替リスク管理体制や基本方針，基本ルールに関わるものです。これらの体制やルールは，環境の変化に合わせて変更したり刷新したりしていく必要があります。例えば，既述のように定型処理手順のヘッジ処理では，ヘッジ率をあらかじめ定めておくとしましたが，相場が乱高下し将来の見通しが不透明な場合はリスクも高くなりますので，ヘッジ率を見直すべきです。また，新たに長期海外事業投資を開始する場合，それまで潜在リスクを管理対象としていなければ今後は管理対象とするよう方針を改める必要があります。

第4章　為替リスク管理体制の構築　**217**

図表4－15　個別案件に関わる意思決定機能の内容

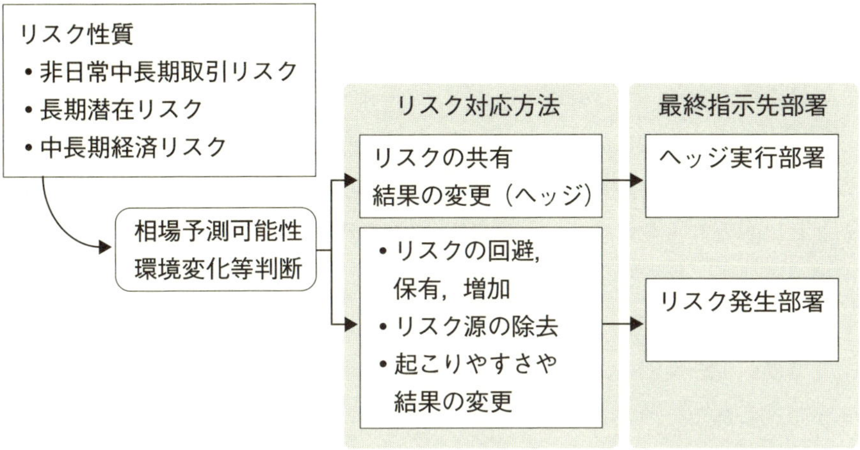

リスク性質
- 非日常中長期取引リスク
- 長期潜在リスク
- 中長期経済リスク

相場予測可能性
環境変化等判断

リスク対応方法

リスクの共有
結果の変更（ヘッジ）

- リスクの回避,
  保有, 増加
- リスク源の除去
- 起こりやすさや
  結果の変更

最終指示先部署

ヘッジ実行部署

リスク発生部署

　このため，経営を含む意思決定ラインは，調査分析機能を活用するなどして情報収集に努め，現行の体制やルール，判断基準などが変化していく環境に適応できなくなっていないかを点検して，必要なら修正しなければなりません。それを吟味して決裁するのがこの機能です。

5　調査分析機能

　調査は情報の入手から始まりますが，外部から入手した情報はそのままでは役に立ちません。まだ自分のものになっていないからです。自立した企業経営を目指すなら，情報は自分の力，つまり自社で創り出す努力をしなければなりません。

（1）情報の価値化

　自社の力で価値ある情報を創り出す方法は以下の3つです。
①　何もないところから1次情報やデータを収集し，一定の仮説を導き，検証する方法

② 外部から取得した１次情報や２次情報などを自社で評価し，業務に活かせるようスタンバイさせる方法

③ 収集した断片的な情報を蓄積し，有機的につなげて新たな価値ある情報にする方法

このうち①の方法は，目的を持って現場取材から始めるわけですから相当の作業負担を伴いますが，戦略への活用効果も期待できます。企業では顧客情報がこれに当たります。例えば，消費財小売ではPOSデータ，法人取引では，取引活動記録から顧客別カードを作成し，交渉ターゲットを絞る等の戦略に活用しています。

②では，データだけでなくデータの解釈や論評なども含む外部情報を入手しますが，これをそのまま鵜呑みにするのではなく，その正否，自社での利用価値を自分の力で評価してから利用すべきです。たとえ信頼できるコンサルタントからの助言であっても，対象業務においては理想形なのに，導入してみたら全体の均衡を損なったという例はいくらでもあります。損なうかどうかは自社で判断しなければなりません。

調査部署が担う為替相場予想作業では，③の方法が有効です。外部からもたらされる情報は，その時点では意味をなさない断片的な情報であっても，それが蓄積されてくると相互に結びついて意味をなすストーリーに結晶することがあります。

例えば，本邦物価指数は，それだけでは本邦内のインフレを示すのみですが，他方で米国物価指数がわかると，両国通貨の購買力を評価できます。また，金融政策方針に関する断片的な新聞記事も，継続して周辺記事を集めると政策方針の全体が見えてきます。さらに，定期的に発表される経済指標や統計を継続してプロットしていくと，その延長線上に将来の傾向値が見えたり，為替実績相場を時系列で記録するとケイ線分析ができたりします。これらはみな，自社内に情報を整理して蓄積していくことで得られる自社独自の価値化された情報といえるのです。

調査部署は，地味な部署ではありますが，意思決定の拠り所を提供する大切

な役割を担っています。できあいの情報や論評を拾ってきて,「世間ではこう言われているようです」ではとてもその役割を全うしているとはいえません。

(2) 2種類の調査分析

さて,調査部署の役割は,意思決定ラインにさまざまな判断材料を情報として提供し,意思決定を支援することにあります。意思決定機能には2種類ありましたから,調査部署の役割もこれに対応し,図表4-16の上段・下段に示すように「リスク対応方法決定を支援する情報の提供」と「為替リスク管理制度・ルールの有効性調査」の2系統あります。

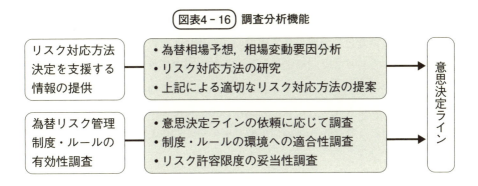

図表4-16 調査分析機能

① リスク対応方法決定を支援する情報の提供

このうち「リスク対応方法決定を支援する情報の提供」は,意思決定ラインが非日常的な為替取引案件についてどのようなリスク対応方法で臨むかを決裁するための判断材料を提供するものです。それは個別の取引であったり,事業全体であったりと粒度はさまざまですが,共通して求められるものとしては,為替相場予想とリスク対応方法研究の2つが挙げられます。

為替相場予想は占いではありませんので,相場水準そのものを言い当てることに固執する必要はありません。売られるのか買われるのかの方向感だけでも情報として有効です。そればかりか,「予想不能」という情報でさえ有効です。

その場合は，当該案件を採択しないか，完全ヘッジして採択するかという意思決定が可能だからです。為替相場予想の目的は意思決定を支援することであって，為替差益は2次的なものなのです。これを全うするためには，情報集中部署から案件に関する情報を受け取って案件の性質もよく理解しておかなければなりません。

後者のリスク対応方法研究は，自社に相応しい方法を見出すのが目的です。世間で行われているリスク対応方法から相応しいものを見出したり，それらを組み合わせて独自の方法を組み立てたりするほか，ヘッジ手法の利用費用やプライシング，残留リスクの把握等も守備範囲です。

②　為替リスク管理制度・ルールの有効性調査

2系統ある調査分析機能のうち後者の「為替リスク管理制度・ルールの有効性調査」は，為替リスク関係案件でも，為替取引案件ではなく，為替リスク管理制度に関わるものです。外国為替市場の状況や国際通貨制度，為替政策の変更など為替リスク管理を取り巻く環境の変化を捉えて，現行の為替リスク管理体制や基本方針，基本ルールの修正や変更の決裁に必要な情報を提供するのがこの機能です。

例えば，環境が変化して短中期見通しが不透明になった場合，現行のヘッジ率ではリスクがどの程度増加するかなどの情報を提供します。これを受けた意思決定ラインでは，増加するリスクが自社のリスク耐力の範囲を超えると判断するなら，ヘッジ率の引上げを決定するという具合です。

6　報告機能

報告書は情報集中部署から経営者などに宛てて提出します。報告には報告内容を伝える役割は当然ですが，そのほかに報告先に点検作業のきっかけを知らせるアラームとしての役割もあります。近時，クラウドを利用したITシステムの普及により，情報はいつでも好きな時に取りにいけるようになりました。

しかし，だからといって報告書が不要になったと考えるのは，この役割を無視した，報告者の都合でしかありません。プッシュ型情報提供として，要点を網羅した平常時の定期報告は欠かすことができないのです。

報告の内容は，為替リスクの状況，外国為替市場の状況などです。前者は持高の状況，為替差損益の状況，リスク対応方法別対応状況などから，後者は実勢相場の推移と変動要因，今後の為替相場変動要因と相場動向などから構成されます。

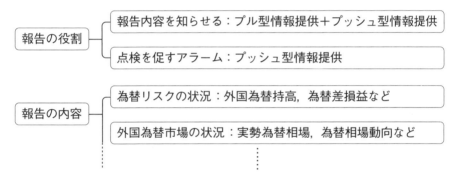

図表4－17　報告機能の内容

7　自社に合った組織

基本ルール同様，組織構築においても各部分が均衡していても企業全体の経営に相応しい均衡がとれていなければ，混乱するだけです。

組織構築では，為替リスク管理の習熟度によって機能分化の水準が異なるのはもちろんですが，いくら習熟していても現実にそれを担う力量を備えた人材，さらに現実問題として，頭数，つまり単純に人数が揃っていなければ組織を機能に合わせて分化することはできません。そこで，自社に合わせた組織を構築するには，習熟度のほかに自社の規模も考慮する必要があります。

図表4－18は，習熟度や規模等を横軸にとり，それが変わるに従って，為替

図表4-18 自社に合わせた組織分化水準

リスク管理の5つの組織機能をどんな部署が担うかを示したものです。

　未習熟で小規模な企業では，意思決定機能を担うのは経営者と意思決定ラインです。さらに小さい企業では社長1人の場合もあるでしょう。リスク発生の情報を集めたりヘッジなどのエクスポージャー調整をしたり，管理状況を報告する実務の大半は経理部が担当しています。また，図では経理部の機能として4つを網羅していますが，初期段階での必須機能は報告機能，ヘッジ実行機能，現場情報伝達機能の3つです。

　ある程度習熟して規模も大きくなると，経理部から調査分析機能を括り出すことができます。最終的には，ヘッジ実行機能を現場情報伝達機能と報告機能から切り離して牽制機能を働かせることができれば，これが一応の完成形です。

なお，基本ルール「決裁権限」の説明でも触れましたが，各決裁権限の範囲内における意思決定，つまり決裁は各組織機能の中にもあることに注意してください。ここでいう意思決定機能はあくまでも，非日常中長期取引リスクや中長期経済リスク等の個別案件と，基本方針や基本ルールなどの為替リスク管理体制そのものに関わるものに限定したものです。

第3節 管理ツールの制定

> **この節のポイント**
>
> ● 管理ツールは,連絡ツール,持高把握,ヘッジ管理,為替リスク対策検
> 討,為替相場変動要因記録整理表,未来年表。
> ● 連絡ツールと外国為替持高表は必須ツール。
> ● 外国為替持高表(差損益表示タイプ)やヘッジ管理票など,ITシステム
> の支援がなければ導入困難なものもある。

1 連絡ツール

　1つの業務を複数の組織単位が機能を分担して行う以上,連絡ツールは欠か
せません。とりわけ為替リスク管理においては,一連の流れの初動に当たる為
替リスク発生部署からの連絡は,最も重要な連絡パイプです。連絡は為替リス
クが異動(発生または解消,変更など)する都度行う必要がありますので,1
異動1葉の連絡票を使うべきです。

(1) 為替リスク発生連絡票と記載項目

　連絡票を受け取る情報集中部署では,そこからヘッジ部署または意思決定ラ
インのどちらに伝えるべきかを連絡票内容から判断しなければなりません。ま
た,ヘッジ部署が相応しいヘッジ手段を選択するのも,意思決定ラインがリス
ク対応方法を決めるのも,連絡票に記載された情報内容が頼りです。したがっ
て,連絡票に盛り込む情報はそれらの要求を満足する項目を網羅しなければな
りません。下記の諸項目を網羅しておく必要があります。

①　連絡種別　:為替リスクの発生,解消,変更の別
②　外貨金額　:通貨と金額
③　為替相場　:この取引に適用した為替レート

④　期　　　間　：発生日，決済または手仕舞いまでの期間

⑤　取引種別　：輸出/輸入，債権購入/売却など

⑥　異動内容　：契約締結，勘定計上など

このうち，①の連絡種別は為替リスクの異動の種別を記載する欄ですが，少し注意が必要です。気づかないうちに為替リスクが異動している場合があるからです。実際に資金の受払いが伴う異種通貨の交換は明らかに為替リスクが異動しているため見えやすいのですが，将来の異種通貨交換を約束する契約を締結する場合は，その時点では資金の受払いが発生しないので，つい見過ごしがちなのです。例えば，3ヶ月後に代金を外貨で受け取る輸出契約を締結する場合では，受け取るのが3ヶ月後だから為替リスクが発生するのも3ヶ月後であるとするのは，よく素人が犯す誤りです。では，船積みを終えて売上を計上した時点でしょうか。それも違います。輸出契約締結時点ですでに発生しているのです。この時に連絡票を作成して発生した旨を報告しなければなりません。

もっと厳密にいうと，見積書を作成して輸入者に呈示したときに，すでにリスクが発生しているといえます。だた，見積りの段階では取引が未確定なので，為替リスクの発生も確定していません。見積り提出後の成約確率度合いが高い場合は，見積り提出時に成約を見越して連絡票を提出するほうが合理的ですが，それは事業や取引の性質やその業界の商習慣によりますから，見極める必要があります。頻度の少ない大口為替の場合はオプションを活用する方法もあります。為替リスク異動の内容が複雑で伝えにくい場合は，「異動内容」欄を使って補足する必要があります。

⑤の「取引種別」欄は，「買い為替」「売り為替」の別を記入する欄です。その取引が買い売りどちらなのか現場の担当者には判別できないケースも多いと思われますので，その場合は「輸出締結」や「外貨預金預け入れ」など具体的な取引内容を記入させる方法を指導します。

（2）為替リスク発生連絡票の使用例

図表4-19は為替リスク発生連絡票の書式例です。下記の為替リスク発生案

件を反映して内容を記入してみました。

図表4-19 為替リスク発生連絡票

連絡部署・連絡日	営業第一部　　20X1年7月1日		
連絡種別	発生　　・　　解消　　・　　変更		
通貨	US$	外貨金額	250,000.00
為替相場	110.00		
期間	20X1年7月1日～20X1年10月15日		
取引種別	輸出契約締結（期間終期は米ドル代金入金予定日）		
異動内容	提出した見積りに応じた注文書を受領し請け書発行済み		

- 7月1日，営業第一部が輸出取引を約定した。
- 約定の形態：1週間前に呈示した見積書に応じて先方が注文書を発行し，即日（7月1日）請け書を返戻した。
- 金額はUS$250,000.00で，船積み3ヶ月後に入金される予定。
- 本日の為替相場はUS$1.00＝¥110.00で，見積り作成時に使用したレートも同じであった。

　上記案件が無事実行され，代金受け取り後，即円転して為替リスクが解消された時には，図表4-20に示した内容で連絡票を作成します。

図表4-20 為替リスク発生連絡票

連絡部署・連絡日	営業第一部　　20X1年10月10日		
連絡種別	発生　　・　　解消　　・　　変更		
通貨	US$	外貨金額	250,000.00
為替相場	115.00		
期間	20X1年7月1日～20X1年10月10日		
取引種別	輸出代金受領，即円転		
異動内容	受領した外貨を本日の実勢相場で円転		

第4章　為替リスク管理体制の構築　　227

　この例では代金受領と円転も営業第一部が行っているため，営業第一部から連絡票が提出されています。経理部署が入金確認と円転判断を行う場合は，連絡部署は経理部となり，経理部署が情報集中部署を兼務している場合は連絡票作成を自作自演または省略することになります。また，この事例では，代金受領の日の実勢相場で円転していますが，ヘッジしているなら，為替相場欄にはヘッジ締結相場を記入します。

2　外国為替持高の把握

　エクスポージャー，すなわちリスクにさらされている露出量は持高の傾きの程度ですから，それを算出して表示する外国為替持高表は為替リスク管理業務のなかで一番重要な管理ツール兼報告書であるといえます。

（1）外国為替持高表と記載内容

　図表4‐21は，外国為替持高表（以下，「持高表」という）の1例です。
　外国為替持高表は，為替リスクの全部を把握しようとするものですから，為替リスクを認識しなければならない取引は，すべて網羅しなければなりません。持高表は貸借対照表に似ていますが，この目的を達成するためには，売掛金や買掛金など通常の貸借対照表に計上される勘定の外貨部分のほかに，先物為替予約などの残高も計上する必要があります。前者によって発生する持高を「直物為替持高」，後者によって発生する持高を「先物為替持高」と呼びます。
　先物為替持高の計上対象は先物為替予約など，直物為替持高のカバーないしヘッジの目的で契約したオフバランス取引ですが，直物為替持高の予備軍である外貨建商品売買契約の締結なども持高表の一角に加えるべきだと，筆者は考えています。それらは今後，外貨建売掛金や外貨建買掛金になることが約束されたものだからです。
　契約の段階ですでに為替リスクが発生しているため，経理の有無にかかわらず，将来の外貨受取り・支払いが確定していればそれらはすべて為替リスクの

図表4－21 外国為替持高表（外貨表示タイプ）

買い為替		売り為替	
科目	残高金額	科目	残高金額
直物為替買い持高	$130.00	直物為替売り持高	$90.00
On-Balance	$100.00	On-Balance	$60.00
現預金	$10.00	買掛金	$10.00
売掛金	$20.00	借入金	$20.00
貸付金・債権	$30.00	社債	$30.00
投資	$40.00		
Off-Balance	$30.00	Off-Balance	$30.00
販売契約	$10.00	購買契約	$10.00
貸付金契約	$10.00	借入金契約	$10.00
投資契約	$10.00	社債契約	$10.00
ネット直物為替持高		ネット直物為替持高	$40.00
先物為替買い持高	$50.00	先物為替売り持高	$80.00
先物買い予約	$50.00	先物売り予約	$80.00
ネット先物為替持高	$30.00	ネット先物為替持高	
総合為替買い持高	$180.00	総合為替売り持高	$170.00
ネット総合為替持高		ネット総合為替持高	$10.00

もととして持高表に記載して管理する必要があるのです。

　なお，これらのオフバランス取引は，将来のオンバランス取引として先物為替持高で管理する考え方もありますが，図表4－21に示した例では先物為替持高ではなく，あえて直物為替持高の枠内に表示しています。実需本体に絡むものであることから，ヘッジ取引との区別を優先しているのです。

　表は縦2列で構成され，左側が買い為替，右側が売り為替です。買い為替の科目には現預金，売掛金，貸付金や投資など貸借対照表の資産に当たるもの，売り為替には負債の科目を配置します。

表の構成は，左右2列のほか上下2段にも分かれています。上段には直物，下段には先物の各取引を記載し，それぞれでネット為替持高，つまり持高の傾きを小計し，最終行には直物と先物を合算したネット総合為替持高を表示しています。この例では，全体として持高が10ドルだけ買いに傾いています。このことは，現在の相場が例えば110円から111円に1円だけ円安になるとき10円の為替差益が発生するということを意味しています。この10ドルが，為替リスクにさらされている露出量，つまりエクスポージャーです。

外国為替持高表を作成して報告先や意思決定ラインに向けて提供するのは，情報集中部署の役割です。

（2）差損益表示タイプの外国為替持高表

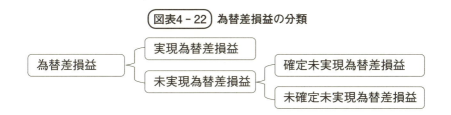

図表4－22　為替差損益の分類

ところで，為替差損益は，「実現・未実現」，「確定・未確定」の2種類の区別によって**図表4－22**のように分類することができます。前述のエクスポージャーはこのうちの未確定未実現為替差損益に対応していますが，未実現だがすでに確定している為替差損益が外国為替持高表のうちの売り為替買い為替両建てになっている部分，つまり図表4－18では170ドル（総合為替買持高と総合為替売持高のうち小さいほう）について発生しているはずです。

この確定未実現為替差損益を表示させた持高表が**図表4－23**の「外国為替持高表（差損益表示タイプ）」です。図表4－21「外国為替持高表（外貨表示タイプ）」と構成は同じです（スペースを節約するためOn/Off-Balanceなど省略した）が，外貨金額欄のほかに，外貨に持値を乗じて算出した円換算額欄が追加されています。

図表4-23 外国為替持高表（差損益表示タイプ）

買い為替				売り為替			
科目	外貨	持値	円価	科目	外貨	持値	円価
直物買い持高	$40.00	109.25	4,370	直物売り持高	$50.00	108.40	5,420
現預金	$20.00	110.00	2,200	買掛金	$20.00	110.00	2,200
売掛金	$10.00	109.00	1,090	借入金	$10.00	108.00	1,080
投資	$10.00	108.00	1,080	社債	$20.00	107.00	2,140
ネット直物	$10.00	108.40	1,084	ネット直物			
先物買い持高	$40.00	108.25	4,330	先物売り持高	$40.00	109.00	4,360
先物買い	$40.00	108.25	4,330	先物売り	$40.00	109.00	4,360
ネット先物	$0.00			ネット先物	$0.00		
総合買い持高	$80.00	108.75	8,700	総合売り持高	$90.00	108.67	9,780
ネット総合	$10.00	108.67	1,087	ネット総合			
確定未実現差益				確定未実現差損			7

　考え方はこうです。つまり，直物買い持高40ドルは平均109.25円で形成された持高で，これを平均レート109円の先物売り予約（先物売り）でヘッジしたので，確定した10円の差損が発生していますが，両者ともまだ決済日を迎えていませんので実現していません。図表4-23では，平均持値で計算した確定未実現差損が全体で7円（四捨五入）発生しています。

　実際の持高は持値の異なるいくつもの個別の取引からなっていますから，その1つひとつを取り出し，取引金額で加重平均して科目ごとの持値を算出するのは相当の事務負担が伴います。以前，このような記録再計算作業を手元で行うのは大きな事務負担が伴いましたが，現在はITシステムが普及したことで，このような管理が日常的に可能になりました。

（3）持値の取扱いに関する注意

　ここで，社内レートを使っている場合に注意すべき事項がありますので，それを補足しておきましょう。それは，取引に実際に適用したレートと社内レー

トとの関係に関わるものです。

例えば，10,000円を円投して米ドル外貨定期預金を作成する場合，銀行との間では市場の実勢相場を換算レートとして使います。仮にこの時の実勢相場が100円で，社内レートが80円に設定されていた場合，米ドル定期預金の作成で使った円資金は10,000円ですが，経理上の円換算額は8,000円です。満期日に円転したときの実勢相場が100円なら元金はもとの10,000円ですから，実態上の差損益は発生しませんが，経理上は2,000円（$100.00×¥100.00－¥8,000$）の為替差益が発生します。

これは実態上の持値（100円）と経理上の持値（80円）が異なるために発生する問題です。それなら同じにすればよいというのが道理ですが，社内レートの目的からすれば，近づけることは可能でも同じにすることはできません。この点は既述のとおりです（本章第1節）。ちなみに，この2,000円は定期預金作成時に以下の仕訳によって，実現為替差損益として損益計算書に計上されていますので，満期日の差損と相殺され，経理上も差損益は発生していないことになります。

外貨定期預金	¥8,000	円普通預金	¥10,000
為替差損	¥2,000		

同様のことは，販売や購買契約時の適用レートと売掛金や買掛金計上時の社内レートとの間でも発生しますので，社内レートの設定には工夫が必要です。

3 ヘッジ管理

外国為替持高表は，先物為替を「先物為替持高」と1つに括っていますが，実際には決済時期ごとにバランスを把握する必要があります。6ヶ月先の外貨建売掛金の回収に対して，3ヶ月先の売り予約を締結してもヘッジを済ませたとはいえないからです。

（1）ヘッジ管理表の利用

図表4-24は，ひと月の刻みでヘッジ過不足を把握するための「ヘッジ管理表」の例です。

図表4-24 ヘッジ管理表

			実勢相場	107.00

決済時期（YYYY/MM）			20X1/01	20X1/02	20X1/03	20X1/04	合計
実物為替	買い為替	外貨額	$20.00	$10.00	$10.00		$40.00
		持値	110.00	109.00	108.00		
		円価額	2,200	1,090	1,080		4,370
	売り為替	外貨額	$20.00	$10.00		$20.00	$50.00
		持値	110.00	108.00		107.00	
		円価額	2,200	1,080		2,140	5,420
ヘッジ取引	買い為替	ヘッジ額	$20.00	$5.00		$15.00	$40.00
		締結レート	110.00	108.00		106.00	
		円価額	2,200	540		1,590	4,330
	売り為替	ヘッジ額	$15.00	$10.00	$5.00	$10.00	$40.00
		締結レート	110.00	108.00	110.00	108.00	
		円価額	1,650	1,080	550	1,080	4,360
総合持高	買い為替	外貨額	$40.00	$15.00	$10.00	$15.00	$80.00
		平均レート	110.00	108.67	108.00	106.00	
		円価額	4,400	1,630	1,080	1,590	8,700
	売り為替	外貨額	$35.00	$20.00	$5.00	$30.00	$90.00
		平均レート	110.00	108.00	110.00	107.33	
		円価額	3,850	2,160	550	3,220	9,780
確定未実現差益			0	▲10	10	20	20
	ヘッジ済為替		$35.00	$15.00	$5.00	$15.00	
未確定未実現差益			▲15	5	▲5	5	▲10
	ネット総合持高		$5.00	▲$5.00	$5.00	▲$15.00	

横軸には決済時期を月単位でとり，個別の為替取引をその決済時期に対応させてプロットしていき，縦には直物為替・ヘッジ取引に分けてそれぞれ売り買い別にプロットすることで，縦の1列で当該月のバランス状況を総合持高欄から読み取ることができる構成にしてあります。

図表では4ヶ月分しか表示されていませんが，横軸の長さは管理単位に合わせておくのがいいでしょう。決算での為替評価損益など会計リスクも為替リスク管理の対象とするよう基本ルールで決めた場合は，表の下2段を活用することによって会計リスク管理を支援することもできます。

（2）未実現損益の計算ロジック

未実現損益の計算ロジックは次のとおりです。つまり，確定未実現差益（差損は▲表示）は，ヘッジ済為替に当該月の売り買い平均レート差を乗じて算出します。買い為替の総合持高と売り為替のうち小さい金額が総合持高の買いと売りが対応していることから，ヘッジが済んでいるものとみなすのです。また，未確定未実現差益（差損は▲表示）は，ネット総合持高に現在の実勢相場と平均レートの差を乗じて算出します（**図表4-25**参照）。

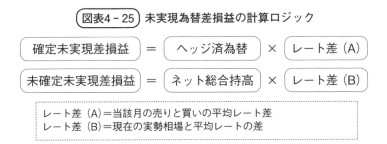

図表4-25 未実現為替差損益の計算ロジック

ヘッジ管理表は情報集中部署が作成して自部署で使うほか，報告書として報告先や意思決定ラインに提供します。

4 為替リスク対応検討・管理票

　ここまで，主としてヘッジによる短期的なリスク共有のための事務処理ツールを紹介してきましたが，経済リスクや潜在リスク，長期大口取引リスクの場合は，リスク対応方法の検討から始める必要があるため，すぐにヘッジ実行というわけにはいきません。そもそも，これらについては将来の為替相場の予想結果を活かして対応方法を決めるというのが為替リスク管理の基本方針でした。もちろん，検討の末に予想結果の信頼性が不足しているなどの理由で日常的な先物予約で対応することになったという結論はありえます。しかし，その前にリスクの内容を十分吟味する必要があるのです。

　そこで，**図表4－26**のようなツールを使います。検討単位ごとに起票するため，「表」ではなく「票」です。案件内容と相場予想結果，リスク対応方法の3つで構成されており，「案件内容からリスクの性質を理解し，相場予想結果を加味して対処方法を決める」という思考回路に沿っています。

　項目「管理期限」は，当該リスクの消滅時であり，リスク対応方法で決めた対応の終了時でもありますが，同じ経済リスクについて環境の変化などを考慮して別のリスク対応方法に切り替える場合は期限到来前でも用済みですから，その場合は，新たな管理票を起票し，「当該管理票を本件に吸収する」旨を記録しておくと流れが一貫します。

第4章　為替リスク管理体制の構築　　235

図表4-26　為替リスク対応検討・管理票

項　　目			記　　述
案件名			
作成日			
管理期限			
案件内容			
	直接・間接		
	環境変化原因		
	為替相場変動の影響の受け方		
		影響を受ける事業	
		変動方向と有利・不利の別	
		影響額概算	
相場予測結果			
	方向（外貨高・安）		
	水準（対円価）		
	精度保証・評価		
リスク対応方法			

5　為替相場予想材料記録整理表

　調査部署が行うことになっている為替相場の予想には，情報の収集が欠かせません。情報は経済指標等や環境の変化，あるいはその兆し，金融経済政策方針・姿勢など多岐にわたりますので，収集した情報をよく整理しなければ，それを活かすことができません。

　整理にあたってはいくつかのポイントがあります。まず，情報の重要度を評価してランク付けすることです。重要度は，相場予想の拠り所としているアセット・アプローチなど相場決定理論の成立要件を裏付ける強度によって測り

ます。一般に理論は，一定の成立条件を前提とする場合が多く，前提が成り立たなければ理論も成立しません。別言するなら，この条件を裏付ける材料が揃えば，相場は理論どおりに推移するはずです。第2章で説明した予想方法もこの理屈を利用して，成立要件を導く因果関係を辿っていくものでした。

ポイントの第2は，情報の有効期限です。有効期限は賞味期限ではありません。例えば，金融当局が「インフレ率が2％に達するまで，資産の買取りを継続する」という金融政策方針を打ち出したとします。市場は予想外の方針発表に驚いて売りに殺到しますが，そのうち情報の新鮮さが薄れ，ポジション調整と称して買い戻し始めます。それが情報の賞味期限です。一方，政策はインフレ率との関わりで進みますから，2％に達するまでが本来の期限であるはずです。これが有効期限です。私達は市場が受ける短期的な印象で相場を予想しません。その情報が有効であるうちは手元に管理し，冷静な分析に役立てるべきです。

ポイントの最後は情報の相互結晶です。前節で，外部からもたらされる情報は，断片的な情報であっても，それが蓄積されてくると相互に結びついて意味をなすストーリーに結晶することがあると説明しました。収集した情報を手元に整理して保管管理することで，互いに有機的に関連し合い結びついて，より次元の高い「使える」情報が形成されていきます。もちろん結晶した情報も引き続いて保管管理しておかなければなりません。

図表4-27は以上を考慮して作った整理表です。

図表4－27 為替相場予想材料記録整理表

【短期】

記録日	有効期限	重要度	内容
YYYY.MM.DD	YYYY.MM		

【中期】

記録日	有効期限	重要度	内容

【長期】

記録日	有効期限	重要度	内容

- 【短期】は，「基本ルール」で一定の短期為替操作を許す場合に利用する。
- 経済統計などの独自分析で得られた結果も材料として記録する。

6 未来年表

　第1章第2節②で，為替相場の予想を撹乱する要因を2つ紹介しました。1つは為替投機で，他の1つは経済活動以外の環境変化です。前者の撹乱効果は短期的ですが，後者は中長期にわたって影響し続けますので，よく観察する必要があります。

　その場合，すでに予定されている政治・社会のルール変更やイベントなどは，予定確定材料として有効活用するのは最低限の心がけです。

　例えば，99年の租借期間が定められて1997年に中華人民共和国に返還されることが決まっている香港の場合は，それ以前においては予定確定材料でした。

さらに，返還にあたって向こう50年間は原則として従来の制度を継続する１国２制度は，1997年から数えて50年後の予定確定材料です。50年後には経済活動の仕組みが統一され，為替相場も変化する可能性があるのです。

また，為替相場への影響を考慮する必要があるような制度を時限立法によって維持している場合は，その期限が到来すると，人為的圧力から解放されて相場が大きく変化する可能性があります。新法の施行予定日や国際間で合意された経済協力や貿易自由化の実施計画なども予定確定材料です。

これらは，さきに述べた為替相場変動要因記録整理表でも管理可能ではありますが，特に予定確定材料として選別し，未来年表にプロットしておくと，中長期の為替相場予想に利用しやすく便利です。**図表4-28**はその書式例です。

図表4-28 未来年表

年月	○○分野	○△分野	△△分野	□□分野
2020				
2020/01				
2020/05				
2020/○				
2022/00				
2023/				
2023/				

- 横軸の分野は政治，税制，政策など適宜分類する。
- 年月は，YYYY/MMのように記入する。
- 2020年10～12月のように，期日に範囲がある場合は，「2020/10」と範囲のはじまりで記入しておく。

7 自社に合ったツール選択

ツーツの選択にあたっても，自社の事情をよく踏まえて行わなければなりません。必須ツールは，連絡ツールと外国為替持高表です。外国為替持高表は必ずしも差損益表示タイプである必要はなく，外貨でのバランスが確認できるものであれば習熟度の初期・中期段階では用が足ります。未来年表は，初期段階

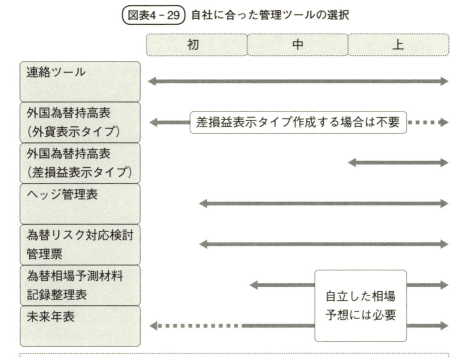

図表4-29 自社に合った管理ツールの選択

- 連絡ツールと外国為替持高表は必須。
- ヘッジ管理表と為替リスク対応検討管理票は必須ではないが，為替リスク管理開始後できるだけ早い段階で導入すべき。
- 為替相場予想材料記録整理表と未来年表は為替相場予想を支援するツール。
- 未来年表は，為替相場予想のみならず，経営戦略立案にも有効であるため，初期段階では破線で表示。

でも導入対象としていますが，このツールが為替リスク管理だけではなく，経営全体の戦略立案にも有効であるため破線で表示しています。

　また，ヘッジ管理票と為替リスク対応検討管理票は，可能ならば初期段階から導入すべきですが，必須ツールとはしていません。

　ところで，これらはすべて紙ベースで紹介してきました。もちろん紙に固執する必要はなく，ITシステムで対応できるものは大いにそれを利用すべきです。

　例えば，連絡ツールは，システムのワークフロー機能や集中フォルダーへの投稿方式を使う方法が便利です。取引種別ごとに区分すれば，自動集計して外国為替持高表に表示することも可能になります。

　外国為替持高表（差損益表示タイプ）は，むしろITシステムが装備されていない場合は導入は困難です。また，ヘッジ管理票も発生頻度が低いうちはエクセルなどの表計算ソフトで対応できますが，高くなってくるとエクセルでは太刀打ちできません。

　図表4－29は，習熟度に合わせて選択すべき管理ツールを表示したものです。もちろんこれは1つの目安であり，導入の優先順位は組織の規模や要求する管理精度の高さによっても変わります。また，管理ツールの1つひとつもあくまで1例です。各ツールの構成と趣旨を理解したら，改めて自社に相応しいものを考案することをお勧めします。

―第5章―

期間別為替リスク
管理の実務と事例

短期リスク管理の要点と事例
- 短期為替リスク管理の要点
- 事例：小規模企業の為替リスク管理
  体制構築
- 事例：社内レートと為替差損益
- 事例：材料輸出，委託加工輸入によ
  る自然ヘッジ

中期リスク管理の要点と事例
- 中期為替リスク管理の要点
- 事例：円安予想下の原材料確保
- 事例：円高で国内仕入を輸入に切替え
- 事例：当事者間で独自の取引価格換
  算レート設定

長期リスク管理の要点と事例
- 長期為替リスク管理の要点
- 事例：新興国への生産拠点移転を検討
- 事例：将来の為替安を見込んだ戦略
  的配当支払

前章まで，為替リスク管理の基礎から理論，企業経営の視点から導いた管理方針，その管理方針を実行する技術，さらに技術を実務に応用するための管理体制構築と，観念的なものから徐々に具体的な方法論へと話を進めてきました。この流れを継ぎ，最終章では，短期・中期・長期の期間別為替リスク管理実務の要点をまとめたうえで，究極の具体論である事例を紹介して本書をしめくくりたいと思います。

ただ，為替リスク管理の現場はあまりにも多様です。その場面をいちいち紹介すると際限がなく，議論と事例が大きくかけ離れて論点もぼやけてしまうことになりかねません。そこで，ここでは実際にあった実例ではなく，筆者の体験や取引先からのヒアリングなどをもとに，これまでの議論とつながりを持たせることに配慮しながら構成した架空の事例を紹介します。これまでの論点を盛り込んだ事例をいくつも登場させますので，これを短期，中期，長期と期間別に区切ってみていきましょう。各事例の表題に付した括弧内にはその事例でテーマとなったリスクの種類を記載しましたので参考にしてください。期間は互いにオーバーラップする部分もありますが，短期を取引や事業の開始から手仕舞うまでの期間がおおむね1ヶ月から1年，中期を半年から5年，長期を3年以上の期間と設定しています。

第5章　期間別為替リスク管理の実務と事例　**243**

第1節　短期リスク管理の要点と事例

この節のポイント

- 短期為替リスクは，原則として定型処理手順による事務処理的管理。
- 事例：小規模企業の為替リスク管理体制は，必須項目のみで構築する。
- 事例：長い期間固定する社内レートを取引先との値決めに使った結果，実勢相場と乖離して為替差損益が発生。
- 事例：自然ヘッジは，単に外貨をうまく繰り回しているからといって成立しているわけではない。

1　短期為替リスク管理の要点

　為替リスク管理の基本方針により，短期の為替リスク管理は原則としてリスクを排除する方法で対応します。短期においては，投機行為など為替相場市場を攪乱する要素が多く相場予想が困難であるため，リスクを持たないほうが得策であるというのがその理由でした。

　また，経済リスクは短期間でも発生しうるが，企業経営への影響は小さいことから，管理対象リスクから除外し，潜在リスクも大口長期だけを管理対象とするというのが基本方針です。したがって，短期では取引リスクが管理対象となり，取引リスクは定型処理手順による事務処理的な管理を中心とし，一部の異例案件のみを意思決定ラインへ回す体制とします。以上を下記の諸点に整理することができます。

- 取引リスクを管理対象とし，リスクを排除する方法で対応する。
- 日常的に発生するリスクは，ヘッジ率，ヘッジ方法などを定めた定型処理手順に従って事務処理する。
- 例外的に定型処理手順で対処できないリスクが発生した場合は意思決定ラインに方法選択を委ねる。

これらの諸点を踏まえて，以下に示すいくつかの例を参考に実務での対処方法を検討してください。

2　事例：小規模企業の為替リスク管理体制の構築（短期取引リスク）

A社は，海外に日用品など少額の商品を輸出しています。輸出業務を開始して数年経過し，取り扱う品目や輸出先が増えて毎日のように輸出契約が発生するようになってきました。そうなると，全体の売上に占める輸出の比率も次第に高くなり，これまで業績にほとんど影響がなかった為替差損益も無視できないほどの金額になってきました。そこでA社は，貿易業務の流れが定着し始めたこのタイミングを捉えて，改めて為替リスク管理の体制を再構築することにしました。この再構築検討の様子を事例として紹介します。

A社の再構築手順は以下のとおりです。

① 　為替リスク管理の基本方針を打ち出す。

② 　基本方針の実行方法を選択して決める。

③ 　業務フローを考慮しながら組織を作る。

以下，順にみていきます。

（1）管理の基本方針

A社はこれまで国内取引が主体でしたから，外国為替の知識や技能を持っている社員はそれほど多くありません。ようやく定着してきた輸出業務についても，信用状や船積書類の取扱いには慣れてきたものの，リスク管理まで知恵が回る社員は本社にわずか数名いるだけです。また，A社の規模も，従業員約100人と小規模で，工場は持たないものの大半は国内業務に従事しており，国内業務分野でもみな必死に活動しているため，為替リスク管理の要員として回せる人員はありません。

このような状況を考慮し，為替リスクに対してはあくまでも保守的に関わり，可能な限りリスクはとらない方針としました。輸出業務を開始した動機も，円

第5章　期間別為替リスク管理の実務と事例　　**245**

安を利用して輸出ドライブをかけようとか，将来の円安を見越して輸出代金の増加を期待するというようなことは一切なく，単に取り扱っている商品について海外需要が大きくなってきたため，新規販売先を開拓しようというものだったのです。

　リスクをとらない方針を貫くためには，ヘッジ手法を駆使しなければなりません。ヘッジを円滑に行うためには，先物為替予約などヘッジ取引の市場の厚みがポイントとなります。そのため，多くのヘッジ手法から自由に選択できる余地を増やすため，輸出取引は米ドルで行うこととしました。これらを導き出した思考回路は**図表5-1**のとおりです。

図表5-1　A社の為替リスク管理基本方針策定の思考回路

A社の事情・制約条件	為替リスク管理基本方針
・外為知識・技能不十分 ・従業員数少なく，為替リスク管理要員捻出困難	為替差益を追求しない 可能な限り為替リスクを排除する ↓ 100％ヘッジする方針とする
・ヘッジを円滑に行う必要がある ・成熟したヘッジ市場が必要	決済通貨は米ドルとする

　また，企業の規模からしてステークホルダーは互いによく知り合う関係にあり，投資家も少ないことから，会計リスクについては顧問会計士に任せることにし，自社内では当面の課題となっている実体的損益が絡む短期の取引リスクに限定して管理することとしました。

　以上の諸点をまとめると下記のようになります。

●管理の範囲は，短期取引リスクに限定する。

●リスクはとらず，常に100％ヘッジを目指す。

●ヘッジ手法選択余地を確保するため輸出通貨は米ドルとする。

（2）実行の方法選択

　上記の方針により，実行とはヘッジを都度実行する体制を構築することを意味します。適切なヘッジ方法を選択するため，はじめに輸出取引の条件などを整理してみましょう。

　まず，輸出取引だけで輸入は発生しません。輸出先から問い合わせを受けると，米ドル建てで見積書を作成してメールに添付して送ります。ほとんどの場合，見積書送付から1両日中にメールで注文が届き，1ヶ月以内に船積みを終えます。輸出先との代金決済は送金ベースで行い，請求書としてインボイスを送付してから3ヶ月後の応答日に米ドル建てで本邦内取引銀行のA社名義外貨当座預金に入金する，という条件で申し合わせてあります。1回の取引金額は少額ですが，毎日のように発生し，事務は日常化されています。

　これらの輸出取引条件を考慮したヘッジ方法の検討過程は次のとおりです。まず，輸出為替しか発生しないため，自然ヘッジは除外しました。また，日常的に発生する為替には，外貨建債務やデリバティブなど契約などに複雑な手続を伴うヘッジ方法は不向きです。さらに，問い合わせから注文確定までの期間が短く，1回の金額も小さいことから，予約行使選択権などの必要もありません。

　以上から，ヘッジ方法として先物為替予約を選択しました。

（3）組織立て

　再構築手順の第3は，ヘッジの実行と管理のための組織の作成です。これがA社にとっては大変な重荷でした。組織を作るだけの頭数（あたまかず）が揃わないからです。100人の従業員から為替リスク管理要員を割くことも可能かもしれませんが，そのために本来業務である国内外の営業活動を損なっては本末が転倒してしまいます。

　そこで，A社は最低限の組織機能だけを確保し，さらにその機能も可能な限り既存組織が兼務することで対応しました。その検討過程は次のとおりです。

第5章　期間別為替リスク管理の実務と事例　**247**

　まず，為替リスク管理の基本ルールを実行するのに必要な４つの組織機能のうち，最低限の「現場情報伝達機能」と「ヘッジ実行機能」，「報告機能」を取り上げ，リスク発生現場以外はすべて経理係が担当することにしました。次に，為替相場予想や相場変動材料分析などの「調査分析機能」は放棄し，外部から収集した情報に頼ることにしました。自前での情報生産を断念することになりますが，やむを得ません。

　さらに，この情報収集機能と意思決定機能を統合して，経営者に預けてしまいます。したがって，経営者（または複数の経営関与者）は定期報告を受ける都度，その場で評価・判断し，必要に応じて即座に指示を出さなければなりません。その結果，関係組織はリスク発生現場と経理係，経営者の３部署のみとなりました（**図表5‐2**参照）。

　以上の管理体制は，本書で述べてきた管理の基本方針や基本ルール，ヘッジ

図表5‐2　A社の為替リスク管理体制

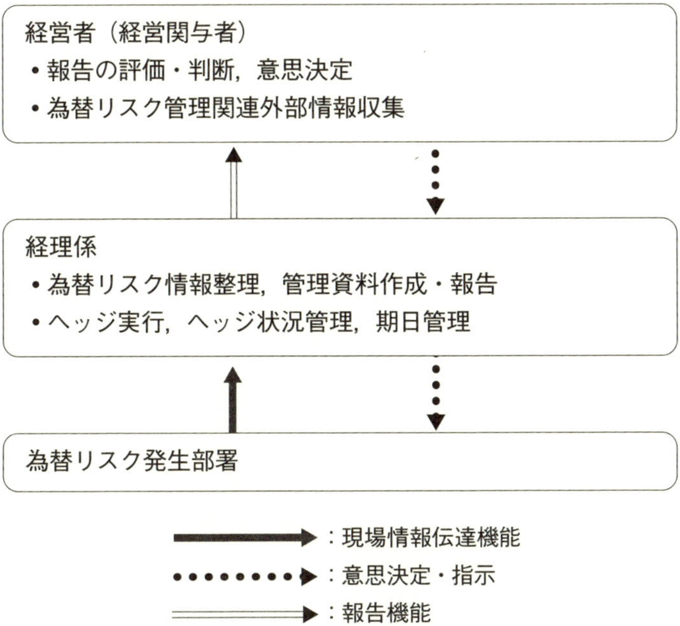

経営者（経営関与者）
- 報告の評価・判断，意思決定
- 為替リスク管理関連外部情報収集

経理係
- 為替リスク情報整理，管理資料作成・報告
- ヘッジ実行，ヘッジ状況管理，期日管理

為替リスク発生部署

⟶：現場情報伝達機能
┅┅▶：意思決定・指示
⟹：報告機能

や為替相場予想と比べると随分と簡略化され，多くが大胆に省略されています。しかし，A社は，当面のリスク管理のポイントは効率よく押さえられていると考えています。現在のところ，A社にとって為替リスク管理はあくまで本業の支援機能でしかありません。心おきなく本業に専念するための環境整備なのです。将来，海外事業が全体の多くを占めるようになったときは，また改めて体制を再構築する予定です。

3 事例：社内レートと為替差損益（短期取引リスク）

B社は，国内で仕入れた商品を輸出している日本企業です。日常の輸出取引については為替リスクをとっていく方針にはありませんので，リスク発生の都度，小まめに先物為替予約でヘッジしています。このルールは社内によく周知され，定期的に提出される外国為替持高表を見ても持高の傾きはありません。このため，経営者は自社が為替リスクから完全に解放されていると思っていましたが，最近は妙なことが起こっています。海外営業活動の成果が奏功して輸出額は期待以上に増加しているのですが，利益が当初目論んでいた粗利益率を常時下回るようになったのです。

（1）実態調査の開始

この原因を調査すべく，B社の企画室が実態を調査することになりました。実態調査は，輸出条件の取り決めやヘッジ・経理がルールどおりに行われているかという順守状況と，利益計算の2つの視点で行い，順守状況については問題ありませんでした。他方の利益計算については，事実関係を次のように整理してみたところです（**図表5-3参照**）。

① 輸出先から商品見積依頼を受けた輸出係は，仕入係から得た仕入価格に社内で決めた利益率を加えて米ドル建輸出価格を算出し，見積書として輸出先に提出した。

② 米ドル建輸出価格の算出にあたっては，最近示達された為替リスク管理

ルールに従って，経理係が定めた社内レートを使用した。
((仕入価格÷(1－利益率))÷社内レート)
③ 平均して1～2日以内に提出した見積りによる注文書が輸出係に届いた時点で，ルールに則り経理係にリスク発生報告をした。
④ 経理係はこれを手元に保管，ルールに則り1週間分のリスク発生報告を手元に保管し，1週の最終日（金曜日）に1週間分全額を輸出代金受取予定日の最終日（4ヶ月後）に合わせた先物為替予約を締結した。
⑤ 4ヶ月後に輸出代金を受け取り，為替予約を使って円転した。

図表5-3　B社の輸出手続き（見積りから回収，円転まで）

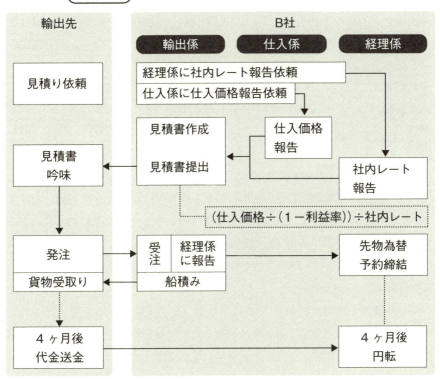

これらの事実関係をみる限り，特に問題は見当たりません。しかし，実際の

取引金額と為替レートを整理してみると，問題が明らかになってきました。**図表5-4**はその調査結果で，2007年7月から2008年4月まで四半期間隔で拾った1週間の輸出額や為替レートの標本です。

図表5-4 B社の輸出取引，金額と為替レート

	2007年7月	2007年10月	2008年1月	2008年4月
仕入原価	¥4,700,000	¥5,100,000	¥5,800,000	¥6,300,000
利益率	20.00%	20.00%	20.00%	20.00%
輸出金額（¥）	¥5,875,000	¥6,375,000	¥7,250,000	¥7,875,000
社内レート	120.00	120.00	115.40	115.40
輸出金額（$）	$48,958.33	$53,125.00	$62,824.96	$68,240.90
予約レート	120.90	115.00	106.90	102.30
4ヶ月スワップ	0.10	0.10	0.10	0.10
直物相場	121.00	115.10	107.00	102.40
円転金額	¥5,919,063	¥6,109,375	¥6,715,988	¥6,981,044
検証	101%	96%	93%	89%

　例えば，2007年7月のある1週間では輸出金額が米ドルで48,958.33ドルでしたが，これは仕入原価（4,700,000円）に利益率20%になるように設定した米ドル換算前の円価輸出金額（5,875,000円）を社内レートで米ドルに換算したものです。先物為替予約レートは，締結時の直物相場が121円，4ヶ月の直先スワップ開きが0.10円でしたので120.90円でした。最終的に手に入れた円転後の輸出代金は5,919,063円でした。

　表の「検証」欄は，円転金額の輸出金額（¥）に対する比率です。これが100%を超えているときは，輸出時に期待した円換算受取金額を実際に受け取って円転した金額が上回っていることを示しています。この行を横に見ていくと，2007年10月以降で下回っており，その原因が為替先物予約レートと社内レートの乖離であることが即座にわかります。

（2）実勢相場から乖離した社内レート

　企画室は予約レートが不利になっていないかを調査しましたが，日本銀行の資料から拾った直物相場と新聞のバックナンバーから拾った４ヶ月直先スプレッドで締結時にさかのぼった先物レートを計算しても，さほど違和感がありません。そこで，社内レートの設定ルールを見直してみました。

　実は，B社では社内レートを経理上の平均レートとして使うほか，輸出価格を決める際の換算レートとしても使用しています。また，社内レートは年に２回，１月と７月に変更し，過去６ヶ月の実勢相場の平均を変更後のレートとしていました。向こう６ヶ月間固定するレートとなるため，これに対応する過去の期間の平均をとるのが合理的であると考えたからです。しかし，この社内レート決定ルールが問題の原因となっていたのです。

　図表5－5は2005年から2010年までのドル円為替相場推移グラフです。B社が2007年７～12月までに使用した社内レートは，2007年１～６月の平均レート（120円）でした。2007年７月の調査対象週の予約レート計算上の直物相場は121円ですから，輸出価格算出用の換算レートより円安水準で締結できました。しかし，その後は円高となって，実勢レートが社内レートから乖離してしまったため，不利なレートで予約締結することになったのです。次の６ヶ月の新社内レートには円高が反映されて115.40円に改定されましたが，実勢相場はそれを超えて円高となり，ますます乖離し，2008年４月の「検証」欄は89％にまで悪化してしまいました。**図表5－6**は，2007年１月～2008年６月までの直物相場の推移をデフォルメして表示し，調査対象週の直物相場とその時の社内レートとの格差を表したものです。

　この間，社内レートが原因で外貨建輸出価格は他社よりも相当程度安価だったため，意図せざる「大安売り」にもなっていました。これで輸出額が期待以上に増加した原因も突き止めることができました。

図表5-5　為替実勢相場推移（2005～2010年）

日本銀行「時系列統計データ」
東京市場ドル・円スポット17時時点月中平均

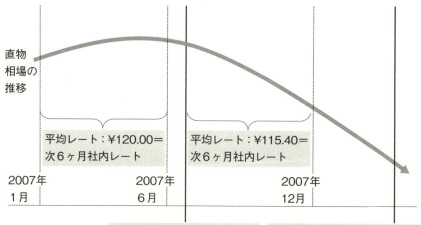

図表5-6　直物相場と社内レートの格差

第5章　期間別為替リスク管理の実務と事例　　253

（3）対応策

　これらの調査で原因を突き止めたB社は，社内レートルールを次のように改めて，収益力を改善することができました。

- ● 輸出価格算出用の換算レートは，固定値決めレートとして，経理上の平均レートとは別に設定し，実勢相場に近づけるため毎週変更する。金曜日17：00の市場実勢相場を翌週固定して使用する。
- ● 上記にかかわらず，実勢相場が¥1.00以上乖離した場合は，週の途中でも換算レートを変更する。

　B社は，経理上の平均レートとしての社内レートもこれに合わせて毎週変更することを検討しましたが，事務負担を考慮してとりやめました。これにより，実態として為替差損益は発生しないにもかかわらず，輸出代金円転時に為替差損益が発生してしまうことになりますが，現状ではやむを得ないものと考えています。

4

事例：材料輸出，委託加工輸入による自然ヘッジ（短期取引リスク）

　C社は，日本から海外へ材料を輸出し，輸出先で加工してでき上がった製品を逆輸入し，国内で販売している日本企業です。品目も加工委託先も多岐にわたっていますので，輸出や輸入の決済条件もまちまちでしたが，加工委託先の付加価値分を除けば，輸出額と輸入額は同額です。また，輸出も輸入も米ドル建てで行っています。このため，経営者は，少なくとも輸出と輸入の金額が重なり合う部分において為替リスクの自然ヘッジが効いており，為替リスクが発生しないと考えていました。ところが，最近になってそうでもないということがわかってきました。為替差損益が発生していたのです。

　しかし，輸出で得た外貨をそのまま輸入の外貨決済に充てているわけですから，理屈の上からも為替リスクが発生するはずがなく，現実の差損益は直感的にも納得できるものではありません。

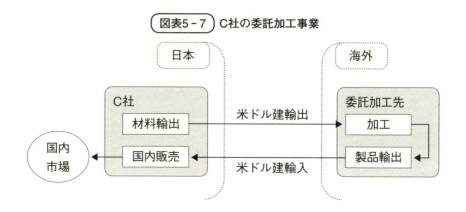

（1）外国為替持高表による点検

　そこで，C社は外国為替持高表を作成してみることにしました。自然ヘッジが完全にできていれば，売り為替と買い為替の残高が同額になっていなければなりません。持高表によってそれを確認しようとしたのです。結果は意外なものでした。報告された持高表では，輸出売掛金が輸入買掛金のほぼ2倍の残高となっていたのです。輸出代金回収までの平均期間が輸入決済までの平均期間のほぼ2倍であったため，輸出入金額が同じでも輸出売掛金の残高が輸入以上に積み上がってしまったようです。輸出入同額でも決済期間の長さが異なることによって差損益が発生してしまうことを直感的にも納得するため，個別取引を対応させながらみてみましょう。

　まず，ストーリーを単純化するため，加工委託先の付加価値をゼロとし，月に発生する輸出入取引は1件ずつであるとします。**図表5－8**はこの前提で，C社が材料を輸出し，輸出先で加工した製品を再び輸入する取引の一部を切り取ってイメージ化したものです。横軸には時間（月で表示）とその月の実勢相場，縦軸には個別取引名をとり，上段に輸出，下段に輸入を表示しました。

　C社は1月に国内で材料を1万円だけ仕入れ，2ヶ月後に米ドルで代金を受け取る条件で輸出します。現地で加工し，再び輸入するまでに1ヶ月かかりますので，輸入は2月，1ヶ月後の決済という条件です。輸入決済の2月末には

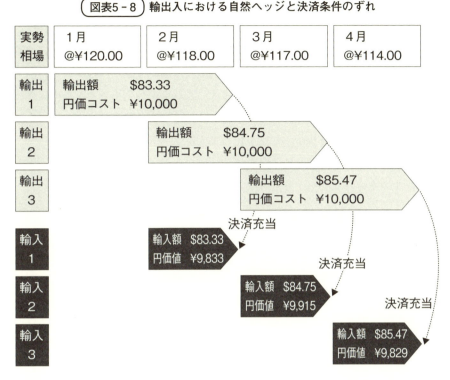

図表5-8 輸出入における自然ヘッジと決済条件のずれ

輸出代金を受け取ることができますので，これを外貨のまま輸入の決済に充当します。手元に外貨現金が滞留することはありません。2月には，はじめの輸出代金回収前ですが第2の輸出が発生します。その後もこれが続いて輸出取引は常に2本ずつ重なっていますから，輸出売掛残高は常に輸入買掛残高の2倍あり，上記の持高表の状況と対応しています。

(2) コスト比較による点検

さて，輸出1の外貨額は83.33ドル（¥10,000÷1月実勢相場¥120.00）で，これにかけたコストは1万円です。1ヶ月後加工後の製品輸入額も83.33ドルですが，この時の83.33ドルが輸出時と同じ1万円かというと，そうではありません。輸入は2月の取引ですから，円換算価値は9,833円（$83.33×2月の実勢

相場¥118.00）にしかなりません。つまり，1万円のコストをかけたのに帰ってきたのは9,833円に減価しているということなのです。この円換算価値は，輸入代金を決済する時に意識することはありません。同額の外貨が手元に用意されているからです。しかし，これを国内販売する時には，円の購買力が向上しているため意識せざるを得なくなります。これが為替差損です。その後の輸出入2や輸出入3も同様に発生し，最終的にははじめの輸出額に実勢相場変動幅を乗じた金額が差損となって顕現化します。

このことは，委託加工貿易に限らず，他の自然ヘッジでも同じです。原因が事業特性の違いではなく，持値の決定時期がずれることにあるからです。

（3）対応策と今後の方針

C社は対応策を検討し，まずは当面の為替リスクを回避するため，持高の傾き分に相当する外貨借入を行ってヘッジしました。この借入金は短期ころがしで，随時返済が可能な限度方式として売り買い為替のバランス調整が機動的にできるようにしました。しかし，これは根本解決ではありませんので，これと並行して，いくつもある輸出先に順に輸出売掛期間短縮を交渉することにしました。現状では，C社が輸出と輸入の決済期間のギャップで発生する金利負担を負っていることが交渉材料となります。また，これ以降定期的に持高表を作成して経営者まで回覧することにしたのはいうまでもありません。

第5章 期間別為替リスク管理の実務と事例　**257**

第2節　中期リスク管理の要点と事例

この節のポイント

- 中期為替リスク管理は，取引リスクと経済リスクを対象とし，為替相場
  予想の結果を考慮しながらリスク対応方法を選択する方法。
- 事例：円安傾向にある中，5年のクーポン・スワップにより現状の円高
  メリットを温存して原材料輸入を有利にした。
- 事例：円高メリットを活かした材料の輸入切り替えに際し，従来の取引
  関係に配慮しつつ採算改善ができる方法を試算した。
- 事例：販売価格値決め用の為替レートは過去1年平均レートと決められ
  た。ヘッジ不可能と思われたこのルールに独自の工夫で対応。

1　中期為替リスク管理の要点

　中期においては，市場への投機行為や相場変動材料への過剰な反応といった
撹乱要因が短期に比べて少ないことから，ある程度，相場決定理論に基づく為
替相場予想が可能になってきます。一方，身近で管理負担が軽いヘッジ手段で
ある先物為替予約は短期に比べて締結しにくいなど，ヘッジ手段の選択肢が狭
くなります。したがって，一定の範囲で為替相場予想の結果を考慮しながらリ
スク対応の方法を選択するのが，中期為替リスク管理の基本方針です。

　リスク対応方法の選択にあたって，リスクの排除に軸足を置くか，それとも
リスクを保有する方向へ挑戦していくのかは，為替リスクに対する企業の経営
方針によって異なります。もし，本業に専念することを第1に置くなら，リス
クを排除する対応方法を最優先し，相場予想結果は2次的・補完的に位置づけ
て扱うべきです。短期に比べてヘッジ手段が限定されるとはいっても，スワッ
プなど為替リスクヘッジ手段としても普及している方法が利用可能なのです。
相場予想を試みたが不確定要素が多すぎて予想精度に確信が持てないといった

場合も，リスクを排除する対応方法を中心とすべきです。特に，取引リスクの中でも企業の基礎的収益を担っている日常取引はもっぱらリスクを排除する方法で対応しなければなりません。

　一方，本業も大切だが，ある程度積極的な為替操作も貴重な収益源として位置づけている場合は，オプションを駆使して機会費用を圧縮する方法もあります。また，相場予想の結果，現在の相場水準がここ当面では有利であると判断される場合には，現在の有利な相場水準をしばらく享受するためにヘッジ手段を応用するということも検討可能です。この事例はこの後の②で紹介します。

　このあたりの経営方針の違いは，為替リスク管理の基本ルールに反映させることで調整することができます。

　さて，4種類ある為替リスクのうち，中期においてはどのリスクを管理対象とすべきでしょうか。第1章に記述したとおり，取引リスクは短期から長期まで種々ありますから，中期においても管理対象とすべきです。また，経済リスクについては短期においては無視しましたが，中期では管理しなければなりません。潜在リスクは長期においてのみ管理対象とするというのが基本方針でした。残る会計リスクは，企業の経営方針によって対象とする場合がありますが，中長期では必要ありません。

　以上を整理すると，以下の諸点にまとめることができます。

- 取引リスクと経済リスクを管理対象とし，為替相場予想の結果を考慮しながらリスク対応の方法を選択する。
- リスク対応方法として，リスクを排除する方法かリスク保有のどちらに軸足を置くかは，為替リスク管理の基本ルールで調整する。ただし，日常的に発生する取引リスクはリスクを排除する方法で対応する。
- 非日常取引の個別リスクへの対応は意思決定手順で対処し，意思決定ラインを経由させる。

　以下にいくつかの例を紹介しますので，上記の諸点を踏まえて，実務での対処方法検討の参考にしてください。

2 事例：円安予想下の原材料確保（長期も視野に入れた中期経済リスク）

　D社は，海外から輸入する原材料を使って消費財を生産し，国内で販売している日本の製造業者です。原材料の輸入先は新興国で，その原材料はその国でしか産出できないというわけではありませんが，特に輸入先を切り替える動機もメリットもなく，長年の取引関係を尊重してきました。その新興国（仮にE国と呼ぶ）は，近年高い経済成長を続けていますが，経済規模はまだ大きくありません。なお，E国通貨は米ドルを中心とする主要通貨のバスケットに連動させる方法で管理されています（**図表5－9参照**）。

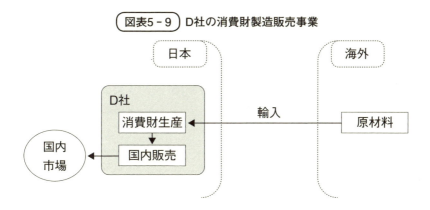

図表5－9　D社の消費財製造販売事業

　このような中，これまで80円台を割り込んでいた米ドル円の為替相場が円安に振れ始めました。このままでは原材料の仕入コストが上昇してしまいます。消費財価格には容易に為替相場変動分を価格転嫁できないことから，収益圧迫の要因になることも予想されます。そこで，D社は将来の為替相場の予想を立て，それに基づいて為替リスクへの対応を検討することにしました。この検討過程を実務の例として紹介します。

(1) 中期の為替相場予想

第2章図表2-22「中長期為替相場予想方法の体系」の各項目（図中の四角い枠に記載）の1つひとつにつき，D社のケースに当てはめて中期の為替相場予想作業を実施しました。

図表5-10は，各予想作業の結論だけを，対応する1つひとつの四角い枠に書き込んだものです。予想の因果関係は右から左に流れており，流れる先の最左列は4項目に集約されています。このうち上から3項目は「為替自由通貨」

図表5-10 D社輸入事業関係通貨の中長期相場予想

貿易サービス収支 ・長期では，円高，米ドル安	購買力平価の予想 ・長期では¥/US$はインフレ格差から円高	インフレ率格差予想 ・¥はデフレ ・US$はインフレ
	貿易需要の予想 ・実需は米ドル売り円買い	景気循環の予想 ・米景気良好 ・日本経済低迷続く
所得収支 資本収支 ・短～中期では円売り米ドル買い	長期投資の予想 ・短～中期では円建資産は選好されない	国際収支発展予想 ・日本は成熟債権国へ 運用資産選好予想 ・日本はゼロ金利 ・円キャリー運用の横行
固定相場維持リスク ・E国通貨への減価圧力	国際金融政策のトリレンマなど ・E国通貨：米ドル連動維持の負担 ・現状ではE国に大量資金流入（円キャリーもある）	
	経済外要因 ・長期安定投資には慎重	政治，インフラなど ・インフラOK，政権不安定

第5章　期間別為替リスク管理の実務と事例　　261

に関わるもの，残り1項目は「為替不自由通貨」の予想体系です。したがって，前者は円と米ドル，後者ではE国通貨に割り当てました。

①　購買力平価の予想

　まず，購買力平価予想の準備として，日本と米国のインフレ率の傾向を調査し，米国のインフレ率は日本のそれより高いという結果を得ました。日本は弾けたバブルへの対応から緩和策を，一方の米国は住宅価格上昇問題なしとして引締め策をとらないと表明していることから，両国の金融政策スタンスから今後も変わらないと予想されます。そこで，現在の実勢相場に最近の平均インフレ率の比率を乗じて，長期の平価は現在の実勢相場より20%程度円高と予想しました。日本経済が低迷して輸入需要が減退している一方で米国の消費需要が旺盛であることを背景とした両国の貿易収支予想から，実需においても米ドルが売られて円高になると予想できます。

②　円キャリー・トレーディングの影響

　所得収支と資本収支については，国際収支発展段階説に基づく予想と，運用資産選好予想から分析しました。日本の国際収支は圧倒的な貿易黒字を稼ぎ出している現状から，次第に黒字縮小して対外直接投資が活発化し，超長期では成熟債権国に進むと考えられることから，遠い将来においては円に減価圧力がかかると予想できます。

　一方の運用資産選好予想ではどうでしょう。実は，この時期の円安化傾向の背景として，円のキャリー・トレーディングがあります。これは対外直接投資よりもっと近い将来を予想させるものとして注目しておかなければなりません。円のキャリー・トレーディングとは，ゼロに近い水準で推移している円金利を利用し，円建てで借りた（調達した）資金を外貨に転換（円投）して高金利運用をする取引です。背景には日本の金融政策が大胆な緩和措置に出たために，金利が上方に硬直化したことがありました。そもそも低金利で推移している円は，資産運用選好（アセット・アプローチ）では嫌われて売られるのが常識で

もあります。転換先外貨は主として米ドルです。運用先の新興国群は米ドルペッグないし米ドル中心のバスケット連動管理をしているので、外国資本誘致に積極的なこれらの国々では米ドルのまま資本を受け入れ、これを裸で現地通貨に転換して運用しています。

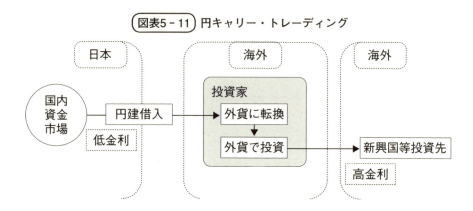

図表5-11 円キャリー・トレーディング

ただ、この円キャリー・トレーディングは、円投による為替リスクと投資先の高い信用リスクとカントリーリスクを伴う高リスク取引ですから、ちょっとした悪い兆しにも敏感に反応してしまう可能性があります。

③ バスケット連動性維持の可能性

さて、「為替不自由通貨」の予想体系ではどうでしょうか。E国は米ドル中心のバスケットに連動するよう通貨を管理しています。これが維持されるなら為替リスクは心配する必要がありませんが、そうはいきません。

これら新興国は成長著しくインフレ率が高いため、長期では外貨に対して減価圧力がかかりますが、外国資本を誘致するためにはこれでは不都合が生じます。通貨減価によって運用成果が目減りしてしまうなら、投資先としての魅力を失ってしまうからです。このため、この国の金融当局はこれを買い支え、資本の自由な移動と安定した為替相場の両方を実現させようとします。

しかし、この両方を実現させようとすると、国際金融のトリレンマから、金

融政策の自立性を放棄せざるを得ません。このことが，バスケット連動維持継続性のリスクとなります（**図表5-12**参照）。

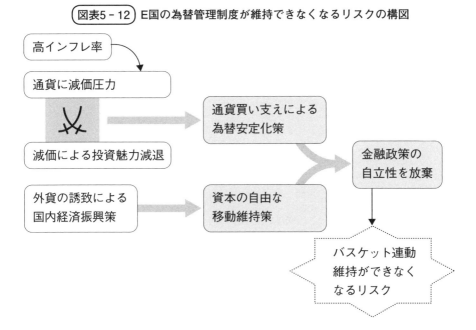

図表5-12　E国の為替管理制度が維持できなくなるリスクの構図

④　為替相場予想の結論

以上からD社事業の関係通貨，円・米ドル・E国通貨についての今後の為替相場予想を下記の諸点にまとめることができます。

- 超長期的には，日本が成熟債権国に進む段階で円への減価圧力があるものの，長期ではデフレ克服まで増価圧力（円高）を受ける。
- しかしもっと短い中期では，資産運用選好から低金利円が売られ，円キャリー・トレーディングも新興国成長にあわせて継続する結果，円安と予想する。
- E国通貨のバスケット連動維持も不透明で，維持できなくなればE国通貨に減価圧力がかかる。また，その段階では引き揚げられる資本で円キャ

リー・トレーディングが巻き戻されるから，この点も「長期では円高」との予想を支持する。

一言でいうと，「長期的には再び円高になるが，中期では円安である」との予想結果になりました。

（2）為替リスク対応方針と対応選択肢

この予測から，D社事業では，現状の円高メリットを中期にわたって確保しておくのが得策であるとの方針が導き出されます。長期とせずに中期とするのは，長期では当社に有利な円高に戻るため，あえて為替リスクを受け入れてこれを保有すればよい，つまり長期では為替リスク対策は不要と考えているからです。このように考えると，ここ数年の円キャリー・トレーディング等資産運用選好に基づくブーム的な円安変動は，長期円高の傾向線から逸脱する異常な状況といえます。現状享受している円高メリットをこの異常な状況から守るというのが，D社の方針となったわけです。

さて，現状の円高メリットを守る方法として2つ想定しました。1つは材料一括輸入による在庫保有，他の1つはクーポン・スワップです。前者は，数年分の材料を現時点で一括輸入することで現状の円高メリットを活かす方法です。しかし，この方法には以下の難点があります。

- 数年分の在庫を保管・管理する負担が大きい。
- 在庫投資にかかる資金負担が大きい。
- この数年間，材料仕入先切り替えの自由度を失う。

（3）クーポン・スワップの検討

そこで，クーポン・スワップを検討するため，取引銀行に提案書を作成してもらうことにしました。**図表5-13**は取引銀行から提案された，クーポン・スワップの締結内容です。

第3章で説明したように，クーポン・スワップとは，元本交換を伴わない異種通貨のクーポン（金利部分）だけの交換です。円利息と米ドル利息の交換は

第5章　期間別為替リスク管理の実務と事例　265

(図表5-13)　クーポン・スワップ締結内容

想定元本	US$9,006,400	¥810,576,000
金利	2.22%	2.00%
クーポン	US$100,000	¥8,105,760
期間	5年（半年ごとに受取り，支払い）	
締結時為替相場	US$1.00＝¥90.00	

現在価値への割引率
　US$：6.00%　¥：2.00%
出来上り為替換算レート
　US$1.00＝¥81.06

(図表5-14)　クーポン・スワップのキャッシュフロー

期日	米ドル受取り			円支払い	
（年）	受取額	現在価値	同円価	支払額	現在価値
0.5	US$100,000	US$97,088	¥8,737,898	¥8,105,760	¥8,025,505
1.0	US$100,000	US$94,260	¥8,483,396	¥8,105,760	¥7,946,045
1.5	US$100,000	US$91,515	¥8,236,307	¥8,105,760	¥7,867,371
2.0	US$100,000	US$88,849	¥7,996,414	¥8,105,760	¥7,789,476
2.5	US$100,000	US$86,261	¥7,763,509	¥8,105,760	¥7,712,353
3.0	US$100,000	US$83,749	¥7,537,387	¥8,105,760	¥7,635,993
3.5	US$100,000	US$81,309	¥7,317,852	¥8,105,760	¥7,560,389
4.0	US$100,000	US$78,941	¥7,104,710	¥8,105,760	¥7,485,533
4.5	US$100,000	US$76,642	¥6,897,777	¥8,105,760	¥7,411,419
5.0	US$100,000	US$74,410	¥6,696,871	¥8,105,760	¥7,338,039
合計			¥76,772,121		¥76,772,121

- 米ドル受取額の円換算現在価値と円支払額の現在価値が一致しており，スワップ（交換）取引が成立する。割引率は，両国の金利水準（米国：6.00%，日本：2.00%）
- クーポン・スワップでは最終期限での元本交換がないため，両者の現在価値を同等にするため，金利率で調整している。米ドルの金利率は2.22%である。

為替売買と同じ効果であることを利用し，毎回の利息支払日を受渡日とした先物為替予約に見立てるのです。

　この提案では，期間5年にわたり半年ごとに円（8,105,760円）を支払って，米ドル（100,000.00ドル）を手に入れる内容になっています。**図表5-14**はこ

の提案による毎回の資金受渡しを表したものですが，これを見ると，米ドル建輸入（100,000.00ドル）の決済を固定為替相場である$1.00＝¥81.06で換算した円資金で半年ごとに決済できる様子が具体的にみてとれるでしょう。交換レートが81.06円ですから，現状の円高水準（90.00円）以上の円高メリットを得ることもできています。

（4）対応策と評価

　検討の結果，円相場が不利になる中期の期間で，輸入の都度為替予約を実行する効果が得られること，毎回の換算レートが同じで採算見通しを立てやすいこと，現状の水準以上の円高メリットを享受できること，仕入先変更の選択余地を確保できることなどを理由に，D社はクーポン・スワップを採択しました。

　ただし，締結金額は今後5年間に見込まれる輸入予定額の全額ではなく，その約5割としました。その理由は以下のとおりです。

- 予想外の環境変化により輸入金額変更を迫られる場合を考慮した。
- 今回実施した中長期為替相場予想は現状における判断材料をしっかり盛り込んであるものの，あくまで予測であり，想定できない不確実性が残っていることを考慮した。

　D社がこの判断を下してからの為替相場は，予想どおり円安が進み，US$1.00＝¥90.00の水準から¥140.00になりました。その後は予想どおり円高に回帰しましたが，¥90.00の水準に戻るには至りません。しかし，この間，E国はアジア通貨危機を経て，それまでのバスケット連動方式から変動相場制に移行，米ドル換算した仕入価格は減価して米ドル円為替相場とは別に仕入コストを削減することができました。結局，相場が購買力に基づいて試算した平価に近づいたのは，クーポン・スワップの期限から10年以上も経過した後となりましたが，D社では円安デメリットを回避できた成果を大いに評価しています。

3 事例：円高で国内仕入を輸入に切替え（中期経済リスク）

　F社は，電気製品（消費財）を製造販売している国内の中堅製造業者です。販売先はもっぱら国内の小売店ですが，多少マニアックな電気製品なので，多くの店に卸しているわけではありません。専門化された小売店や量販店の売り場の一角で扱っています。製品の品質は高く，ユーザーの支持を得ていますが，品質を維持するためには相応の費用がかかっています。そのため，以前から製造コストが高く，利益率は低迷していました（**図表5-15**参照）。その原因の1つが，部品や材料の調達先がすべて国内であること，外注加工先も国内の加工業者を厳選していること，つまり信頼できるが高い部品や材料を使っていることです。それでも，赤字にはならず，社員は高品質製品を世に送り出しているという自負と誇りをもって働くことができています。経営者もそれに満足していました。

図表5-15 F社の事業概要

<事業内容>
- 電気製品（消費財）製造販売
- 販売先：国内小売店
- 材料仕入先：
    国内部品メーカー
- 外注加工先：
    国内加工業者
- 状況：高品質製品は一部に支持を得ているが，製造コストが高く利益率が低迷している。

<損益計算書>　　　　単位：百万円

科目		金額	構成比
売上高		2,200	100%
売上原価		1,800	82%
	材料費	1,000	45%
	労務費	350	16%
	外注費	300	14%
	その他	150	7%
販売管理費		350	16%
営業利益		50	2%

（1）円高対策の立案

　ところが，最近の円高で事情は変わりました。円の購買力が高まった結果，海外メーカーの同等品が安く輸入されて，Ｆ社製品の販売シェアが脅かされるようになったのです。もっぱら国内で事業を展開してきたＦ社は，世間が「円高だ円安だ」と騒いでもほとんど頓着することはありませんでしたが，このままでは安価な海外製品にシェアを奪われます。もともと利幅が小さいため，販売価格を下げる余地もありません。もちろん，品質では海外製品に負けることはないと確信していますが，品質本位のユーザーばかりではありませんから，少なからず影響を受けると予想されます。また，為替相場の専門家に訊くと「この円高は，向こう数年は続くであろう」とのことでした。

　対策を講じなければなりません。前提は以下のとおりです。

- ●円高により，安価な海外製品にシェアを奪われるおそれがある。
- ●海外製品は低品質だが安価（¥40,000）。Ｆ社製品¥50,000。
- ●円高は今後数年続くと予測。
- ●利益率は低く，価格引下げの余地はない。

これらを慎重に検討したうえで，Ｆ社が立案した戦略は以下のとおりとなりました。

- ①　全量を国内から調達している材料や部品を海外からの輸入に切り替えるほか，外注加工も海外に委託し，円高メリットを利用して販売価格を引き下げる。
- ②　ただし，当面は円高を予想するが，その後の円安の可能性もあるため，再び国内調達への回帰との選択肢も温存することを目的として，輸入に切り替える材料や海外委託する加工はしがらみの薄い標準品に限定する。
- ③　仕入関係が濃密でしがらみの強い仕入先からの部品や加工業者の加工品は，製品の品質に直結する大切なものでもあることから，これらの国内調達を維持する上記の策はブランドへの悪影響を回避する効果も期待できる。
- ④　これらの対策によって引き下げた販売価格が海外製品の価格より依然高

い場合は，価格面の不利を高品質のアピールで補う。

（2）対策効果の試算

図表5-16は，この戦略を具体的に数値に落とし，目論見どおりの販売価格引下げ余地が得られるかどうかを検査した作業表です。まず，現在の販売価格を形成する各要素の構成比は，ほぼ損益計算書の売上原価や販売管理費，営業利益の構成比と同等であるとみなし，販売価格5万円に損益計算書上の各科目の構成比を乗じて，【現在の販売価格構成表】を作成しました。

図表5-16　円高環境を利用したF社の利益改善

【現在の販売価格構成表】

販売価格	50,000
材料費	22,727
労務費	7,955
外注費	6,818
その他	3,409
販売管理費	7,955
営業利益	1,136

【改善後の販売価格構成表】

販売価格	42,000
材料費	16,364
労務費	7,955
外注費	5,182
その他	3,409
販売管理費	7,955
営業利益	1,136

改善作業	構成	現在	削減率	改善後
材料費	100%	22,727	28%	16,364
国内	30%	6,818	0%	6,818
輸入	70%	15,909	60%	9,545
外注費	100%	6,818	24%	5,182
国内	40%	2,727	0%	2,727
海外	60%	4,091	60%	2,455

次に，輸入もしくは海外委託化の標的とする材料費と外注費だけを取り出し，戦略②および③に従って国内調達を維持すべきものと，輸入もしくは海外委託

化が可能なものとに分類しました。例えば，材料費では30%を国内調達維持としています。さらに，輸入もしくは海外委託への切り替えによって削減できる比率を調査し，改善後の材料費と外注費を試算しました。図表5-16の「改善作業」がこれらの作業を表しています。

最後に，【現在の販売価格構成表】の該当科目を改善後の材料費と外注費に入れ替えて【改善後の販売価格構成表】を作成しました。これによると，販売価格は42,000円となります。従来どおりの営業利益を確保するなら，これが引下げの限界です。競合する海外製品の価格は40,000円ですから，まだ2,000円及びませんが，F社では品質のよさをアピールすることで十分競争に勝てると判断して，戦略を実行に移すことにしました。

4 事例：当事者間で独自の取引価格換算レート設定（中期取引リスク）

G社は，国内にある電気製品製造業者H社に部品を納めている下請けメーカーです。G社が製作する部品は販売先が要求する仕様に合わせて自ら設計していますが，汎用性のない特殊品であるためつぶしが効きません。販売先はH社の他に数十社ありますが，H社向けが売上全体の2割近くを占めており，同社との取引がなくなることはG社にとって致命傷となります。そのせいもあって，不利な販売条件を強要されることも少なくありません。原材料はH社から有償支給され，販売価格はその支給価格に労務費と若干の利益分を乗せる形で決められていますが，この価格も定期的に見直されます。

（1）ヘッジ困難な固定換算レート

そんな中，H社は低迷する国内消費市場を嫌って海外に生産拠点を移すことを決めました。移転に伴い，部品も現地調達を基本方針としていましたが，G社としては，大口販売先を失ってはならぬと必死に食い下がり，移転先に輸出することでなんとか取引を維持することができました。輸出の条件は**図表5-17**のとおりです。

図表5-17　G社のH社向け輸出取引条件と取引関係図

注文・出荷　：H社海外工場から発注し，指定された納期に船積みする。
輸出代金決済：船積書類到着後30日以内に米ドル建てで送金する。
輸出価格　　：以下により設定する。
　・国内で支給する原材料費などをもとに円価格を決め，定期的に見直す。
　・この円価格を米ドル価格に換算した値を輸出価格とする。
　・換算レートは過去1年間の実勢相場の平均値として，1年間固定する。

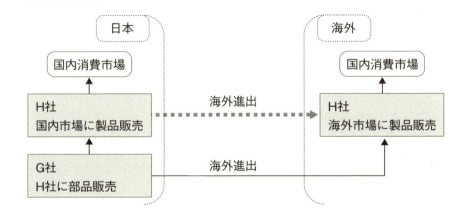

　輸出価格決定の具体的な手順は次のとおりです。すなわち，H社本社（日本）から有償支給される原材料費に製造費用と利益を加えて円ベースの販売価格を設定し，その価格を米ドル円固定換算レートで除した値を米ドル建輸出価格とする方法です。米ドル固定換算レートは前年の1～12月までの各月の末日の公表相場を単純平均したもので，実勢相場がどのように変動しても1年間はこのレートで換算します。実は，これがG社に多額の為替差損をもたらしました。米ドル円の為替相場は，それまで続いていた円キャリー・トレーディングの巻き戻しが始まってじりじりと円高に動いていたため，前年の平均レートより当年の実勢相場が円高となり，米ドルで受け取った輸出代金を実勢相場で円転するたび，円換算の受取額が目減りしたのです（**図表5-18参照**）。

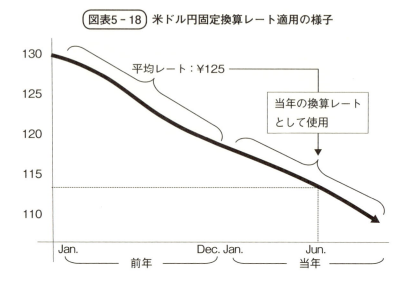

　ヘッジによる為替差損益回避を検討しましたが、どのタイミングでどのようにヘッジすべきかわかりません。例えば、当年6月受取予定輸出代金の売り予約を輸出約定時である当年5月に締結しようとしても、採算の前提となる125円はすでに過去のレートになっていますから、この水準では締結できません。125円という固定換算レートは前年の12月末に決定されますが、この時点でさえ125円は過去のレートです。

(2) 対応策

　そこで、G社は苦肉の策を考案しました。
　H社への輸出量には季節変動がなく、ほぼ同社の生産計画に沿っていますので、まず前年のうちから当年の輸出量を月別に予測します。そして、前年の1月末にその時の相場で当年の1月輸出分の先物為替予約を締結してしまうのです。前年2月末にも同様に当年2月分を締結し、それを毎月繰り返します。そうすると前年12月までには、当年1〜12月の予定輸出量の全量をヘッジすることになります。各月の輸出量に季節変動がなくほぼ同額ですから、12回の予約

レートの平均は，１年の直先スワップ・スプレッドの差だけ残して前年の平均レートと一致することになり，結果として為替差損益を回避することができました（**図表5－19**参照）。

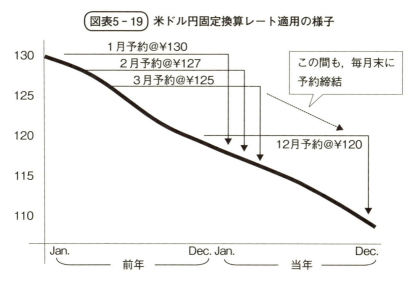

この間，日米の金利差がほとんどなかったため，１年の直先スプレッドも小さく，為替予約のコストも少なくて済みました。ただし，翌年の輸出量予測が困難であること，為替予約の引当管理が複雑であることなどから，この方法はあくまで苦肉の策と位置づけ，換算レート決定方法について引き続き交渉していくことにしています。

274

第3節　長期リスク管理の要点と事例

この節のポイント

● 長期為替リスクは，相場予想結果を参考に，事業の採択・中止なども視野に入れて多様な選択肢から対応方法を検討する。

● 事例：生産拠点海外移転検討にあたり，為替安による輸出促進効果を最大利点として享受するため，不利な点の克服戦略を立案した。

● 事例：海外現地法人の配当方針策定にあたり，為替相場動向を絶対購買力平価と為替自由化動向の2点から予想した。

1　長期為替リスク管理の要点

　長期においては，ヘッジ手段がより限定的になり，手段があってもコストが非常に高いため，取引通貨を外貨から円に切り替える等の手段による「リスク源の除去」や乱高下の少ない安定した通貨での取引にする等の手段による「起こりやすさの変更」，相場変動により発生する為替差損を取引価格で吸収する等の手段による「結果の変更」など，ヘッジ以外のリスク対応を迫られるケースが中期為替リスク管理よりさらに多くなります。

（1）広い視野と意思決定の重要性

　これらの方法選択の検討にあたって，短期為替リスクにおいては取引案件単位という日常化された業務単位で考えたのに対し，長期ではもっと視野を広げ，事業全体の生命や企業の目的といった大きな単位で考える必要があります。また，短期においては決算ごとに利益を稼ぎ出す必要があって，常に一定量の取引案件を採択していかなければならないため，リスクに対してはヘッジを原則とせざるを得ませんでしたが，遠い将来の事業のあり方や企業の目的を考える際には，事業そのものの採択の可否，あるいは存続か清算かという広い選択も

第5章　期間別為替リスク管理の実務と事例　　**275**

可能です。リスク対応方法でいえば，為替関係事業から撤退するという「リスク回避」も選択肢に含めることができるということです。

　事業そのものの採択可否や存続・清算も視野に入れるということは，意思決定の結果が重大であるということです。そのため，検討にあたっては十分な材料をもとに，経営者や決定機関などの最終権限者を巻き込んで慎重に行わなければなりません。

　ところで，予想為替相場は意思決定の重要な判断材料の1つです。既述のように，投機行為などの撹乱要素が少ない長期においては，相場決定理論の説明力が強くなっているため，短期や中期における相場予想より有効性が高いといえます。

　ただし，長期では投機行為などの撹乱要素が少なくなる代わりに，環境変化のリスクが高くなります。中でも政治や外交となると，一筋縄ではいきません。経済活動に関わる環境の変化は，それがどういう経路を通って市場に影響を及ぼすか，ある程度因果関係を辿っていくことが可能なのですが，政治や外交となると，もっと多様な因果関係や過去の経緯などを考慮する必要があるからです。さらに天変地異など自然環境の変化となると，想定範囲を設定することすら困難といわざるを得ません。理論に基づく相場予想を過信せず，選択肢を温存することに重きを置いた意思決定も大切です。

（2）管理の要点

　長期の為替リスク対応の要点を以下にまとめました。なお，長期においては発生頻度が低いと思われますが，中期リスク管理の要点と同様，取引リスクのうち，企業の基礎的収益を担っている日常取引はリスクを排除する方法，つまり「リスク共有」またはヘッジによる「結果の変更」で対応すべきです。

- 取引リスクと経済リスク，潜在リスクを管理対象とし，為替相場予想結果を参考に環境変化のリスクを考慮しながらリスク対応の方法を選択する。
- リスク対応方法の選択にあたっては，事業の採択・中止なども視野に入れて検討するため，リスク共有のほか，リスク回避やリスク源の除去など，

より幅広くその選択可能性を追求する。ただし，日常的に発生する取引リスクはリスクを排除する方法で対応する。

● 個々の非日常リスクへの対応は意思決定手順で対処し，最終権限者を含む意思決定ラインを経由させる。

以下にいくつかの例を紹介しますので，上記の諸点を踏まえて，実務での対処方法検討の参考にしてください。

2 事例：新興国への生産拠点移転を検討（長期取引・経済リスク）

I社は，国内に工場を持つ中堅製造業者です。製品は小物家電ですが，高度な生産技術を必要とせず，コモディティ化しているため価格競争にさらされやすい状況です。販売先は半分以上が海外ですから，昨今の円高は当社に深刻な影響を及ぼし，為替の経済リスクをもろにかぶってしまいました。

この事態を打開するため，I社は価格競争力の回復を目的として生産拠点の海外移転を検討することにしました。その検討過程を事例として紹介しましょう。

（1）移転先選定の手順

検討の全体の手順は次のとおりです（**図表5-20参照**）。まず，第1段階として，下記の選定条件を設定し，思い浮かぶ限りの国や地域をこの条件でふるいにかけて，候補を3ヶ国に絞り込みました。

① 為替安による輸出促進効果が期待できること。

② 生産コストを削減できること。

③ 法によって権利が守られていること（リーガル・リスク）。

④ 為替規制がなく，対外送金や配当払いが自由にできること。

⑤ インフラが完備され，政情が安定し，治安もよいこと。

⑥ 高品質の労働力を安定して確保できること。

⑦ 消費地に近い，またはアクセスがよいこと。

第5章　期間別為替リスク管理の実務と事例　**277**

　条件は目的を踏まえて優先順位をつけます。候補3ヶ国の全部がすべての条件を満足するとは限りません。また，すべてを満足する必要もありません。仮にすべてを満足する○○国がある一方で，すべてを満足しないが最優先条件の満足度が○○国を圧倒する別の××国があったとします。この××国の不満足条件が最低優先条件であり，しかも容易にそれを克服する戦略立案余地があるとするなら，この段階で××国を捨てるのはいかにももったいない。戦略立案段階までそれを温存しておくべきです。

　次に第2段階として，絞り込んだ候補3ヶ国のすべてについて調査を行いました。為替リスク管理の観点からは，当該国通貨の為替相場予想と為替リスク管理に関わる環境変化，ヘッジ手段の有無等を調査項目として取り上げ，調査結果を事業に有利に作用する点および不利に作用する点に分けて整理しました。

図表5－20 為替リスク管理からみた海外移転先選定手順

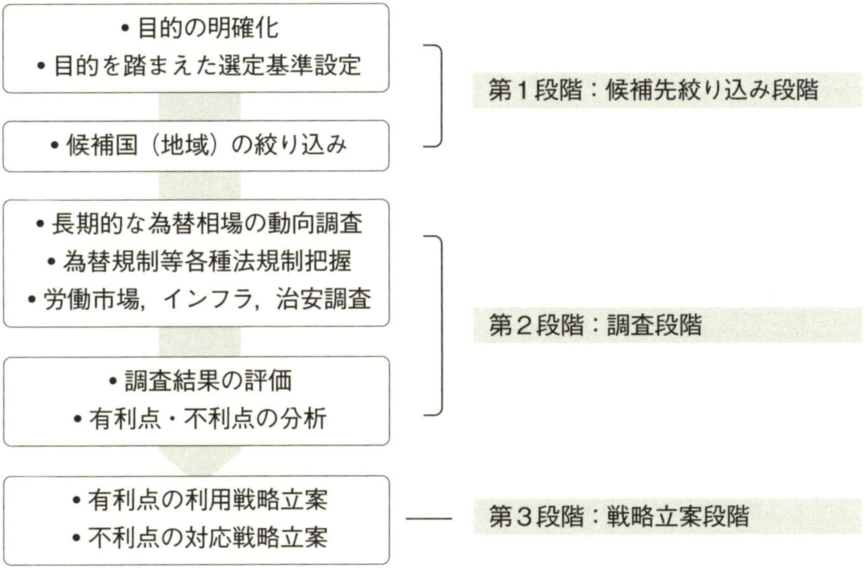

- 目的の明確化
- 目的を踏まえた選定基準設定

第1段階：候補先絞り込み段階

- 候補国（地域）の絞り込み

- 長期的な為替相場の動向調査
- 為替規制等各種法規制把握
- 労働市場，インフラ，治安調査

第2段階：調査段階

- 調査結果の評価
- 有利点・不利点の分析

- 有利点の利用戦略立案
- 不利点の対応戦略立案

第3段階：戦略立案段階

　さて，第3段階は戦略立案段階です。この段階では，有利な点の活用方法と

不利な点の対応策を立案し，海外移転の全体計画に戦略として盛り込みます。前述の不満足条件の克服方法は，後者の不利な点の対策案として検討することになります。

このようにして，3ヶ国の戦略ができ上がったところで，最も実現可能性の高い候補を移転先として選定します。

検討の結果，I社はJ国を移転先として選定しました。以下に，J国の調査結果と戦略立案の様子を紹介します。

（2）調査結果

J国は，近時経済成長著しい新興国です。海外資本が雇用を増やし，経済成長に欠かせないとの判断から海外資本の誘致に取り組んできました。そのため投資環境は比較的良好で，これを魅力に感じた海外からの資本が継続的に流入し続けており，J国通貨は底堅く推移しています。国内投資も旺盛でインフレ率高く，貿易収支はいつも赤字体質です。

制度面においては，基本的に私有財産は保護され，為替規制もありませんので対外送金は自由。為替は変動相場制です。しかし，市場はまだ薄く，J国通貨を絡めたヘッジ手段は6ヶ月以内のものが取引されている程度で，また債券市場も発達していません。

①　為替相場の予想

これらの基本情報を把握したうえで，第2章図表2-21「中長期為替相場予想方法の体系」に基づき，J国通貨対米ドルの長期相場を予想しました（J通貨をJ$と呼ぶ）。対米ドルの相場としたのは，J国に移転した工場から各国に輸出する際の取引通貨を米ドルと想定しているからです。

さて，**図表5-21**は相場予想作業から得た各項目（図表中の長方形の1つひとつ）の結論を記載したものです。これによると，J$は直接投資先として魅力があるJ国への資金流入が続いているため，短・中期においては底堅く推移するが，長期においては米ドルに対して減価していきます。その根拠は，現状

第5章 期間別為替リスク管理の実務と事例

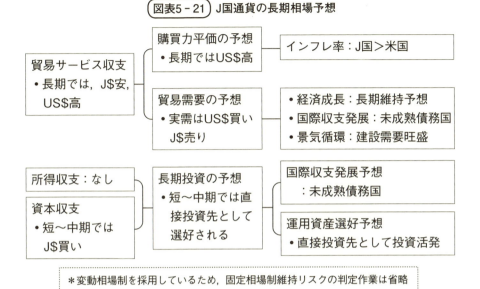

図表5-21 J国通貨の長期相場予想

*変動相場制を採用しているため,固定相場制維持リスクの判定作業は省略

図表5-22 J$/US$相場の購買力平価試算

下記を前提として試算
- 現在の為替相場：J$1.00＝US$1.00
- J国の予想平均インフレ率：4.00％, 米国の予想平均インフレ率：2.00％

経過年数	J国物価指数	米国物価指数	物価指数比	購買力平価
現在	100.00	100.00	1.0000	1.0000
5年後	121.67	110.41	1.1020	1.1020
10年後	148.02	121.90	1.2143	1.2143
15年後	180.09	134.59	1.3381	1.3381
20年後	219.11	148.59	1.4746	1.4746

のインフレ率が米国より高く，J国の経済成長は今後も継続するとみられること
から，現在の相場を基準に試算した20年後の購買力平価はJ\$1.4746＝US\$1.00
まで減価すると試算されること（**図表5－22参照**），実需においても，J国が国
際収支発展段階の未成熟債務国にあるほか，活発な建設需要が一巡する向こう
十数年程度は輸入需要が輸出を上回ると予想されるため，US\$買いJ\$売りが
進むことなどです。

② 為替相場の変化がもたらす効果と影響

　J\$が長期的に減価すると予想しましたので，これが生産工場移転後の事業
にどのような効果と影響をもたらすかを，経済・取引・潜在の各リスクの切り
口で考えました。

　経済リスクでは，J\$減価によって輸出価格競争力が増すことから，当初移
転先選定の最優先条件として設定した「為替安による輸出促進効果が期待でき
ること」が目論見どおり実現しそうです。しかし逆に，材料部品を輸入に依存
するなら調達コストが増加します。取引リスクでは，移転先に生産拠点として
設立する現地法人への長期出資案件として捉えると，出資金の円換算価値は目
減りします。また，潜在リスクでも同様に，為替安が継続して進むため，毎年
配当金を日本に送金する場合，配当原資となる年度初めから積み上げた利益が，
配当送金後の円転適用相場が減価する分だけ毎年目減りします。

（3）戦略立案

　為替相場変化が最優先する価格競争力の回復にはよい効果をもたらすものの，
その一方で不利に作用する多くの点も見つかりました。既述のとおり，この点
を克服することができれば最大メリットを享受することができます。

① デメリットの克服策

　I社では**図表5－23**のように克服策を立案しました。
　現地に設立したばかりの工場では，しばらくの間，日本の親会社から材料や

第5章　期間別為替リスク管理の実務と事例　　**281**

図表5-23 為替相場変化を踏まえた戦略立案

【経済リスク】

	効果・影響	対応方法
○	為替安による価格競争力回復	a. 生産拠点を設置して効果を利用する。 b. 不利な点の克服にかかる負担を補う価格設定とする。
×	輸入材料部品コストの増加	c. 当面は日本から材料部品を供給するが，現地調達を進め，2年以内に8割の現地調達を目指す（幸い，生産技術は現地にも普及している）。

【取引リスク】

×	出資金円換算額の目減り	d. 長期ヘッジ手段がない。代替措置として生産拠点の敷地を含む不動産を購入して資産計上し，J国のインフレをヘッジする。 e. ヘッジ不足分および，インフレ格差と為替相場水準の乖離分は「リスク保有」で臨む。

【潜在リスク】

×	配当送金額円換算額の目減り	f. 長期方針：少なくとも投下資本回収完了時までは配当可能額の全額配当を原則として，早期回収を目指す。 g. 短期方針：年間利益見通しに応じてヘッジ措置をとる。

（最左列の○×は，好効果・悪影響の別を表している）

部品を供給しなければなりません。そのため，輸入材料部品コストが高くなりますが，並行して現地調達を進め，2年以内に材料部品の現地調達比率を80%にまで高めます。

　また，出資金円換算額の目減りについては，J$の長期ヘッジ手段がなく，J$建長期債券の発行市場も十分発達していないため，直接ヘッジする方法は断念しました。次善の策として考案したのが，不動産の所有です。購買力平価説によれば，為替相場は両国の物価水準によって決まり，同物価指数の乖離幅に見合って変動するはすです。物価上昇に伴う為替減価によって被る為替差損

は物価上昇益をもって補填することが可能ということですから，物価上昇益を得るために，現金をモノに換えて保有しておくという戦略をとるのです。モノとしては，償却資産ではない土地を中心に，少なくとも自社工場の敷地は購入して資産計上することにしました。

潜在リスクは，為替安による価格競争力回復効果や出資金円換算額の目減りほど大きな影響はありませんが，今後は生産機能のすべてを海外に移転して収入の多くを配当に依存する可能性は排除しきれないことから，対策を講じることにしました。しかし，現地生産拠点の長期収益見通しは確定しにくいため，長期クーポン・スワップなどのヘッジ手段は相応しくありません。そこで，目減りを最小限に食い止めることを目的として，法定積立金などの現地規制分を除いた配当可能金額は原則として毎期全額を日本に配当送金することとし，それを少なくとも投下資本の回収が完了するまでは継続して行うこととしました。また，短期的には年間利益見通しに応じ，実勢相場の動向に注意しながら配当送金予定日を受渡日とする為替予約を締結する方針としました。

② 評　価

移転後15年経過した現在，価格競争力は欧米向けを中心に大いに回復して現地生産拠点業績が伸び，すでに投下資本の全額を回収，一方の物価上昇対策で購入した土地は，J国の積極的経済政策の効果もあって為替目減り分を大きくカバーできる含み益が生じました。今は，この間に苦労を強いてきた現地職員に処遇改善で報いているところです。

3 事例：将来の為替安を見込んだ戦略的配当支払（長期潜在リスク）

K社は，L国に現地法人を持っている製造業者です。製品の販売先は主として国内ですが，数年前から製造コスト削減を目的として海外に工場の一部を移転し，今では全体の3割程度を海外で生産しています。L国工場はそのうちの一部ですが，まだ新しく2年前に現地法人を設立して1年前から生産を開始し

たばかりです。それでも業績は好調，来期末には累積損失を一掃できる見通しとなりましたので，配当をどうするか考え始めました。なお，L国現地法人はK社の100%子会社です。

　L国は新興国で，経済は毎年安定して成長しているものの，さまざまな規制があって市場も自由化されていません。しかし，地下資源は豊かで産業基盤もしっかりしてきたことから，K社としては，L国生産拠点を半永久的に存続させる方針です。また，現地法人で必要な主要部品は親会社が供給し，製品の大半は逆輸入して国内で販売していることから，親会社としてはこの取引から一定のメリットを得ています。そのため，戦略面では投下資本の回収は喫緊の課題ではなく，したがって配当を急がせる必要もありません。そこでK社は，為替相場の動向から配当方針を立てることにしました（図表5－24参照）。

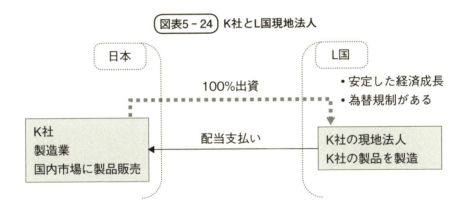

図表5－24　K社とL国現地法人

　実は，L国通貨（「L$」と呼ぶ）は市場で自由に取引できる通貨ではありません。一部の市場で外貨との交換が認められていますが，実需があるものに限られており，換算レートも一定の範囲内に収まるように運営されています。既述のように，L国経済は安定して成長し，国内投資も盛んですから輸入需要も旺盛ですが，輸出も大きく伸びているため貿易収支は毎年多額の黒字を計上しています。

　これには為替安への意図した誘導があるのではないかとの指摘もあって，最

近では徐々に為替相場を市場に委ねる動きが出てきました。

　このような状況を踏まえ，為替相場の動向を見極める方法として，①購買力平価と②為替自由化の行方の2面から調べることにしました。以下にその手順と結果を紹介します。

（1）購買力平価

　購買力平価を調べるのは，L$の市場評価を見極めたいからです。現在の規制が緩和されると為替相場が大きく変化する可能性がありますので，その変化の方向を予想して配当方針に反映させるべきです。L$に関し，市場関係者の多くは，L国への直接投資が盛んであることや多額の貿易黒字を稼いでいることから，本来はもっと高いはずとみていますが，購買力平価からこれを確認しようというわけです。

　購買力平価は，ある時点の相場水準を所与とし，それに物価指数比を掛けて一定期間後の平価を求めるという相対的購買力平価がよく使われます。しかし，L$の場合は，現状の相場水準が規制によって操作された仮の姿であるため，この水準を前提に平価を求める相対的購買力平価には意味がありません。このため，K社は思い切って本来あるべき真の平価，つまり絶対的購買力平価の割り出しを試みることにしました。その方法は**図表5‑25**のとおりです。すなわち，両国に共通して流通している財の価格を実地調査によって取得し，最小二乗法を使って一次関数$y=ax$のパラメーター「a」を算出しました。**図表5‑26**は，両国の財の価格標本の散布図で，実線は一次曲線$y=ax$です。これにより，本来あるべき購買力平価「a」は，L$1.00＝¥54.53と算出できました。

　現在の相場がL$1.00＝¥45.00前後で推移していますから，為替が自由化されれば20％も増価すると予想されます。

（2）為替自由化の行方

　それでは，本当にL国の為替は自由化されるのでしょうか。その点については政策スタンスからシナリオ仮説を立ててみました。

図表5-25 L$/¥相場の購買力平価試算

日本物価水準	M国物価水準
15,000	400.00
35,000	1,200.00
65,000	1,000.00
80,000	1,500.00
100,000	2,460.00
125,000	1,680.00
146,000	2,400.00
170,000	3,325.00
185,000	2,460.00
200,000	4,500.00
232,000	3,857.14
258,000	4,428.57
270,000	5,014.29

試算方法
① 両国に共通する財の価格をそれぞれの通貨で調査する。左表は調査結果。
② 最小二乗法を使って、近似する切片なしの一次関数
$y = ax$
を求める。
③ 上記一次関数のパラメーター「a」が購買力平価である。
$a = 54.53$
L$1.00 = ¥54.5275

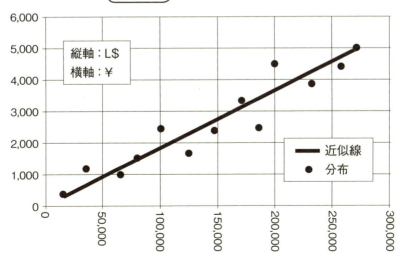

図表5-26 両国共通財の物価散布図

既述のとおり，L国は輸出を促進するため為替管理の面からこれを支援しています。そのため通貨を安目に誘導し，そのための介入資金は国債を発行して調達してきました。この10年ほどはこの政策が奏功し，輸出産業の成長によってGDP成長率も高水準を維持しています。ところが，この状況下，介入資金調達手段である国債の金利が上昇してきました。多額の貿易黒字や海外からの直接投資の増加によりL\$の実需買いが増えて増価圧力が強くなってきたため，介入頻度が増えたのです。

このままでは，L\$需要はさらに強くなり，悪循環をたどることになります。運用資産選好から短期資金の流入も増え，金利高騰による引締め効果から輸入需要が減退して，ますます貿易黒字が増えるからです。悪循環を断ち切るには，介入を止めて為替相場の安値維持を断念するか，資本の流入を遮断するしかありません。外国資本の誘致は経済成長の大切な原動力にもなっているため，L国はいずれ為替を自由化することになりそうです。

（3）配当方針への反映

K社は，上記予想を踏まえ，L国現地法人には当面配当させずに剰余金として留保し，為替が自由化されて対円相場が上昇するのを待ってから配当させることにしました。現地法人の業績は連結決算に加味され，IR上は体裁を保つことができます。

その後，L\$は目論見どおり変動相場制に移行し，大きく増価しました。K社の予想は的中し，一気に送金させた配当金の円転により多額の為替差益を手に入れました。しかし，K社はその後このような操作は行っていません。その後の議論で，購買力平価の試算も為替自由化の予想も多くの不確実な要素を残したまま踏み切った一種のスペキュレーションであったとしたのです。

以上，為替リスク管理の具体例を短期，中期，長期に分けて紹介してきました。これらの具体例は必ずしも正解もしくは好事例として紹介したものではなく，前章まで展開してきた管理の概念を現場の実務に照らしてみることで少し

でもイメージが具体化されるよう試みたものに過ぎません。

　いつも全体の中での位置づけを確認し，あらゆる可能性を網羅する広い視野から徐々に判断の的を絞っていく，それが企業経営の要諦です。本書においてもこれにならい，観念論から始めて為替リスク管理の基本方針を打ち立て，その背景にある理論を紹介しつつ，基本方針を実践するための方法論，技術，最後に具体例紹介という具合に，はじめに大上段に構えた後，次第に実務応用へと下ってきました。

　ここから先は，読者の力で現実の世界に応用してください。そしてリスクをうまくコントロールしながら，グローバルに広がっているビジネスチャンスを自分のものにしてほしいと心から願います。

索　引

あ行

アウトライト取引	78, 156
アジア金融危機	134
アセット・アプローチ	90
アブソープション・アプローチ	123
意思決定機能	215, 247
意思決定手順	193
意思決定ライン	215
受渡し	77
受渡期間	157
受渡日	79
売り為替	228
売り持ち	48
エクスポージャー	27, 138
NDF	184
円転	22, 54
円投	130
円のキャリー・トレーディング	261
起こりやすさの変更	147
オファード・レート	73
オプション料	163
オンバランス取引	174

か行

海外子会社	21, 57
外貨準備高	113
買い為替	228
会計リスク	20

外国為替市場	73
外国為替持高	47, 140
外国為替持高表	227, 254
会社の目的	8
外部ヘッジ	154
買い持ち	48
価格の十分な伸縮性	93
確定未実現為替差損益	229
加速度原理	126
カバー	149
貨幣需要	119
カレンシー・ボード	105
為替管理制度	105
為替差損益	50, 229
為替自由通貨	116
為替相場均衡着地点	111
為替相場の固定	102
為替投機	34
為替取引の3要素	36
為替評価損益	20
為替不自由通貨	116
為替リスク	17
為替リスク管理	26
為替リスク対応検討・管理票	234
為替リスク発生部署	211
為替リスク発生連絡票	224
管理スパン	63
機会費用	159
基礎収支	129

キチンの波	125	固定相場制	5, 105
強制安定化制	107	固定値決めレート	204, 253
金融政策の自立性	102	コンドラチェフの波	127

さ行

金利スワップ	169		
金利選好式	91	財・サービス	95, 100, 120
金利平価式	83, 175	債権取崩国	101
クーポン・スワップ	169, 264	採算レート	202
クズネッツの波	127	裁定取引	82
クローリングペッグ制	108	債務返済国	100
クロス・カレンシー・金利スワップ	169	先物為替相場	81
景気循環論	125	先物為替持高	227
経済リスク	24, 259	先物為替予約	154
経理上の平均レート	200, 251	先物相場	81
ケインズの美人投票	38	先物取引	77
結果の変更	147	差金決済	172
決裁権限	200	直先スプレッド	81, 156
決済の円建て化	146	直先開き	81
決算通貨	21, 202	直物為替相場	80
現場情報伝達機能	211, 247	直物為替持高	227
行使価格	162	直物取引	77
行使期間	163	資産の回転期間	178
公的介入	113	自然ヘッジ	176, 253
購買力平価	118, 284	実現為替差損益	229
購買力平価説	86	実効為替相場	73
コール・オプション	162	実質為替相場	71
顧客マージン	85	実質実効為替相場	73
国際金融のトリレンマ	101, 262	実需	36
国際収支説	88	実需先取り・先送り型	36
国際収支発展段階説	99, 261	実勢為替相場	23
国際通貨	98	実勢相場	23
国内需要	95	実体的な損益	61
国民所得の三面等価	124	資本収支	100, 129
固定換算レート	270		

資本ストック調整原理 …………126	中期（管理スパン）………… 7
社内レート ……………200, 248	長期（管理スパン）………… 7
自由な資本移動 …………………102	調査分析機能 ……………217, 247
自由変動相場制 …………………109	直接投資 ………………96, 129
需給ギャップ ……………………120	貯蓄・投資バランス・アプローチ…124
ジュグラーの波 …………………126	通貨オプション …………………162
証券投資 …………………… 96	通貨供給量 ………………………119
情報集中部署 ……………………211	通貨先物取引………………………170
情報の相互結晶 …………………236	通貨スワップ ……………………167
情報の有効期限 …………………236	通知銀行 …………………… 52
ショート・ポジション ………… 48	ディーラー ………………… 78
所得収支…………………100, 130	定型処理手順 ……………………193
信用状…………………… 51	ディスカウント …………81, 156
信用状付輸出取引 ……………… 51	手仕舞う時期 ……………… 18
信用状発行銀行 ………………… 55	伝統的ペッグ制 …………………107
水平バンドペッグ制 ……………108	トービンのq ……………………127
スクエア…………………… 49	取引需要量 ………………………119
スポット取引 …………………… 77	取引内容確認書 …………………214
スワップ取引……………79, 156	取引発生時 ………………… 18
生産年齢人口 ……………………120	取引リスク ………………………244
成熟債権国 ………………101, 263	

な行

成熟債務国 …………………100	ナチュラル・ヘッジ ……………176
絶対的購買力平価………87, 284	日常取引 …………………… 67
ゼロコスト・オプション ………165	値決めレート ……………………204
潜在リスク …………………22, 282	ネッティング……………………177
総合為替持高……………………229	

は行

相対的購買力平価 ………87, 284	
その他通貨 …………98, 132, 183	バーター取引……………………186

た行

	ハード・カレンシー……………… 98
対外直接投資……………………… 23	配当の国内還流 …………………… 24
短期（管理スパン）……………… 7	バスケット ………………107, 262
短期手仕舞い型……………………… 36	ヒット………………………… 76

ビッド・レート……………………74	
非日常取引………………………67	
フォワード・スプレッド…………81	
フォワード取引…………………77	
不確実性…………………………17	
負債の回転期間…………………178	
部署間の牽制機能………………215	
物価連動国債……………………121	
プッシュ型情報提供……………221	
プット・オプション……………162	
物々交換…………………………186	
船積書類…………………………52	
部門間の仕切レート……………202	
プレミアム………………………81	
ベーシス・スワップ……………169	
ヘッジ……………………………149	
ヘッジ管理表……………………233	
ヘッジ基準………………………196	
ヘッジ実行機能……………213, 247	
ヘッジ実行部署…………………213	
ヘッジ締結タイミング…………197	
ヘッジ率…………………………197	
変形金利平価式…………………83	
変動相場制………………………109	
貿易サービス収支………………123	
貿易需要…………………………123	
包括ヘッジ予約…………………159	
報告機能……………………220, 247	
法定通貨…………………………105	
ポートフォリオ・バランス・	
アプローチ……………………91	
ボラティリティ……………27, 70	

ま行

マーシャルのk…………………119
マネタリー・アプローチ…………93
未確定未実現為替差損益………229
未実現為替差損益………………229
未成熟債権国……………………101
未成熟債務国……………………100
未来年表…………………………237
名目為替相場……………………71
名目実効為替相場………………73
持高………………………………47
持高限度…………………………199
持高の傾き………………………229
持値………………………………200

や行

約定日……………………………78
輸出為替手形……………………52
予想インフレ率…………………122
予想撹乱要因……………………34

ら行

リーズ＆ラグズ………………36, 177
利益計画上の想定レート………201
リスク……………………………17
リスク対応方法…………139, 257
リスクテイク限度………………196
リスクの回避……………………141
リスクの増加……………………151
リスクの保有……………………151
リスクマネジメント
―原則及び指針………………139

リスク源の除去···················145	ロスカット・ルール··········· 148, 198
類似クローリング制···············108	ロング・ポジション··················48
連結財務諸表······················21	

《著者紹介》

金森　亨（かなもり　とおる）

中小企業診断士，証券アナリスト

1954年　北海道生まれ

1978年　慶應義塾大学商学部卒業

1978年　協和銀行（現りそな銀行）入行。為替・資金ディーリング，海外拠点非日系企業・政府向け融資渉外，国際業務などを担当。春日井支店長，市ヶ谷支店長，旭日財務香港社長，国際業務室長を歴任して2005年同行を退職。

為替リスク管理，海外進出，経営企画，知的資産経営を専門領域とする。

日本知的資産経営学会会員。

著書に『事業再生の現場プロセス』（共著，中央経済社）がある。

為替リスク管理の教科書
基本方針の設定から具体的な実践方法まで

2015年2月20日　第1版第1刷発行

著　者　金　森　　　亨
発行者　山　本　憲　央
発行所　㈱中央経済社
〒101-0051　東京都千代田区神田神保町1-31-2
電話　03 (3293) 3371（編集部）
　　　03 (3293) 3381（営業部）
http://www.chuokeizai.co.jp/
振替口座　00100-8-8432
印刷／三英印刷㈱
製本／誠製本㈱

© 2015
Printed in Japan

＊頁の「欠落」や「順序違い」などがありましたらお取り替えいたしますので小社営業部までご送付ください。（送料小社負担）
ISBN978-4-502-13281-0　C3034

JCOPY〈出版者著作権管理機構委託出版物〉本書を無断で複写複製（コピー）することは，著作権法上の例外を除き，禁じられています。本書をコピーされる場合は事前に出版者著作権管理機構（JCOPY）の許諾を受けてください。
　JCOPY〈http://www.jcopy.or.jp　eメール：info@jcopy.or.jp　電話：03-3513-6969〉

「なるほど」と体感できる「超」人気講義を再現!

試験攻略
新経済学入門塾

経済学テキストのトップを走り続ける入門塾がパワーアップ!!

石川秀樹[著]

Ⅰ マクロ編　　　　　Ⅱ ミクロ編

Ⅲ 上級マクロ編　　　Ⅳ 上級ミクロ編

Ⅴ 論文マスター編　　Ⅵ 計算マスター編

新登場

Ⅶ 難関論点クリア編

公務員・外交官・公認会計士・中小企業診断士・不動産鑑定士・証券アナリスト…
20万人を超える読者から、「合格しました!」と喜びの声が続々と到着しています。

中央経済社